家教经典

天才是这样炼成的

岳贤伦 ★ 编著

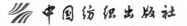
中国纺织出版社

内 容 提 要

　　本书搜集了古今中外近百位众所周知的天才，涵盖了科学、文学、艺术、经济、政治、军事、体育等不同领域，记录和分析了天才的成长历程，根据天才的成长故事，从中撷取其成为天才的重要因素，为家长培养孩子指明方向。孩子从此之后也不用以羡慕的眼光仰视天才，他们可以根据书中奉上的修炼真经去提升自己，去寻找属于自己的成才之路。

图书在版编目（CIP）数据

天才是这样炼成的 / 岳贤伦 编著.—北京：中国纺织出
版社，2011.5
ISBN　978-7-5064-7250-0

Ⅰ．①天… Ⅱ．①岳… Ⅲ．① 　Ⅲ．①家庭教育
Ⅳ①I14

中国版本图书馆CIP数据核字（2011）第019974号

策划编辑：曲小月　徐丽丽　责任编辑：宋　蕊
责任印制：周　强

中国纺织出版社出版发行
地址：北京东直门南大街6号　邮政编码：100027
邮购电话：010-64168110　传真：010-64168231
http://www.c-textilep.com
E-mail: faxing @ c-textilep.com
三河市南阳印刷有限公司印刷　印刷各地新华书店经销
2011年5月第1版第1次印刷
开本：720×1000　1／16　印张：20
字数：340千字　定价：32.00元

前 言

（一）

　　很多人都有这样的疑问：世界上真的有天才？对于这个问题，我们能够给出一个肯定的回答：世界上当然有天才，科学巨匠爱因斯坦、交响乐之王贝多芬、印度"诗圣"泰戈尔、戏剧史上的泰斗莎士比亚、"数学王子"高斯、球王贝利……这些人都是在不同领域取得巨大成就的天才。

　　天才是指具有一定天赋（卓越的创造力、想象力和创造力等）和资质（体质、嗓音等）的人。天才可以分为两种，一种是先天性的，即具有成为天才的先天因素，并且在某一方面达到了一般人不能达到的境界，如高斯3岁的时候就能在数学计算方面无师自通，指出父亲算账出现的错误；另一种是通过后天培养而成的，即有些人通过后天的教育，潜能得到开发，加上自身孜孜不倦的努力，最终在某一领域达到别人很难达到的境界，如齐白石刚开始是一个普通的木匠，经过名师的指导开始涉足画坛，最终成才。

　　那么，天才是怎样炼成的呢？综观古今中外各个天才的成长历程，我们可以得到天才炼成的重要因素：天赋、惜时、勤奋、毅力、激情、专注、创新、时机、灵感，等等。

　　对此，很多众所周知的"天才"都有自己独到的见解。伟大的文学家鲁迅说："我把喝咖啡的工夫都用在工作上了。"科学家牛顿说："天才是长期劳动的结果。"哲学家亚里士多德说："没有疯狂性格的人，绝没有天才。"数学家华罗庚说：

"聪明在于学习，天才在于积累。"……或许，这些见解都能够给我们一些启示。

（二）

每个孩子都可以成为天才。卡尔·威特的父亲老卡尔·威特曾说过："对于孩子而言，成才与否的关键在于教育，如果上帝赐给我一个孩子，只要他各方面都还算正常，我就一定能够将他培养成天才。"

正如想要获得成功，就先要找到成功的秘诀，家长想要把孩子培养成为"天才"，首先也应该熟知"天才"炼成的秘诀。为此，我们搜集了古今中外近百位众所周知的天才的故事，涵盖了科学、文学、艺术、政治、经济、军事、体育等不同的领域，记录和分析了天才的成长历程，根据天才的成长故事，从中撷取其成为天才的重要因素，为家长培养孩子指点方向。

有了本书，家长从此之后不必羡慕别的父母能把孩子培养成为天才，因为家长可以根据我们精心奉上的教子"圣经"，用最适合孩子的教育方法把自己的孩子培养成为未来的天才；有了本书，孩子也可以根据其中的天才修炼"真经"去修炼自己，去寻找属于自己的成才之路。

教育孩子任重而道远，把孩子培养成才更是重中之重。本书是一本家长和孩子可以共同阅读的经典之作，希望能给家长和孩子提供有益的参考和借鉴。

编著者
2011年2月

第一章　科学巨人001

第二章　文学大师···**075**

第三章　艺术巨匠 ·······**155**

第一章

科学巨人

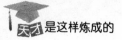

1. 力学之父——阿基米德

天才档案

全名：阿基米德

民族/国籍：古希腊

出生地：古希腊 西西里 岛叙拉古(今意大利锡拉库萨)

生卒年月：公元前287年~前212年

父母职业：父亲（天文学家、数学家）母亲（不详）

兴趣爱好：喜欢数学、力学和天文学

毕业院校：在亚历山大城跟随当时的学者学习

成才之道：父亲的启蒙教育/理论与实验的结合探索精神

主要成就：

1.阿基米德是古希腊最伟大的数学家和科学家之一，在力学、天文学和数学等诸多领域有突出的贡献。

2.阿基米德在力学方面的成就最为突出，是静力学和流体静力学的奠基人，发现并证明了阿基米德原理（杠杆定律），发现了浮力定律（阿基米德定律）。

3.阿基米德在数学方面也有很大的成就，确定了弓形、螺线、圆形的面积及椭圆球体等复杂几何体的面积和体积计算方法，是科学研究圆周率的第一人。

天才的成长故事

阿基米德出生在古希腊叙拉古城的一个贵族家庭，家境十分富有。他的父亲是一位天文学家和科学家，学识渊博，为人谦逊。父亲对阿基米德抱有很大的希望，给他取的名字"阿基米德"就是大思想家的意思。

从小受到家庭环境的影响，阿基米德十分喜欢数学。在他很小的时候，父亲就开始对他进行各种知识的启蒙教育。当阿基米德刚懂事的时候，父亲就教他学习语言，同时还注意从生活中教他学习各种知识。一有空，父亲就会带着阿基米德到植物园去认识各种植物，或者到动物园去观察各种动物，以激起阿基米德的好奇心，培养他对自然科学的兴趣。

阿基米德长大一些后，父亲亲自当起了他的老师，教给他一些书本上面的知识，包括数学、天文学、哲学和文学等。此外，父亲还会教给阿基米德一些思维的方法，比如推理、证明等。

父亲丰富的知识和渊博的学问是阿基米德成长和成才的源泉。在父亲的精心培养下，小阿基米德的智力得到了很好的开发，为他日后的成就奠定了良好的基础。

随着阿基米德一天天长大，父亲意识到自己的学问有限，不能教给阿基米德更多的知识。父亲还认为以阿基米德的聪明才智，想要把他培养成才，就必须给他一个更广阔的天空，让他的才干得到充分的发挥。经过深思熟虑，父亲决定把阿基米德送到当时世界的文化中心——埃及，那里更适合阿基米德的成长。

一天，父亲和阿基米德一起去海边散步，父亲指着海对岸的埃及问他："孩子，你知道那是什么地方吗？"阿基米德肯定地回答："那是埃及呀。"父亲点点头，继续说道："那里有一个港口城市——亚历山大，有很多著名的学者都聚集在那里，而且那里有非常雄伟的图书馆和博物馆，藏书非常丰富。孩子，你想到哪里去学习吗？"

听到父亲的描述，阿基米德对这座充满智慧的大都市满怀向往，因此脱口而出："我愿意去。"父亲对他的回答非常满意，但是父亲知道阿基米德还小，去亚历山大求学会遇到很多困难，没有很大的决心是不能坚持下来的。

于是，父亲试探阿基米德："可是，到那里去要坐很长时间的船，你不怕吗？而且你要一个人去，并且要自己照顾自己，你能够适应这样的生活吗？"阿基米德沉思了一会儿，然后坚定地对父亲说："我不怕！"于是，父亲毅然把阿基米德送到了亚历山大城去学习。

在亚历山大城，阿基米德没有辜负父亲的期望，他跟随很多著名的数学家学习，一点点地进步，为以后取得伟大的成就打下了坚实的基础。

阿基米德在亚历山大城学习了很多年，在学习期间，他对力学、数学和天文学产生了浓厚的兴趣，而且在这些领域小有成就，这让善于启发孩子求学的父亲感到由衷的欣慰。

后来，阿基米德成为了古希腊著名的科学家，他发现了杠杆定律、浮力定律，并根据这些原理设计了许多机械装置和建筑物，为奠定现代科学基础作出了巨大贡献。

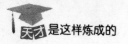

天才炼成的秘诀

◆ 天才经历启示/告诉爸爸妈妈

1.阿基米德的父亲是一个学识非常渊博的人，他非常注重对阿基米德的启蒙教育，不仅教阿基米德学习书本上的知识，还经常带着阿基米德到大自然中去。父亲丰富的知识和学问是阿基米德成长的源泉，而父亲善于利用启发教育的方式则是阿基米德成才的重要因素。由此我们知道，作为家长一定要不断学习，要懂得家庭教育的重要性，在孩子小的时候就要加强对孩子的启蒙、启发教育，这样更有助于孩子早日成才。

2.父亲知道，对阿基米德而言，想要去亚历山大城学习会遇到很多困难，没有很大的决心是不能坚持下来的。因此，父亲有意识地试探阿基米德，激励他下定决心好好学习。可见，家长适当的激励能够加强孩子坚强的意志，促进孩子走向成功。因此，家长在日常生活中也可以适当地激励孩子，促使孩子追求更高的目标，让孩子超越自己。

◆ 天才经历启示/告诉孩子

阿基米德之所以能够取得这么大的成功，成为数学之神、力学之父，除了得益于父亲的科学教育，还和阿基米德对知识、对科学的向往有关。倘若没有对知识的渴望，阿基米德是不会克服重重困难到亚历山大城去求学的。因此，我们也应当像阿基米德那样痴迷于学习，并且要像阿基米德那样严格要求自己，这样我们才能在求知的道路上走得更远。

趣味链接：

"假如给我一个支点，我就能撬动地球。"

阿基米德确立了杠杆定律后，曾立下豪言壮语："假如给我一个支点，我就能撬动地球。"

叙拉古国王听说后，对他说这是不可能的事情。正好国王有一个难题：国王为埃及制造了一条非常大的船，因为无法推动下水而长时间地搁浅在海岸上。

为了证明自己的真理，阿基米德开始"动手"了。他利用杠杆和滑轮的原理，设计并制造了一套机器，安装在船上。一切就绪后，他把粗绳的一端交给国王，只见国王轻轻一拉，大船就缓慢地移动了，最终顺利地滑到了水里。

国王非常钦佩阿基米德，阿基米德却笑着说："假如给我一个支点，我就能撬动地球。"

2. 地理大发现的先驱——哥伦布

天才档案

全名：克里斯托弗·哥伦布

民族/国籍：意大利

出生地：意大利 热那亚

生卒年月：1451年8月10日~1506年5月20日

父母职业：父亲（纺织匠）母亲（勤劳的家庭妇女）

兴趣爱好：航海，向往外面的世界

毕业院校：家庭教育（未受过高等教育）

成才之道：坚定信念、顽强的毅力和百折不挠的进取精神

主要成就：哥伦布曾先后4次出海远航，发现了美洲大陆，开辟了横渡大西洋到美洲的航路，促进了旧大陆与新大陆的联系，这一发现是历史上一个重大的转折点。

天才的成长故事

意大利航海家哥伦布，曾经三次横渡大西洋，发现了美洲大陆，因此被公认为发现新大陆的英雄。

哥伦布出生在意大利文艺复兴运动时期，他的父亲是一个纺织工人。父亲希望小哥伦布长大后能有出息，因此就把7岁的儿子送到了学校。

哥伦布从小就非常喜欢大海，他只要一有时间就会带着弟弟妹妹到海边去玩，游泳、捡贝壳、在海滩上游戏等。那时候，小哥伦布对外面的世界非常向

往，经常站到海边上远眺。

基于这个原因，哥伦布和水手交上了朋友，他经常帮着水手做一些力所能及的事情。水手也非常喜欢他，经常给他讲一些外面世界的事情。渐渐地，哥伦布开始渴望自己长大了也能成为一名水手。

父亲了解哥伦布的志向，因此一直寻找机会，希望能为儿子早日实现理想做点什么。一天，父亲高兴地对哥伦布说："孩子，你想不想随船远航啊？""想呀，可是我没有机会去。"哥伦布有些沮丧地回答。

"眼下有个机会，过几天我要运一批纺织品到市场上交易，本来打算请一名水手去，但是考虑到你从小就比较向往远航，所以我决定把这个机会给你。孩子，好好准备一下，做我的助手吧。"父亲笑着对哥伦布说。

小哥伦布一听，非常高兴：终于能够像别的水手那样周游世界了。这次远航，让小哥伦布走出了狭小的生活圈子，眼界大大开阔。同时，在远航途中他也结识了更多的水手，从而知道了更多关于航海和世界地理的知识。

作为父亲的助手，小哥伦布曾多次押送运载着纺织品的小船到别的地方进行物物交换。经过一段时间的锻炼，他感到离自己的理想越来越近了。正是父亲给哥伦布提供了这次实践的机会，他才有了最初的航海经历，并因此更加坚定了成为一名航海家的志向。

后来，哥伦布有幸找到了一本《马可·波罗游记》，并且认真地读了这本书。哥伦布被书中的内容吸引了，也使他更加坚定了要做一名航海家的信念。

从那以后，到东方去探险成了哥伦布学习的动力和梦想。为了早日实现自己的梦想，哥伦布认真地学习航海知识、地理知识和天文知识，广泛地搜集相关的资料，勤奋地学习葡萄牙语和西班牙语。

后来，哥伦布历经磨难和挫折终于得到了西班牙国王的资助，他的船队从西班牙启程了。哥伦布最终实现了自己的梦想，虽然没有到达中国，却意外地发现了美洲新大陆。

天才炼成的秘诀

◆ 天才经历启示/告诉爸爸妈妈

为了帮哥伦布早日实现理想，他的父亲为他提供了一次远航的机会。在这次远航中，哥伦布走出了狭小的生活圈子，开阔了眼界。而且，作为父亲的助手，小哥伦布曾多次代替父亲进行交易。

由此我们知道，正是父亲给哥伦布提供了这次实践的机会，哥伦布才有了最初的航海经历，并因此更加坚定了成为一名航海家的志向。这件事也许并不起眼，但对哥伦布增进航海知识，扩大航海视野，增强航海信心有着非常重要的作用。

所以，家长也要在自己力所能及的范围内，寻找机会帮助孩子，为孩子早日实现远大抱负而助其一臂之力，给孩子提供一些实践的机会，这是家长义不容辞的责任。

◆ **天才经历启示/告诉孩子**

哥伦布从小就非常喜欢大海，他一有时间就会带着弟弟妹妹到海边去玩，那时候他就对外面的世界非常向往，希望能够远航。基于这个原因，他和水手交上了朋友，因此对外面的世界了解了很多，也增加了很多航海的知识。由此我们知道，对于自己比较感兴趣的事情，哥伦布总是想方设法多加了解，事实证明这对他日后的成功也是非常有帮助的。这一点，也是值得我们学习的。

趣味链接：

哥伦布竖鸡蛋

哥伦布发现新大陆之后回到祖国，到处都能听到赞美他的声音。

一次聚会，一位年轻的子爵却不屑地说："有什么了不起啊，哥伦布不就是比我们多发现了一块陆地吗？给我点儿时间，我也能找到新大陆。"

对此，哥伦布上前说道："请问你能把这枚鸡蛋竖起来吗？"子爵左思右想，最终也没有想出办法，只好认输。只见哥伦布轻轻地把鸡蛋往桌子上一磕，蛋壳碎了，鸡蛋稳稳地立在桌子上了。

子爵有些不服气："鸡蛋都碎了，这也算？"哥伦布却说："我说过鸡蛋壳不能碎吗？很多事情你没有去想怎样才能做好，但是我想到了，并且我也做到了，这就是成功。"

3. 近代天文学的奠基人——哥白尼

天才档案

全名：尼古拉·哥白尼

民族/国籍：波兰

出生地：波兰 维斯杜拉河畔 托伦市

生卒年月：1473年2月19日~1543年5月24日

父母职业：父亲（市政官吏、富商）母亲（不详）

兴趣爱好：兴趣广泛，最感兴趣的是天文学和哲学

毕业院校：克莱考大学

成才之道：勇于探索真理

主要成就：

1.哥白尼在科学上最大的成就是创立了日心说，否定了地心说。

2.哥白尼发表了《天体运行论》，是现代天文学的起点。在这本书中，哥白尼以科学的观点否定了在西方统治了一千多年的地心说，是天文学史上一次伟大的革命，把自然科学从神学中解放出来。

天才的成长故事

哥白尼是著名的天文学家，他首次提出了"日心说"，标志着近代自然科学的开始。

哥白尼小的时候是一个聪明可爱的小男孩，他还是一个非常好学的孩子。由于家里经常聚集着一些名人学者，而这些学者上知天文、下知地理，文学、音乐等无所不知。这种文化氛围深深地影响了小哥白尼，每当客人们忘情地畅聊的时候，他总是静静地坐在旁边，仔细聆听那些令人神往的故事和独到的见解。久而久之，他对神秘的大自然产生了强烈的好奇心。

后来，哥白尼上了小学，他的兴趣十分广泛，最感兴趣的当然还是天文学方面的知识了。因此，在学校里，只要一有机会，小哥白尼就会缠着校长问一些关于天文学方面的问题，而校长也总是耐心地把其中的知识讲给他听。

校长还语重心长地对哥白尼说："孩子，你对天文学、哲学这么有兴趣，我很高兴。如果你打算将来从事这方面的事业，那你一定要好好学习数学和拉丁文啊。"校长的话给了哥白尼很大的鼓舞，他下定决心一定会努力学习。

在那个时代，科学还很不发达，那时候人们多信奉天主教，由于受到科学发展的局限性而非常愚昧。如果发生了日食、月食、流星等自然现象，人们就会担心祸从天降。

哥白尼10岁的时候，他的家乡发生了可怕的瘟疫。恰巧这时候又发生了月食，于是传教士和占星术家就四处传播，说是邪教徒惹怒了天主，天主要降下大祸来惩罚人类。

不幸的是，哥白尼的父亲也传染上了这种病，于是母亲便去请教士。哥白尼见教士忙活了半天，可是父亲的病不仅没有好转，反而更加严重了。这时候传教士对母亲说哥白尼父亲的罪孽太重了，天主不肯饶恕他。说完，教士拿过哥白尼母亲递过去的钱，便匆匆地离开了。

对此，哥白尼非常不理解，他从母亲那里得知，父亲是一个待人宽厚仁慈的好人，从来没有做过坏事。因此，哥白尼更加疑惑了：既然父亲是一个好人，为什么还要被天主惩罚呢？天上空荡荡的，只有星星和月亮，天主住在哪里，是怎么管理人间事情的呢？小时候的这些疑惑，在哥白尼心里深深地扎了根，为他日后进行天文学的研究埋下了伏笔。

最终，哥白尼的父亲被瘟疫夺去了生命。后来，他又失去了母亲。这使哥白尼的身心受到很大的伤害，在他幼小的心灵里留下了痛苦的记忆。

不过，幸运的是，哥白尼有一个心地善良的舅舅。哥白尼的父亲去世之后，哥白尼就由舅舅照料。他的舅舅学识渊博，热爱科学，并且非常注重对哥白尼的教育，还把他送到了最好的学校学习，这让他从小就打下了良好的基础。

后来，哥白尼潜心研究天文学，经过36年呕心沥血的研究，终于写成了《天体运行论》，使得自然科学从神学的枷锁中解放了出来。

天才炼成的秘诀

◆ **天才经历启示/告诉爸爸妈妈**

1.哥白尼是一个聪明可爱、非常好学的孩子。由于家里经常聚集着一些名人学者，浓厚的文化氛围深深地影响了小哥白尼，每当客人们忘情地畅聊的时候，他总是静静地坐在旁边，仔细聆听那些令人神往的故事和独到的见解。久而久之，他便对神秘的大自然产生了强烈的好奇心。

由此我们想到，在现实生活中，很多孩子的课余时间被电视和电脑游戏占用了，其实这对孩子的成长非常不好。所以，家长不妨像哥白尼的父母那样，为孩子营造一个充满文化氛围的家庭环境，让孩子多接触一些文化素养比较高的人，这不仅可以培养孩子的兴趣，而且对孩子的好奇心、求知欲的培养也是非常有好处的。

2.哥白尼10岁的时候，家乡发生了瘟疫，他的父亲也感染了瘟疫。由于当时的科学发展有限，这种事情只能让传教士来"解决"。结果，哥白尼的父亲不幸去世。从故事中我们可以看出，由于认识有限，对于哥白尼心中的疑惑，他的母亲也没能给予很好的解释。由此，哥白尼的心里产生了非常强烈的疑惑，这种怀疑精神为他日后进行天文学研究提供了宝贵的原动力。

当然，如果他的母亲能够借机引导哥白尼进行独立思考，对他的成长也是非常有好处的。所以，对于孩子的问题，当家长不知道答案的时候，比较好的做法就是启发孩子积极思考，主动去寻找答案，这对孩子的成长是非常有利的。

◆ **天才经历启示/告诉孩子**

哥白尼上了小学后，兴趣广泛，最感兴趣的是天文学。因此，在学校里只要一有机会，小哥白尼就会缠着校长问一些关于天文学方面的问题。对于自己比较感兴趣的事情，哥白尼能够保持强烈的好奇心和求知欲，孜孜不倦地学习，这种精神也是值得我们每个人学习的。

趣味链接：

人小志大的哥白尼

哥白尼从小就受到了良好的学校教育，他是一个人小志大的孩子。

由于从小对天文学非常感兴趣，因此哥白尼经常独自一人仰望繁星点点的夜空。对此，哥白尼的哥哥非常不理解。一次，他问哥白尼："你晚上总是守在窗边，望着天空发呆，这就表示你对天主非常虔诚吗？"

哥白尼却回答说："不是这样子，我要用一生的时间研究天时气象，让人们再看天空的时候不会害怕；我还要让星空和人交上朋友，让它给海船指明航向，给水手指引航程。"

4. 近代科学之父——伽利略

全名：伽利略·伽利雷

民族/国籍：意大利

出生地：意大利 西海岸比萨城

生卒年月：1564年2月15日~1642年1月8日

父母职业：父亲（作曲家、商人）母亲（不详）

兴趣爱好：绘画、数学、小制作

毕业院校：比萨大学

成才之道：好学善问、观察细致、思维敏捷、擅长举一反三、追求真理

主要成就：

1.伽利略是近代实验科学的先驱者，也是近代实验物理学的开拓者，他进行了著名的落体实验，提出加速度的概念，是力学史上的一个里程碑，提出惯性定律和运动定律，为牛顿的理论体系的建立奠定了基础。

2.伽利略用实验证明了哥白尼的"地动说"，为证实及传播哥白尼的日心说奉献出了毕生的精力。

3.伽利略著作：《星际使者》、《关于太阳黑子的书信》、《关于托勒密和哥白尼两大世界体系的对话》、《关于两门新科学的谈话和数学证明》、《论两种新科学》以及《流体力学》等。

天才的成长故事

伽利略是意大利著名的物理学家、天文学家，是近代科学的创始人之一，被誉为"近代科学之父"。

1564年2月15日，伽利略出生在意大利北部比萨的一个破落贵族之家。伽利略的父亲是很有才华的作曲家，非常擅长数学，但那个时候美妙的音乐并不能填饱一家人的肚子，他的数学才能也不能让他谋到一个好差事，于是他只好开了一家商店维持生计。

在父母的疼爱下，伽利略一天天长大了，虽然只有4岁，但他却像一个小大人似的，对什么事情都非常好奇，经常缠着妈妈问这问那。对于有些无法回答的问题，伽利略的父母总是引导他思考，这对伽利略的成才无疑是非常重要的。

伽利略5岁的时候，跟着父亲去佛罗伦萨参观了一些博物馆。结果，伽利略被达·芬奇等大师的艺术作品震撼了，回到家后，他就开始学习绘画。于是，父亲给他找来一些几何图形的实物，让他观察。随着画技日益提高，伽利略对这些几何图形的兴趣也越来越高。

看到伽利略对几何这么有兴趣，父亲开始教他学习数学。虽然在一般人看来，数学是非常枯燥的，可是在伽利略眼里，数学却是非常奇妙的知识。他经常为了解决数学题目而绞尽脑汁，并且逐渐养成了思考的好习惯，这对他日后的科学研究无疑大有裨益。

伽利略是家里的长子，父母对他寄予了很大的期望。他们发现小伽利略不仅聪明、好奇心强，而且心灵手巧，不是画图就是弹琴，还经常给妹妹做一些木偶玩具。转眼间，伽利略7岁了，他在音乐、绘画、数学等方面已经小有造诣，并且做事情总喜欢问个"为什么"，擅长举一反三。

伽利略8岁的时候，一次父亲带着全家到比萨广场去散步。这时的伽利略个子并不高，但这并不影响他细致的观察以及敏捷的思维。他指着比萨斜塔好奇地问父亲它为什么是斜的。父亲讲出了其中的缘由，可是伽利略并不满足，他继续问："那它为什么不会倒呢？"

父亲没能说出所以然来，伽利略自信地对父亲说："将来等我长大了，一定能够揭开这个谜！"说完又去玩了。望着伽利略的背影，父母觉得这个孩子从小就是一个天才，观察仔细，爱思考，将来一定能够有所作为。

父亲非常重视对伽利略的教育，为了让他受到更好的教育以便将来能够实现自己的理想，父亲把他送到了佛罗伦萨的修道院学校。在那里，伽利略专心学习哲学和宗教，逐渐产生了做一名修道士的想法。

父亲得知后，非常着急。他了解伽利略，知道像伽利略这样活泼好动、思维敏捷、想象丰富、好奇心强的孩子不会甘愿长期受宗教教条的束缚，不适合做修道士。于是，父亲把伽利略带回家。经过一番耐心地说服，伽利略终于进了比萨大学，成为了一名医科学生。

在大学读书时，伽利略经常去听数学课，并有幸认识了数学家利奇。在老师的教诲下，伽利略学习了数学、物理学等方面的知识，从此走上了近代科学研究之路。

天才炼成的秘诀

◆ 天才经历启示/告诉爸爸妈妈

1.伽利略从小好奇心就比较强，经常缠着父母问这问那。对于有些无法回答的问题，伽利略的父母也总是引导他思考。由此我们知道，爱思考是很多孩子的天性，对于孩子的问题，家长要引导孩子自己去思考答案。伽利略的父母正是用这样的方法，指引着孩子成长的方向，最终使伽利略成为了科学天才。所以，对于爱问问题的孩子，家长一定要鼓励孩子思考，引导孩子自己去思考。

2.伽利略的父亲非常重视对他的教育，为了让他受到更好的教育以便将来能够进入大学，父亲把他送到了佛罗伦萨的修道院学校。根据伽利略的性格特点，父亲又劝服他，让他改变了想要做一名道士的想法。家长也要像伽利略的父亲那样，要有意识地引导孩子，让孩子树立正确的理想，并朝着自己的理想而努力。

◆ 天才经历启示/告诉孩子

伽利略8岁的时候，就具有细致的观察力以及敏捷的思维能力。他看到比萨斜塔，感到非常好奇，虽然父亲的回答并没有满足他的好奇心，但却由此引发了他以后要揭开比萨斜塔不倒之谜的想法。由此可见，观察能力、思考能力对一个人的成才有着非常重要的影响。因此，我们也要有意识地锻炼自己的观察能力和思考能力，要多到大自然中去，多问一些为什么，遇到问题多想一想，久而久之，思考能力和观察能力就会得到提高。

趣味链接：

把老师问下台的伽利略

伽利略在比萨大学读书期间，在学习上喜欢刨根问底，不弄个水落石出绝不罢休。

一次上课，比罗教授讲胚胎学，说道："母亲生男孩还是生女孩是由父亲的强弱决定的。父亲身体强壮母亲就生男孩，反之则生女孩。"教授的话音刚落，伽利略就举手说："老师，我有疑问，我的邻居，男的非常强壮，可是他的妻子一连生了5个女儿。"

教授无法解释，只好用亚里士多德来做挡箭牌。可是，伽利略依然不罢休，他继续追问教授，直到把教授问下台。

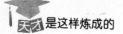

5. 近代科学的始祖——笛卡尔

全名：勒奈·笛卡尔

民族/国籍：法兰西

出生地：法国 安德尔·卢瓦尔 都兰

生卒年月：1596年3月31日~1650年2月11日

父母职业：父亲（议员、法官）母亲（早逝）

兴趣爱好：喜欢沉思默想喜爱数学

毕业院校：普瓦捷大学

成才之道：具有超凡的智力，更重要的是知道如何使用它

主要成就：

1.笛卡尔是欧洲近代资产阶级哲学的奠基人之一，他综合唯物主义和唯心主义理论，自成体系，在哲学史上产生了重要的影响，黑格尔称他为"现代哲学之父"。

2.笛卡尔同时又是一个伟大的数学家，他创立了解析几何，打开了近代数学的大门，在科学史上具有划时代的意义。

3.笛卡尔还是一位勇于探索的科学家，发展了伽利略的运动相对性思想，创立了漩涡学说，第一次明确表述了惯性定律，提出了动量守恒定律。

天才的成长故事

笛卡尔出生于一个贵族之家，他出生几天后，母亲便因肺结核去世了。笛卡尔自幼体弱多病，一直由保姆照顾。在保姆的细心照料下，小笛卡尔的身体渐渐好转起来。

由于父亲是议会的议员，同时也是地方法院的法官，因此小笛卡尔在奢华的生活中无忧无虑地度过了童年。笛卡尔对周围的事物充满了好奇心，他聪明好学，喜欢沉思默想。父亲见他颇有哲学家的气质，便亲昵地称他为"小哲学家"。

笛卡尔5岁的时候，身体结实一点儿了。父亲非常喜欢这个聪明可爱的孩子，并且非常关心他的健康和学习，还给他请了家庭教师。在笛卡尔8岁的时候，父亲给他找了一所好学校，让他接受古典教育。

当父亲带着小笛卡尔报到的时候，校长看到笛卡尔无精打采的样子，担心他不能适应学校生活。这时候笛卡尔坚定地对校长说："校长请放心，我能坚持。"可是进了学校，小笛卡尔就受不了了。他在家的时候比较懒散，什么时候起床或睡觉都随自己的意愿，可是在学校，老师要求学生上早操，小笛卡尔感觉受到了约束。并且，在家的时候大家都很照顾他，在学校都是同龄的孩子，谁也照顾不了谁，他一时之间也不能适应集体生活。

还好，学校知道笛卡尔身体比较孱弱，对他网开一面，特许他早上可以晚起，不必到教室上课。这样，小笛卡尔早上醒来后就在床上读一两个小时的书。从此之后，他把这个习惯坚持了下来，一生都是如此。此外，在这种环境下，笛卡尔从小便养成了喜欢安静，勤于思考的好习惯，这个习惯对他的成才也有着重要的影响。

看似懒散的笛卡尔，其实并不懒。每天早上躺在床上，他的大脑总是在不停地运转。对于当时大家认为比较抽象、枯燥的哲学课程，如逻辑学、伦理学等，笛卡尔从不觉得吃力，相反，他对这些课程像着了迷似的，总是在研究这方面的知识。他每天都在津津有味地读亚里士多德、柏拉图等人的名作，遇到不懂的问题，也总会向老师请教。

笛卡尔在这种成长环境中发现了学习的乐趣、思考的乐趣，他的学习成绩也一直保持进步，后来还连续几次获得第一名的好成绩。看到他这么善于思考，父亲也很高兴，但为了儿子的身体健康，父亲也经常"逼迫"小笛卡尔出去玩耍，或者找小伙伴下下棋，或者和小伙伴做游戏，或者爬山。这样一来，他的智力发展非但没有受到消极影响，而且学习的效率也大大提高。

后来，笛卡尔阅读了大量的书籍，在读书和思考的过程中，他发现有很多问题仅仅用所学到的知识是无法解释的。渐渐地，笛卡尔的思想陷入深深的困惑之中。

为了丰富自己的知识，"阅读世界这本大书"，笛卡尔在获得法学博士学位后，投笔从戎。在此期间，他遇到了他的导师——贝克曼，贝克曼唤醒了笛卡尔对数学和物理学的热情，两人成了志同道合的莫逆之交。

在以后的岁月里，笛卡尔在哲学、数学、物理学等领域都取得了不同的成就，推动了历史的前进。

天才炼成的秘诀

◆ 天才经历启示/告诉爸爸妈妈

1.看到小笛卡尔从小聪明好学、善于思考，父亲感到很高兴，并对他冠以

"小哲学家"的称号，这种教育方式很符合时下流行的鼓励式教育，这对小笛卡尔的成才起着不可估量的推动作用。同时，父亲还特地为他请了家庭教师，送他去学校接受古典教育。由此可以看出笛卡尔的父亲特别重视对孩子的教育，这也是孩子成才的前提，值得家长们学习。

另外，值得一提的是，笛卡尔的成才与其莫逆之交贝克曼的引导也有很大关系。

2. 后来，当小笛卡尔整天沉浸于学习中的时候，父亲还经常"逼"他出去玩耍，让他学会劳逸结合，这一点很重要，它启示我们教育孩子一定不能让他埋头于书山题海，正确的方法是劳逸结合。生活中很多家长注重开发孩子的智力，在孩子小的时候就强迫孩子学这学那，结果对孩子的智力发展非常不利。家长正确的做法是，要合理地引导孩子，但一定不要过度开发孩子的大脑，劳逸结合才能提高孩子的学习效率，换言之，懂得休息的人往往更容易获得成功。

◆ 天才经历启示/告诉孩子

我们知道，笛卡尔之所以成功地创造了解析几何，和他从小养成的思考习惯是分不开的。很多天才的例子也说明了这个问题，获得成功是离不开长期思考的。我们也要从小养成善于思考，勤于思考的好习惯，这会让我们受益终生。

趣味链接：

最后的情书

相传笛卡尔50多岁的时候，为躲避流行病而逃到瑞典，沦为了乞丐。后来，有幸遇到数学迷克丽丝汀公主，并被请回宫廷教公主数学。笛卡尔将自己一生的研究传授给克丽丝汀，天长日久，两人产生了师生恋。国王知道后非常生气，把笛卡尔放逐回法国，并软禁公主，断绝两人的来往。

笛卡尔回国后便染上了黑死病，生命垂危期间，他给克丽丝汀写了12封信，但都被国王拦截了。后来，在临死的时候，笛卡尔寄出了最后一封情书。这封信又被国王拦截了，国王发现全信只有一行：$r=a(1-\sin\theta)$。他请了所有的科学家研究，也没有看出所以然来。

国王只好把信交给公主，谁知公主看到信后，非常高兴。这是一封令人拍案叫绝的爱情信，全世界只有她一人懂得：笛卡尔写的式子就是心形线，表明笛卡儿的心和她的心是牢牢地系在一起的。

据说，这封信现在还保留在欧洲笛卡尔纪念馆里……

6. 近代概率论的奠基者——帕斯卡

全名: 布莱士·帕斯卡

民族/国籍: 法兰西

出生地: 法国 奥维涅省 克莱蒙费朗

生卒年月: 1623年6月19日~1662年8月19

父母职业: 父亲（数学家、法庭的庭长）母亲（不详）

兴趣爱好: 数学、实验、发明

毕业院校: 得益于父亲和两个姐姐的教育、培养（没有接受过正规的教育）

成才之道: 超凡的数学天赋造就了数学、物理天才

主要成就:

1.帕斯卡的主要贡献在物理学上：发现了帕斯卡定律，在实验中不断取得新发现，有多项重大发明（如注射器、水压机等），改进了水银气压计，是利用气压计进行天气预报的先驱。

2.数学方面：帕斯卡提出了帕斯卡定理、帕斯卡三角形，发明了加法器，是近代概率论的奠基人。

天才的成长故事

帕斯卡是17世纪法国最著名的数学家，他提出的"帕斯卡定理"闻名世界。

和很多取得巨大成功的天才一样，帕斯卡从小也没有受过正规的学校教育，他4岁的时候母亲就病故了，自小在受过高等教育的父亲和两个姐姐的教育和培养下成长。

为了培养帕斯卡成才，在他7岁的时候，父亲给他制订了非常周密的学习计划，让他先学习历史、哲学等，然后再学习数学和其他课程。

而且，为了不打乱整个学习计划，父亲特意把历史、哲学之外的所有书籍都收起来藏到了帕斯卡看不到的地方。正可谓计划不如变化，事情的发展出乎帕斯卡的意料。一天，父亲到帕斯卡的房间检查学习的情况，看到帕斯卡正趴在地

上，用炭笔在专心地画图。

观察了好一会儿，父亲才不解地问帕斯卡："孩子，你在干什么呀？为什么不看我给你选好的书呢？"帕斯卡兴奋地对父亲说："爸爸，我发现了一个非常有趣的事情。你看呀，三角形的三个内角之和等于两个直角。"听到帕斯卡的话，父亲大吃一惊，知道帕斯卡以前没有学过数学，但是却发现了欧几里得几何定理，这真是太神奇了！

父亲激动得热泪盈眶，他认为既然孩子对数学有着极高的悟性，那么家长就不能扼杀，而应顺其自然。因此父亲改变了以前的教子计划，开始教育帕斯卡学习数学。

于是，父亲为帕斯卡重新制订了新的学习计划。父亲给帕斯卡找来一些数学方面的书籍，并鼓励和引导帕斯卡去学习数学。拿到那些数学书，帕斯卡如获至宝，一头钻进了数学的王国里，刻苦钻研起来。

在父亲的精心教育下，帕斯卡的数学天赋得到了很好的发展。父亲看到帕斯卡在数学上非常出色，因此就鼓励他参加巴黎数学家和物理学家小组的学术活动，这让帕斯卡开阔了眼界。

后来，帕斯卡发表了《圆锥曲线论》，这在当时的数学界引起了很大的反响，他因此而一鸣惊人。后来他继续刻苦钻研，相继在数学、物理学、水力学等领域取得了举世瞩目的成就。

天才炼成的秘诀

◆ 天才经历启示/告诉爸爸妈妈

1.为了培养帕斯卡成才，在他7岁的时候，父亲给他制订了非常周密的学习计划，让他先学习历史、哲学等，然后再学习数学和其他课程。然而，父亲在不经意间发现了帕斯卡的数学天赋，决定改变主意，教帕斯卡学习数学。

有些专家指出，孩子在5岁左右的时候就已经对某一方面表现出特殊的敏感和强烈的好奇心，这时候如果家长捕捉及时，对孩子的成才是有很大的帮助的。由此可见，帕斯卡是一个被父亲用敏锐的眼光捕捉住敏感区的数学天才。

所以，家长要注意在日常生活中发现孩子的天赋，并积极地开发和指导，这样才有利于让孩子早日成才。

2.看到帕斯卡的数学才能后，父亲知道对孩子的兴趣和爱好家长不能扼杀，要顺其自然，因此重新为帕斯卡制订了学习计划，教他学习数学。而且，父亲还鼓励帕斯卡积极参加数学小组的学术活动，让他大开眼界。在父亲的精心教育下，帕斯卡的数学天赋得到了很好的开发。所以，家长教育孩子，一定要尊重孩子的兴趣，更要根据孩子的发展而采取相应的教子措施，这样对孩子的成长是非常有好处的。

◆ **天才经历启示/告诉孩子**

从故事中知道，帕斯卡本来具有不凡的数学天赋，后来拿到数学书，便如获至宝，徜徉在数学的世界里，尽情地钻研起来。由此可见，对帕斯卡而言，学习数学是一件非常快乐的事情，正是在这种精神的支持下，他才能取得后来的成就。这种精神也是值得我们学习的。

趣味链接：

声学振动原理的发现

一次，帕斯卡听到厨房里的大师傅把盘子弄得叮当响，这种声音却使帕斯卡着了迷。他想：是什么产生的声音呢？为什么刀具离开盘子之后，声音不会消失呢？

为了弄明白这个问题，帕斯卡做起实验来了。他发现敲击盘子之后，声音连续不断地发出，可是一用手把盘子边儿按住，声音立刻就停止了。他感到碰到盘子的手指有点发麻，"哦！我知道了，是振动产生的声音！"帕斯卡高兴地叫了起来。

就这样，帕斯卡发现了声学的振动原理，这一年他只有11岁。

7. 经典力学的创建者——牛顿

天才档案

全名：艾萨克·牛顿

民族/国籍：英格兰

出生地：英国 英格兰 林肯郡 埃尔斯索普

生卒年月：1643年1月4日~1727年3月20日

父母职业：父亲（自耕农）继父（牧师）母亲（不详）

兴趣爱好：喜欢读书、动手、动脑

毕业院校：英国剑桥大学

成才之道：勤奋

主要成就：

1.在力学方面，总结出牛顿三定律，为力学奠定了坚实的基础；发现万有引力定律，创建了经典力学理论体系，被誉为"力学之父"。

2.在数学方面，创立了微积分，得出导数、积分的概念和运算法则，开辟了数学发展的新纪元。

3.在热学方面确定了冷却定律，在天文学方面发明了反射式望远镜，在光学方面发现了光的色散原理。

天才的成长故事

世界上有很多著名的科学家，在通往成功的道路上，都曾与艰难困苦的生活做过顽强的斗争。纵观科学巨匠牛顿的成长历程，也是值得我们反思和学习的。

牛顿是一个早产儿，出生时只有三磅重，家里人都担心他能否健康地活下来。当时，谁也没有料到看起来微不足道的小牛顿后来会成为伟大的科学家。

一提到牛顿，人们可能会认为他小的时候是一个神童、天才。其实不然，牛顿小时候身体瘦弱，资质平常。但他的兴趣比较广泛，游戏（玩）的本领也比别的孩子强很多。牛顿心灵手巧，善于思考，而且喜欢读书，经常看一些介绍机械制作的读物，并从中受到启发。他经常制作一些小东西，如风车、日晷、木钟等。

牛顿小时候好奇心非常强，总喜欢问一些奇怪的问题。每当这时，母亲总会不厌其烦地回答他。一次，牛顿问母亲："风车为什么会转呢？"母亲对他说是风的力量推动着它转，"那么风是从哪里来的？"牛顿又有疑问了。母亲详细地把其中的道理讲给牛顿听。后来，牛顿在学校做的第一件手工作品就是风车。虽然风车使牛顿受到同学们的讥笑，但母亲却鼓励他，积极地支持他探索与创造。

母亲改嫁期间，牛顿由祖母和舅舅抚养，这时他受到了很好的启蒙教育，这对牛顿的成长乃至后来能够取得伟大的成就起着至关重要的作用。

牛顿五六岁的时候，便被送进了公立学校读书。随着年龄的增长，牛顿对科学越来越感兴趣了。后来他在读中学的时候，曾经寄宿在一位药剂师大叔家里。大叔给了他一本《自然和技艺的奥秘》，使他受益匪浅。这本书揭示了大自然和科学实验中很多有趣的秘密，这让小牛顿眼界大开，大大地激发了他探索自然的热情。

牛顿14岁的时候，被迫休学在家，帮母亲务农料理家务。虽然不情愿地离开了学校，但是牛顿并没有放弃学习，一有机会，他便埋头读书，常常忘记了干活。后来，母亲让他和佣人一起去市场，熟悉如何做生意。这时，牛顿经常让佣人一个人上街，自己则躲到篱笆下读书。

后来，这件事被舅舅发现了。舅舅怒气冲冲地一把抢过牛顿手中的书，但看到他读的是数学书，心里非常感动。于是，舅舅说服了牛顿的母亲，让牛顿复学，并鼓励他好好学习，将来考上大学。

重返校园的牛顿非常珍惜这来之不易的求学机会，一回到校园便如饥似渴地汲取着书本上的营养。他终于如愿以偿，最终以优异的成绩考上了著名的剑桥大学。

其实，牛顿16岁的时候，数学知识掌握得还非常肤浅，他决心靠自己的努力攀上数学的高峰。于是，牛顿正确认识自己，从基础抓起，知难而进，勤奋学习，知道掌握要领，融会贯通。他以惊人的毅力，执著地追求科学研究，最终成为了震古烁今的大科学家。

天才炼成的秘诀

◆ 天才经历启示/告诉爸爸妈妈

1.我们知道，牛顿小的时候好奇心很强，总喜欢问一些稀奇古怪的问题。这时候母亲总是不厌其烦地回答他，耐心地把其中的道理讲给他听。当牛顿的风车受到大家的讥笑的时候，又是母亲一直在鼓励他，支持他。有人曾问牛顿的母亲是怎样教育孩子的，她指出，做家长的一定要做孩子成才的助燃剂，要耐心、正确地回答孩子的问题，因为孩子的问题蕴含着他的求知欲和探索精神。好妈妈胜过好老师，家长一定要从牛顿的妈妈身上吸取家庭教育的成功经验，这样你的孩子或许也能成为牛顿那样的天才。

2.牛顿平时就很喜欢读书，后来有机会读了一本《自然和技艺的奥秘》，这本书让小牛顿茅塞顿开，大大地激发了他探索自然的积极性与好奇心，使他受益匪浅。可见阅读在孩子成才过程中的重要性。阅读可以丰富孩子的想象力，因此家长一定要给孩子创造良好的阅读环境，让孩子从小养成热爱阅读的好习惯。

◆ 天才经历启示/告诉孩子

虽然牛顿是一个科学天才，但他小的时候并不是一个神童。他体质不好，资质平常，但是兴趣比较广泛，并且喜欢动手、动脑，会玩。牛顿还有一个非常重要的品质，那就是非常喜欢学习，即使辍学在家，他一有机会便埋头读书。对于今天的孩子来说，缺少的正是这种求学的精神。想要成才，我们不能依靠老师的力量，也不能依赖家长的作用，一定要依赖自己，发自内心地追求真理、追求学问，并且要时刻相信自己，这样我们也能成功。

趣味链接：

忘我的境界

牛顿是一个喜欢沉思默想的人，他对科学非常专心，经常进入忘我的境界。

一次，牛顿一边思考问题一边煮鸡蛋。他苦苦地思索问题，甚至到了走火入魔的境地。待锅里的水沸腾后，他掀开锅盖一看，锅里煮的竟是一块怀表，而不是鸡蛋！原来，牛顿思考问题时太专注力，不小心把怀表当鸡蛋放在锅里了。

还有一次，牛顿邀请一位朋友到家里吃午饭。临近中午的时候，客人应邀前来，可是牛顿此时正在埋头思考，认真地研究着问题。客人没有打搅牛顿，可客人由于等待太久了，便把桌子上的午餐全吃了。吃完饭之后，客人就悄悄地走了。当牛顿准备吃午饭的时候，看到盘子里吃剩下的鸡骨头，他恍然大悟："我还以为自己没有吃午饭呢，原来我已经吃过了。"说完，牛顿又去研究了。

8. 18世纪美国最伟大的科学家和发明家
——富兰克林

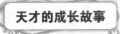

天才档案

全名：本杰明·富兰克林

民族/国籍：英格兰

出生地：美国 马塞诸塞州 波士顿

生卒年月：1706年1月17日~1790年4月17日

父母职业：父亲（漆匠、手工作坊主、商人）母亲（不详）

兴趣爱好：阅读、军事

毕业院校：自学成才（只读过两年书就辍学了）

成才之道：心怀大志、善于动脑、勤奋刻苦

主要成就：

1.富兰克林是美国独立战争的伟大领袖，参加起草了《独立宣言》和美国宪法，积极主张废除奴隶制度。

2.富兰克林在电学上取得了显著的成就：做过著名的"风筝试验"对电进行探索；创造了许多专用名词，如正电、负电、导电体等，这些词成为世界通用的词；借用数学上正、负的概念用正电、负电表示电荷性质，为电荷守恒定律奠定了基础。

3.富兰克林提出了避雷针的设想，并由此制造了避雷针，使人类避免了雷击灾难。

天才的成长故事

富兰克林是18世纪美国最伟大的科学家，也是一位享有国际声誉的发明家。他在电学上做出了很大的成就，发明了避雷针等很多东西，至今造福人类。

富兰克林出身寒微，只上过两年学，却取得了非常大的成就，这和他父亲对他的教育是分不开的。

富兰克林是家里的第8个孩子，他的父亲是一个受过教育的人，在富兰克林很小的时候就开始教他认字了。富兰克林非常好学，他5岁的时候就能自己捧着书本看书了。

家里的阁楼上有几个大箱子，那是父亲珍藏的书籍，因此小阁楼除了父亲之外，谁也不能随便进去。一天，富兰克林趁着父亲外出的时候偷偷地爬上了阁楼。他费了九牛二虎之力打开箱子，看到里面有很多书籍。富兰克林看到这么多的藏书非常高兴，便津津有味地看了起来，一直看到天黑。到了吃晚饭的时候，家里人看不到他，以为他丢了而四处找他，最后发现他竟然独自一人在小阁楼上偷偷地看书。

由于家境困难，富兰克林只读了两年书就辍学了，但他对书的热情一点儿也没有减少，父亲的书他不知翻了多少遍。开始，父亲想让富兰克林继承自己的手艺，但富兰克林不喜欢父亲从事的行业。他最初想要航海，父亲知道航海对于只有十一二岁的孩子来说太危险了，因此反对他航海。但父亲并没有因此嘲笑富兰克林幼稚，也没有粗暴地干涉他的爱好，或者斥责他。

为了帮富兰克林找到一个合适的行业，父亲带着他到处参观，然后默默地观察。父亲看到富兰克林非常喜欢读书，就把他送到了一家印刷厂，让他当学徒。这使得富兰克林有了更多的机会阅读各种各样的书，他读书甚至达到了废寝忘食的境界，经常为了读一本好书而通宵达旦。

在这里，富兰克林不仅阅读了很多书，而且还找到了一生的立身之本——凭着在印刷厂学到的手艺，富兰克林后来建造了自己的印刷厂，并且还办起了报纸。

由于知识越来越丰富，富兰克林13岁的时候尝试着写了两首叙事诗。后来哥哥看他写得还不错，便建议把诗印出来出售。结果富兰克林的诗出版后销售一空，这在当地引起了很大的反响。富兰克林非常高兴，由此产生了一名当诗人的想法。

这时候，父亲认为这样的虚名对富兰克林的长期发展非常不利，因此把富兰克林那两首诗中的错误和不妥的地方逐一指了出来。父亲还告诫富兰克林要打好基础，不要追求名利，想要有所发展可以先从写文章入手。

父亲的批评尽管非常严厉，但却很中肯，富兰克林虚心地接受了父亲的意见，开始勤奋地读散文，认真地写文章。他按照自己的方法进行练习，不仅增加了词汇量、提高了写作能力，而且还丰富了知识，为他日后的写作和发明创作打下了良好的基础。

最终，富兰克林成了赫赫有名的出版商、才华横溢的文学家和举世瞩目的科学家。

天才炼成的秘诀

◆ 天才经历启示/告诉爸爸妈妈

1.父亲开始想让富兰克林继承自己的手艺，但富兰克林不喜欢父亲的行业，他最初想要航海，父亲知道航海对于只有十一二岁的孩子来说太危险了，因此反对他航海。但父亲并没有因此嘲笑富兰克林幼稚，也没有粗暴地干涉他的爱好，或者斥责他。富兰克林父亲的做法，很好地保护了孩子的求知欲和好奇心，对孩子兴趣的培养和发展非常有好处。

所以，对于孩子某些看似荒诞不羁的想法，家长一定不要嘲笑孩子幼稚，要像富兰克林的父亲那样，这才是正确的教子真经。

2.富兰克林13岁的时候尝试写了两首叙事诗，并在哥哥的建议下他把诗印出来销售，结果反响不错，由此他也萌发了要当一名诗人的想法。对此，父亲保持清醒的头脑，认为这样的虚名对富兰克林的长期发展非常不利，因此把他那两首诗中的错误和不妥的地方逐一指了出来。父亲还告诫富兰克林要打好基本功，不要追求名利。由此可知，对孩子的兴趣爱好，原则上家长不要进行干涉和强求，但对于不利于孩子全面发展的情况，家长也要帮孩子分析利弊，引导孩子做出正确的选择。

◆ 天才经历启示/告诉孩子

由于家境贫寒，富兰克林只读了两年的书就辍学了。但这并没影响富兰克林成为一名伟大的科学家和发明家，他广泛阅读，刻苦自学，最终获得了成功。由此可见，上学并不一定是一个人获得成功的唯一途径。即便由于种种原因，我们没有在学校取得优异的成绩，也不代表我们失败了，只要我们在任何时候，任何地方都能坚持不懈地学习，我们同样也能获得成功。

趣味链接：

绅士和猪

富兰克林的仆人是一个黑人，一天，他问富兰克林："主人，绅士是什么东西？"富兰克林怕仆人不理解，便对他解释说："绅士是一种有生命的生物，能吃、能喝、会睡觉，可是什么也不会做。"

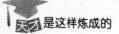

不一会儿，仆人跑过来对富兰克林说："主人，我知道绅士是什么东西了。人在工作，马在干活，牛也在劳动，只有猪只知道吃和睡，什么也不会干。猪就是绅士！"

9. 18世纪最优秀的数学家——欧拉

天才档案

全名：莱昂哈德·欧拉

民族/国籍：瑞士

出生地：瑞士 巴塞尔

生卒年月：1707年4月15日~1783年9月18日

父母职业：父亲（牧师、数学家）母亲（不详）

兴趣爱好：数学

毕业院校：瑞士巴塞尔大学

成才之道：超强记忆力、聚精会神、孜孜不倦

主要成就：

1.创立并推广三角函数和求和等符号，不但为数学界作出贡献，更把数学推至整个物理的领域。

2.欧拉和其他数学家在解决物理问题过程中，创立了微分方程这门学科，引入了空间曲线的参数方程，给出了空间曲线曲率半径的解析表达式，建立了新的初等数学体系，提出欧拉方程，发现二次互反律，引入欧拉函数等。

3.欧拉是数学史上最多产的数学家，在微积分、微分方程、几何、数论、变分学等领域均作出了巨大贡献，其所著《无穷小分析引论》、《微分学原理》、《积分学原理》等都成为数学中的经典著作。

天才的成长故事

欧拉是数学史上非常著名的数学家，他在数论、几何、天文数学、微积分等领域都取得了出色的成就。

欧拉小的时候在一所教会学校读书，那时候他并不讨老师喜欢，因为他经常

问一些老师无法回答的问题。一次，欧拉问老师天上有多少颗星星，相信神学的老师不懂装懂，对欧拉说："天生的星星有多少并不重要，你只要知道天上的星星都是上帝放上去的就足够了。"

老师的话让欧拉更加奇怪了：天这么大，地上又没有梯子，上帝是怎么把星星放到天上去的呢？既然是上帝把星星放上去的，那他怎么会不知道星星的数目呢？欧拉向老师提出了心中的疑问，这下老师不知道该怎么回答了。

后来，欧拉被学校除名。回到家后，欧拉就帮助父亲放羊，成了一个小牧童。欧拉非常喜欢读书，尤其是数学书，他经常一边放羊一边读书。

欧拉曾经用自己超凡的数学才能帮父亲解决羊圈的问题。由于父亲的羊群逐渐增多，羊增加到了100只，这样一来，以前的羊圈就有些小了。所以，爸爸决定建一个新的羊圈。

刚开始，父亲想要建一个长40米、宽15米的长方形羊圈。可是动工的时候他才发现手中的材料只够建成100米长的篱笆，如果想按照原计划建羊圈，还要添加10米长的材料，否则每只羊的面积就会减少。父亲正在为难之时，小欧拉却对父亲说他有办法：既不用增加材料，也不用担心每只羊的面积会变小。父亲刚开始并不相信欧拉的话，但是看到欧拉坚持自己的意见，父亲便同意让他试一试。

于是，欧拉把原来的长方形羊圈改成了一个边长为25米长的正方形羊圈，这样一来，材料够用了，面积也够用了。父亲按照小欧拉设计的方案建成了新羊圈，结果正如欧拉预料的那样。看到欧拉会动脑筋，父亲非常高兴，他认为以欧拉的聪明才智，将来一定会大有出息。

欧拉非常喜欢数学，还不到10岁的时候就开始自学《代数学》了，这本书他的几何老师都没有读过，可是小欧拉却读得津津有味，一遇到不懂的地方他就会用笔做个记号，过后再向别人请教。

父亲在巴塞尔大学读书的时候，和著名的数学家约翰·伯努利有几分交情。看到小欧拉这么喜欢数学，也有几分数学天赋，于是父亲便提供机会，让欧拉结识了约翰和他的两个儿子（日后也成了数学家）。

1720年，在约翰的保举下，13岁的欧拉凭着自己的努力考入了巴塞尔大学，这在当时的数学界引起了很大的轰动。在那里，欧拉得到了约翰的精心培养。当约翰发现课堂上的知识已经不能满足欧拉强烈的求知欲的时候，便在每周六的下午亲自给他辅导。

在约翰的指导下，欧拉17岁的时候获得巴塞尔大学的哲学硕士学位，1725年开始了他的数学生涯。

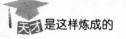

天才炼成的秘诀

◆ **天才经历启示/告诉爸爸妈妈**

1.父亲因为羊圈的问题感到为难的时候，欧拉却对父亲说他有办法帮父亲解决问题。父亲刚开始并不相信欧拉的话，但是看到欧拉坚持自己的意见，父亲便同意让他试一试。实际上，正是在这次机会中，父亲发现了欧拉不凡的数学天赋，从而决定用更合适的方式培养欧拉。所以，家长在日常生活中要多给孩子一些尝试的机会，或许能够从中发现孩子不凡的天赋，用更好的方法把孩子培养成为像欧拉那样的天才。

2.13岁的欧拉在约翰的保举下考入了巴塞尔大学，在当时的数学界引起了很大的轰动。在那里，欧拉得到了约翰的精心培养，最终成为了数学天才。由此我们知道，虽然欧拉的数学天赋非常高，但若没有约翰的引导和教育，也许就会出现另外的结果。所以，想让孩子的天赋得到充分的发挥，家长不妨给孩子找一个好老师，这会帮孩子找到成功的捷径。

◆ **天才经历启示/告诉孩子**

欧拉非常喜欢数学，还不到10岁的时候就开始自学《代数学》了，这本书他的几何老师都没有读过，可是小欧拉却读得津津有味，一遇到不懂的地方他就会用笔做个记号，过后再向别人请教。由此可见，从小养成良好的记笔记习惯，对孩子的学习而言是非常有必要的。所以，在孩子低年级的时候，家长就应该让孩子养成良好的记笔记习惯，这会帮孩子解决学习中遇到的问题，提高孩子学习的效率。

 趣味链接：

科学巨星的陨落

作为一位科学巨星，欧拉在生活中是一个性情温和、性格开朗的人。他非常喜欢交际，热爱家庭生活，经常和孩子们一起做科学实验，给他们讲故事。

欧拉对科学的研究一直坚持到生命的最后一刻。1783年9月18日下午，欧拉一边逗小孙子玩，一边思考、计算天王星的轨道。突然，他从椅子上滑了下来，轻轻地说了一声："我要死了。"

科学巨星就这样停止了生命。

10. 改良蒸汽机的发明者——瓦特

天才档案

全名：詹姆斯·瓦特

民族/国籍：苏格兰

出生地：英国 苏格兰 格拉斯哥市 格林诺克

生卒年月：1736年1月19日~1819年8月25日

父母职业：父亲（造船工人、木匠、商人、行政官）母亲（家庭主妇）

兴趣爱好：好奇心强、喜欢学习、爱好实践

毕业院校：文法学校（没有受过系统教育）

成才之道：想象力丰富，喜欢思考、探索，心灵手巧

主要成就：

1.瓦特是英国近代著名的科学家，1782年发明双动蒸汽机，1785年因改进蒸汽机，被选为皇家学会会员。此外，瓦特还有很多发明，如双动发动机、压力计、计数器、节流阀等，大大提高了蒸汽机的效率。

2.瓦特发明的蒸汽机对当时的工业发展起到了巨大的推动作用，并引起了一连串的工业发明，标志着第一次工业革命的到来，是工业革命的关键人物。

3.为了纪念瓦特，他的姓氏被用作功率的单位。

天才的成长故事

曾有人说过，瓦特之所以能够改良蒸汽机，是因为他有超人的智慧，其实不然。

瓦特的祖父曾经是一名教师，父亲原来是一个造船技术工人，后来自己经营过造船业和建筑业。心灵手巧的瓦特从小就随父亲学习各种手艺，受到家庭环境耳濡目染的影响，他从小就接触了不少技术方面的知识，探索奥秘的兴趣得到了良好的培养，逐渐养成了独立思考的好习惯。可以说，这种家庭环境对他后来成为科学天才奠定了良好的基础。

值得一提的是，瓦特的母亲是一位受过教育并且很有修养的人。瓦特自幼是

一个体弱多病的孩子，他没有办法像正常的孩子那样在学校里读书学习，于是便在家由母亲教他学习。虽然体质比较差，但瓦特聪明好学，经常独自沉思默想，喜欢钻研，遇到问题总是刨根问底。由于瓦特经常会长时间地观察，很多人据此说他是一个"懒孩子"。其实，正是这种好奇心与倔强的性格，始终引导着他不断探索生活中的奥秘，使他最终登上了科学的高峰。

随着智力的发展，瓦特对身边的很多习以为常的事情产生了浓厚的兴趣，这也为他日后发明蒸汽机打下了良好的基础。一天，瓦特在厨房里玩，他看到火炉上的水开了，壶盖"噗噗"地跳动着，这种司空见惯的现象引起了他的好奇心。他观察了好半天，都没明白这是怎么回事。

于是，他就问祖母："奶奶，水开了，壶盖为什么总是在上面跳呢？"祖母却不以为意地说："水开了，壶盖当然就会跳动了。"

瓦特的好奇心没有得到满足，继续追问道："为什么水开了壶盖就会跳动呢？有什么东西在推动它吗？"祖母这时候没有工夫理会瓦特这个"无聊"的问题，便不耐烦地说："不知道，小孩子问这么清楚有什么用呢？"瓦特在祖母那里不仅没有找到问题的答案，反而受到了一顿批评，他心里很不舒服，可是倔强的他并不灰心，决心要弄个明白。

从那以后，连续几天他都坐在炉子旁观察水壶。他发现刚开始的时候壶盖很安静，他不断地掀起壶盖，想看看壶盖下面到底有什么神秘的力量。他看到水快开的时候，一串串水泡从壶底冒上来，到了水面就破裂开了，水蒸气跑出来，推动壶盖不断地跳动。

瓦特高兴极了，他又继续做实验，不断地把壶盖盖上、揭开，揭开、盖上，反复验证，终于弄明白了其中的道理。他欣喜若狂，又开始了更深层次的思考：水蒸气的力量这么大，那么用一个大锅来烧水，会有什么样的结果呢？他一心想着蒸汽的力量，萌发了制造蒸汽机的念头。

后来，瓦特刻苦学习，读书经常通宵达旦，他自学了天文学、化学、物理学等学科知识，掌握了一些自然科学的基础知识。长大后，瓦特又掌握了比较先进的机械制造技术，并有机会接触到了蒸汽机。再后来，他经过苦思冥想，终于想出了改进蒸汽机的方法，并且亲自改良了蒸汽机，大大提高了蒸汽机的工作效率。

第一章 科学巨人

天才炼成的秘诀

◆ 天才经历启示/告诉爸爸妈妈

在别人看来一些司空见惯的现象，却引起了瓦特的好奇心。当他"无聊"的问题无法解答而询问祖母的时候，祖母不仅没有给予支持与鼓励，反而在瓦特热情的心上泼了一瓢凉水——祖母不耐烦地批评了瓦特一顿。这种教育方法显然是不对的，这会对孩子的成才有着阻滞作用。如果瓦特的性格不那么倔强，那么未来的一个科学家可能就在老人的训斥声中消失了。

如果瓦特的祖母能够耐心地把其中的道理讲给小瓦特听，无疑会启迪瓦特的好奇之心，这对他的成才是很有帮助的。

◆ 天才经历启示/告诉孩子

从瓦特的故事中可以看出，瓦特的成功主要在于他对什么事情都充满着好奇心，并且倔强的性格也让他在成才的道路上坚定不移地走下去。总之，学习丰富了他的好奇心，而实践则让他的人生结出了丰硕的成果。由此我们知道，一个人想要获得辉煌的成功，就必须要靠自己的智慧、心血与坚强的意志力，还要不断地完善自我。我们不妨像瓦特那样，执著地追求自己的理想，这样，我们也能摘到成功的果实。

趣味链接：

倔强的瓦特

瓦特从小性格就很倔强。由于童年时代体弱多病，瓦特失去了上学的机会。久而久之，别的孩子就拿他开玩笑，说他不上学是一个"病孩子"，瓦特听了很不高兴。自尊心很强的瓦特便让父母教自己读书、写字。

瓦特六七岁的时候，一天，有位客人来家里做客。客人看到瓦特正拿着一支粉笔在地板上、火炉上画圆圈和直线。热心的客人以为瓦特在随便画着玩，便向瓦特的父亲建议送瓦特去学校学点儿有用的东西。后来，客人好奇地走到瓦特跟前，才发现他在地上画圆形和正方形的平面图，他在演算一道数学题呢。这时，客人才恍然大悟，并为瓦特好学的精神所感动。

031

11. 伟大的"数学王子"——高斯

天才档案

全名: 卡尔·弗里德里希·高斯

民族/国籍: 日耳曼

出生地: 德国 下萨克森州 不伦瑞克

生卒年月: 1777年4月30日~1855年2月23日

父母职业: 父亲(园丁、建筑工、商人助手、保险评估师)母亲(女佣)

兴趣爱好: 读书、独立思考、研究数学

毕业院校: 黑尔姆施泰特大学

成才之道: 专注与执著

主要成就:

1.先后有上百种数学专著出版,有"数学王子"的美誉,是历史上最伟大的数学家之一。

2.有日光反射仪、光度计、磁强计等多种发明。

3.高斯发现了质数分布定理和最小二乘法,引入高斯误差曲线。

4.十分注重数学的应用,在天文学、大地测量学等研究中也偏于用数学的方法进行研究,计算出天体的运行轨迹,并发现了谷神星的运行轨迹。

5.总结了复数的应用,并在《算术研究》中导出了三角形全等定理的概念。

天才的成长故事

高斯,德国数学家、物理学家和天文学家。

高斯出生在一个贫寒的家庭里,他的祖父是一个敦厚诚实的农民,父亲曾做过园丁、建筑工人、商人助手和保险评估师等职业。

历史上总是间或出现神童,"数学王子"高斯就是其中的一个。虽然在高斯的家庭中,祖祖辈辈都没什么文化,但是高斯从小就非常喜欢读书和喜欢独立思考,并且具有超凡的数学天赋。

高斯的父亲曾做过泥瓦厂的小工头,每周六都会给工人发薪水。有一次,高斯的父亲忙着给工人发薪水,他算得满头大汗,终于有了结果。可是,在旁边玩

的小高斯却对他说算错了，并且还说出了正确的答案。

高斯的父亲十分惊讶，虽然有些不相信自己会算错，但父亲还是重新检查了一遍，结果发现自己的确算错了，小高斯的答案是正确的。这让父亲感到很奇怪，因为小高斯当时刚3岁，并且在此之前没有人教过他算术。那么，小高斯的算术是从哪里学来的呢？看来数学神童的确具有超凡的数学天才。

在成长的过程中，幼年时期的高斯主要得益于母亲和舅舅的教育。在数学史上，很少有人像高斯的母亲那样全力支持儿子成才。高斯的母亲虽然没有接受过教育，但她却非常聪明，生性善良，个性比较强，而且不乏幽默感。高斯从出生起，就对周围的事情感到很好奇，并且总是要"打破沙锅问到底"，不弄个水落石出决不罢休。对此，高斯的父亲总是训斥他，可是母亲却总是全力支持高斯，坚决反对顽固的丈夫用不当的方式教育高斯。

高斯的舅舅也是一个非常有智慧的人，为人比较热情，聪明能干，而且小有成就。他发现小高斯非常聪明，因此便把一部分精力与时间用在了教育小高斯身上。舅舅不仅经常劝说高斯的父亲，要让高斯朝着自己喜欢的方向发展，把高斯培养成为一名学者，而且自己也注重用生动活泼的方式来开导高斯，开发他的智力。若干年后，有所成就的高斯回想起舅舅为自己所做的一切，无限感慨，深感其中的重要性。

11岁的时候，高斯不顾父亲的反对进入了中学，并且靠半工半读来维持学业。的确，高斯家里很穷，为了节省油灯，父亲总是在吃过晚饭后，便让高斯上床睡觉。可是高斯实在是太喜欢读书了，聪明的他想到一个好办法，他把大萝卜挖去芯儿，做成了一盏小油灯。在微弱的灯光下，专心地看书学习，认真思考，直到深夜。

后来，在费迪南公爵的资助下，高斯进入著名的卡罗琳学院学习语言和数学，后来又顺利地进入举世闻名的哥廷根大学学习。

别人都说高斯是数学天才，可是高斯却谦虚地说，如果别人像他那样进行深刻持久的思考，那么别人也会有同样的发现。

天才炼成的秘诀

◆ 天才经历启示/告诉爸爸妈妈

1.高斯从出生起就充满了好奇心，总喜欢问问题。对此，高斯的父亲总是训斥他，可是高斯的母亲却总是全力支持高斯，坚决反对顽固的丈夫用不良的教育方式教育孩子。显而易见，高斯父亲的做法并不利于孩子的发展与成才。家长一定要像高斯的母亲那样，要保护孩子的好奇心，更要尊重孩子，不要总是训斥孩子，这样才会有助于孩子在快乐的气氛中成长，更利于孩子的成才。

2.我们知道，在高斯的成长过程中，除了得益于母亲的教育，高斯还得益于舅舅的精心培养。舅舅看到高斯非常聪明，认为他是一个小天才，因此注重用生动活泼的方式开发高斯的智力。此外，高斯的舅舅还注重让高斯按照自己的兴趣发展自己，这一点对高斯的成才也有着非常重要的影响。正如高斯后来所说的那样，在自己成才的过程中，他深感舅舅对自己培养的重要性。每个家长都希望能把自己的孩子培养成为天才，那么，家长不妨像高斯的舅舅那样，尊重孩子的兴趣，注重用适合孩子的方式来教育孩子，开发孩子的智力，助孩子成才。

◆ 天才经历启示/告诉孩子

在艰苦的学习条件下，高斯自己造灯苦学，在微弱的灯光下认真思考问题，孜孜不倦。可以说，高斯的成才除了和自己较高的数学天赋有关，还和他勤奋的学习精神有关。现在，我们的生活条件、学习条件都很优越，那么，我们也应好好珍惜今天的幸福生活，充分利用良好的学习条件，开发自己的智力，争取早日成才。

趣味链接：

数学神童

高斯从小就是数学神童，具有惊人的心算技巧。

高斯10岁左右的时候，高斯所在的学校从城里调来了一个算术老师，这个老师认为让自己来教乡下的孩子是大材小用。因此，怀才不遇的老师经常向学生发脾气，并且有时还会训斥学生。

一天，这个算术老师让同学们算出"1+2+3+4……+100"的和，并且还对学生说谁算不出来就不准回家吃饭。说完，老师便坐到椅子上，闭目养神。不一会儿，小高斯便拿着算题的小石板，走到老师面前小声地对老师说自己算好了。可是，老师头都没抬便不耐烦地挥挥手，让他回去重新算。

小高斯把小石板送到老师面前，并坚持说自己的答案是正确的。老师抬头一看，"5050"，正是自己花了好长时间才算出来的答案，高斯这么快就算出来了。老师很吃惊地问他是怎么算出来的。

小高斯告诉老师，他不是按照传统意义上的逐个数字相加，而是发现了规律：1+100是101，2+99是101……50+51是101，这样共有50个101，于是用50×101就是5050了。

这时，算术老师对高斯刮目相看。于是，老师买了一本数学书送给高斯，并热心相助，精心指点，把高斯引上了数学探索的道路。

12. 生物进化论的创始人——达尔文

天才档案

全名：查尔斯·罗伯特·达尔文

民族/国籍：英格兰

出生地：英国 英格兰北部 什鲁兹伯里小镇

生卒年月：1809年2月12日~1882年4月19日

父母职业：父亲伯特·达尔文（著名医生）母亲苏珊（家庭主妇）

兴趣爱好：制作各种标本，热爱大自然

毕业院校：剑桥大学

成才之道：对科学的热爱，坚持长期探索

主要成就：

1.出版了《物种起源》这一划时代的著作，第一次把生物学建立在完全科学的基础上，推翻了"神创论"和物种不变的思想，标志着进化论的正式确立。

2.提出"进化论"，对近代生物学产生了巨大影响，被誉为19世纪自然科学的三大发现之一。

3.达尔文的理论不仅对生物学有着重要影响，而且对人类学、心理学以及哲学等的发展都有着不可忽视的影响。

天才的成长故事

达尔文的父亲是当地的医学博士，祖父也是一位名医，并且对生物学的研究非常有兴趣，是个提倡生物进化论观念的先驱。

达尔文的妈妈苏珊很有知识和教养，和蔼可亲。达尔文小的时候，妈妈就经常带着他和妹妹一起到河畔散步。在散步的过程中，小达尔文听妈妈讲故事，渐渐地知道了很多昆虫、花草和树木。

达尔文的妈妈也很喜欢栽培花卉和果树，经常利用各种机会培养达尔文对大自然的兴趣。同时，她又是一位有心的教育者，懂得保护孩子的好奇心，每当达尔文提出各种稀奇古怪的问题时，她从不会指责、批评达尔文，而是耐心地解答问题，积极地引导达尔文。

一天，妈妈带着达尔文兄妹到花园里面玩耍。妈妈拿起铲子给小树苗培土，她铲起乌黑的泥土，忍不住闻了闻。达尔文见状也要闻一闻。突然，他问了妈妈一个问题：为什么要给树苗培土？妈妈告诉他，土壤是万物生长的基础，有了土壤，树苗才能茁壮地成长。

听了妈妈的话，达尔文又问出一个很"傻"的问题："为什么泥土里面长不出来小猫和小狗呢？"妈妈耐心地告诉他："小猫和小狗是猫妈妈和狗妈妈生的。"

可是，达尔文并没有满足，他提出了一个非常深刻的问题：上帝是谁创造的呢？妈妈无法回答他这个问题，便和蔼地对他说："亲爱的孩子，世界上有很多事情对我们来说是一个谜。妈妈希望你长大了能自己去寻找答案，做一个有学问的人……"妈妈的话大大地激发了达尔文的求知欲和好奇心。

在妈妈的精心教育下，达尔文对生物、对大自然产生了浓厚的兴趣，尤其是生命从何而来成为了小达尔文心中最神圣的领地。正是得益于母亲的悉心教导，达尔文敏锐的观察能力以及敏捷的思考能力才得到了培养，为他日后在生物学上取得的成就奠定了基础。

随着对生物的深入了解，达尔文对生物的兴趣更加浓厚了。强烈的好奇心和求知欲使得达尔文把大自然当成了自己的天然课堂，家里的小花园，门前的河流，茂密的小树林等，都是达尔文探索自然的最好天地。达尔文天生喜欢小动物，而且还喜欢搜集标本。他经常独自坐到河边，静静地注视着河水，有时还会望着钓鱼的人发呆。

达尔文逐渐养成了收集各种昆虫、贝壳和矿石等各种植物和动物标本的习惯。对学校里的课程不感兴趣，达尔文就和哥哥一起读课外书，做化学实验。良好的家庭环境为他的成才创造了一定条件。

这里还值得一提的是，老达尔文一直希望自己的儿子能够子承父业，光宗耀祖，但小达尔文偏偏"不争气"，后来在父亲的老朋友纺织商人赫德的开导下，固执的父亲放弃了原来的想法，转而尊重和支持起达尔文的爱好和选择来，这对达尔文在生物学领域的研究起到了不估量的推动作用。

后来，在剑桥大学读书期间，达尔文又遇到了一生中重要的伯乐——亨斯洛教授。在教授的帮助和指导下，达尔文最终得以成为一个真正的生物学家和博物学家。

天才炼成的秘诀

◆ 天才经历启示/告诉爸爸妈妈

1.达尔文小的时候，妈妈就经常带着她去散步，带他到大自然中去。达尔文称自己所学到的任何有价值的东西都是从大自然中学来的。从客观的角度讲，没有热爱大自然的苏珊就没有创出进化论的生物学家达尔文。实际上，大自然是孩子最好的天然课堂，经常带孩子到大自然中去，可以提高孩子的观察能力和思考能力，开拓孩子的视野，增长孩子的识见。对于今天的孩子而言，家长带他们到大自然中去尤为重要。

2.小达尔文的好奇心比较强，总是有问不完的问题。据此，达尔文的妈妈并没有用简单的话阻塞他的问题，也没有不耐烦而训斥他，而是耐心地教导他，告诉他其中的道理。妈妈的教育方式激发了达尔文的好奇心与求知欲。正是妈妈的精心教育，为达尔文以后在生物学领域取得重大成就奠定了基础。孩子的问题往往反映了孩子对周围事物的好奇心，蕴含着孩子强烈的求知欲，因此，家长一定要像达尔文的妈妈那样，保护孩子的好奇心，引导孩子自己寻找问题的答案。

3. 在达尔文成长的过程中，老父亲对他的支持和鼓励也对他的科学研究起到了巨大的推动作用。如果老达尔文一直固执己见，强制达尔文做一名医生，那么《物种起源》和"进化论"也许就与他擦肩而过了，而这将成为人类的一大损失。由此，我们可以看出，作为家长一定要尊重孩子的兴趣、爱好和选择，按照天性培养孩子，才更容易让孩子成才。

◆ 天才经历启示/告诉孩子

达尔文从小就对大自然充满了兴趣，对生物充满了兴趣，并且在日常生活中逐渐养成了收集标本的好习惯。当遇到自己没有兴趣的课程时，他不是上课的时候睡大觉，也不是逃课去做一些无意义的事情，而是和哥哥一起看书，做实验。因此，我们也要从小养成良好的学习习惯，这会让我们受益匪浅。当遇到自己不

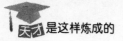

感兴趣的课程时，也要像达尔文那样，去做一些有意义的事情，不要浪费了时间，错过了学习的机会。

趣味链接：

被甲虫蜇到的达尔文

在剑桥读书期间，虽然学的是神学，但是向往大自然的达尔文仍然热衷于收集甲虫等动植物标本。

一天，达尔文在树林里转悠，他突然发现在即将脱落的树皮下面，有虫子在里面蠕动，他急忙剥开树皮，发现有两只形状非常奇特的甲虫。达尔文马上把虫子抓在手里，爱不释手地观察起来。

这时候，他发现又从树皮里面跳出一只甲虫。达尔文有些措手不及，来不及多想便把手中的甲虫放到嘴里，伸手抓到第三只甲虫。直到嘴里的甲虫放出一股毒汁，把达尔文的舌头蜇得又麻又痛，达尔文这才想起来嘴里还有一只甲虫。后来，为了纪念他，人们便把他首先发现的这种甲虫命名为"达尔文"。

13. 酷爱和平的"炸药大王"——诺贝尔

天才档案

全名：阿尔弗雷德·伯纳德·诺贝尔
民族/国籍：日耳曼
出生地：瑞典 斯德哥尔摩
生卒年月：1833年10月21日~1896年12月10日
父母职业：父亲伊曼纽尔·诺贝尔（机械师）母亲卡罗莱曼（家庭主妇）
兴趣爱好：喜欢文学，痴迷炸药
毕业院校：约台小学（一生中接受正规教育的唯一的一所学校，主要受家庭教师的教育）

成才之道：顽强勇敢、自强不息

主要成就：

1.瑞典著名的化学家、工程师、发明家，酷爱炸药，发明了硝化甘油炸药。

2.用自己的财富创设了举世闻名的诺贝尔奖。分别设立物理、化学、生理或医学、文学以及和平事业5种奖项（1969年瑞典国家银行增设经济学奖金）。

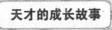

天才的成长故事

　　著名的"炸药大王"诺贝尔出生在瑞典的斯德哥尔摩，他的父亲是一位机械师，母亲是瑞典著名的博物学家鲁德贝克的后裔。

　　诺贝尔的父亲热爱发明，对炸药非常感兴趣，平时经常做化学实验。诺贝尔从父亲那里学习了工程学的基础知识，并且也像父亲那样具有很高的发明才能。诺贝尔的母亲是一位非常有文化、有教养的妇女，注重实际，乐观豁达。

　　诺贝尔从小体质比较弱，动不动就会感冒、发烧，很多人都说诺贝尔长不大，但是诺贝尔的母亲仍然抱着坚定的信念呵护年幼的诺贝尔，终于让他慢慢成长起来。受母亲的影响，诺贝尔虽然体弱多病，但他的意志比较坚强，做什么事情都不甘落后。父亲非常关心小诺贝尔的兴趣爱好，经常给他讲一些科学家的故事，并且还鼓励他长大后要做一个对社会有用的人。母亲对诺贝尔也是严慈相济，经常让诺贝尔做一些浇花、锄草等简单的家务劳动。

　　诺贝尔8岁的时候，到了上学的年龄，便进了当地的约台小学学习。由于体质比较差，经常生病，诺贝尔上课出勤率是最低的，但他在学校里学习非常努力，成绩经常都是名列前茅。诺贝尔的作文经常得到老师的表扬，老师曾经对他的母亲说："诺贝尔聪明好学，功课一向很好，尤其是写作文，以后很可能会成为一位优秀的文学家。"

　　当身体不好的时候，诺贝尔就待在家里，或者读自己喜欢的书，或者画画，或者写作文。看到母亲终日忙个不停，诺贝尔总想帮母亲做点儿什么，可是母亲总是让他去做自己感兴趣的事情。

　　一天，父亲的实验室爆炸了。看到一身灰尘的父亲，诺贝尔很好奇："爸爸，炸药是很可怕的东西，可你为什么还要研究它呢？"父亲却说："孩子，炸药虽然会炸伤人，但它那巨大的威力也可以用于生产啊！"父亲的话给年幼的诺贝尔留下了深刻的印象。

　　后来，诺贝尔随着父亲搬到俄国的圣彼得堡，随后一直由家庭教师进行教育。在家庭教师的教育下，诺贝尔逐渐成为了一名化学家，并且熟练地掌握了英、法、德、俄等国家的语言。同时，诺贝尔对父亲工厂里的炸药也产生了浓厚的兴趣。

因此，在学习之余，诺贝尔便经常跟着父亲，到父亲的工厂里面去做一些零活。看到父亲经常设计和研制水雷、炸药，耳濡目染，在诺贝尔幼小的心灵中也萌发了长大后献身科学的理想。

诺贝尔经常趁人不注意的时候从父亲的工厂里偷出一些炸药，晚上的时候自己点着玩。后来，诺贝尔进一步对炸药的配制产生了兴趣，他从父亲的书架上找了一些相关书籍，认真地研究，明白了其中的配料，便自己搜集原料，自己试着配制炸药。经过多次试验，在游戏中诺贝尔终于实现了突破，找到了最佳的炸药配制比例，为他以后从事炸药事业打下了坚实的基础。

从那以后，诺贝尔便全身心地投入到炸药的研制中去。经过反复试验，诺贝尔终于发明了安全炸药、无烟炸药等。诺贝尔在炸药方面的一系列发明，使他当之无愧地成为"炸药大王"。

天才炼成的秘诀

◆ 天才经历启示/告诉爸爸妈妈

1.诺贝尔的父亲非常关心小诺贝尔的兴趣爱好，在日常生活中经常给他讲一些科学家的故事，并且还鼓励他长大后要做一个对社会有用的人。实际上，这样的教育会让孩子受到潜移默化的影响，对孩子的成才有一种激励作用。因此，无论平时工作多么忙，家长一定要抽出时间陪陪孩子，注重对孩子的教育，改变以前"教育孩子的主要责任在学校"的错误观念，多给孩子讲一些名人励志故事，和孩子一起成长。

2.虽然从小便体弱多病，但母亲培养了他坚强的意志。诺贝尔从小就比较要强，做什么事情都不甘落后。母亲对他也是严慈相济，在日常生活中经常让他做一些力所能及的家务活，这一点也是值得家长借鉴的。现在家庭中的孩子大多都是独生子女，很多家长过度溺爱孩子，不舍得让孩子做家务，这对孩子的成长是非常不利的。家长应该让孩子多做一些扫地、浇花等力所能及的家务活，这有助于培养孩子的自理能力和优良品质，让孩子养成良好的感恩品质，促进孩子健康、快乐地成长。

◆ **天才经历启示/告诉孩子**

我们知道诺贝尔的成才来自于对自然的好奇，来自于对书本知识的钻研，来自于反复的实验，来自于对危险地无畏。由于对炸药比较感兴趣，他经常趁人不注意的时候偷偷地研究，做实验。这为他以后从事炸药事业打下了坚实的基础。我们也应该从中受到启发：想要成为像诺贝尔那样的天才，我们也应该执著地追求自己的兴趣，并要不怕辛苦，认真地研究，最终肯定能够有所收获。

趣味链接：

淡泊名利的诺贝尔

一天，诺贝尔正在实验室里专心地工作，他的哥哥找到他，对他说要整理家谱，让诺贝尔写一份自传。尽管哥哥再三要求，并说明诺贝尔的自传会为家族增光，可是诺贝尔还是坚决地拒绝了。他认为自己所取得的成就，所做的事情只不过是自己应该做的而已，不应该用自己作出的贡献去换取名誉。无奈之下，哥哥只好叹着气离开了。而诺贝尔又专心致志地做起了实验。

后来，诺贝尔不顾亲友的反对，立下遗嘱，用自己的财富设立了诺贝尔奖金，奖励为人类社会进步作出突出贡献的各界精英。这是他理想的精华，是他心血的结晶，反映了诺贝尔淡泊名利、无私奉献的精神。

14. 化学元素周期律的发现者——门捷列夫

天才档案

全名： 德米特里·伊万诺维奇·门捷列夫

民族/国籍： 俄罗斯

出生地： 俄罗斯 西伯利亚 托博尔斯克市

生卒年月： 1834年2月7日~1907年2月2日

父母职业： 父亲（中学校长）母亲（不详）

兴趣爱好： 热爱劳动，喜爱大自然，学习勤奋

毕业院校：彼得堡师范学院

成才之道：终身学习，便成天才

主要成就：

1.发现了化学元素周期律，他的发明是近代化学史上的一个创举，极大地促进了化学的发展，为现代化学的研究奠定了基础。

2.成功地预测了镭的原子数及其性质，并且研制了液态镭。

3.此外，还研究过气体定律、气象学、农业化学、无烟火药等，并且在这些领域中也取得了不同程度的成就。

门捷列夫出生于一个子女众多的大家庭，他有十几个兄弟姐妹，对于收入不高的父母而言，这无疑是一个很甜蜜的负担。不幸的是，门捷列夫刚出生数月，他的父亲突然双目失明，无奈之下只好辞去了校长的职务。

一时之间，门捷列夫的家庭生活变得困窘起来。父亲微薄的退休金难以维持生计，为了生活，一家人投靠了拥有一家小型玻璃厂的舅舅。

有一次，门捷列夫跟着马克西姆大叔来到了制作玻璃的车间。他看到工人正在用长长的铁管子伸进炉膛里，从里面蘸取玻璃溶液，然后从管子的一头使劲儿吹，管子的另一头就会冒出一个红泡泡。过一会儿，红泡泡冷却就变成了一个透明的玻璃瓶子。

门捷列夫对此感到非常好奇，他歪着脑袋想了半天也没弄明白是怎么回事。"大叔，您说铁管子怎么就能吹出玻璃瓶子呢？"门捷列夫问道。"孩子，光靠嘴吹是吹不出来玻璃瓶的。关键在于炉膛里面的玻璃溶液。"马克西姆大叔笑着回答。

门捷列夫继续追问："那么这些溶液是从哪里来的呢？"马克西姆大叔耐心地回答他："这些溶液是用砂子、石灰石、烧碱等配料，在高温的条件下融化而成的。"并且，对于自己无法回答的问题，马克西姆大叔还引导门捷列夫去问自己的父亲。

回到家，门捷列夫问自己的父亲。父亲耐心地回答了他的很多问题，但是小门捷列夫总有问不完的问题，有些问题父亲也不能说清楚。不过，小门捷列夫仍然非常兴奋，在父亲的教导下，他明白了很多化学原理，如物质的特性与其成分有关，有些物质与其他的物质发生化学反应会产生新的物质，等等。

从那之后，门捷列夫经常到舅舅的玻璃厂里去，工人们熔炼、加工玻璃的场景，对他日后从事化学研究产生了很大的影响。

门捷列夫从小还热爱劳动，聪明好学，父母很早就开始教他识字和基本的算数知识。门捷列夫学习非常勤奋，每当哥哥姐姐们读书的时候，他就坐到旁边，认真地听他们读书，无形之中学到了很多知识。

6岁的时候，门捷列夫在识字、算术和背诵等方面已经赶上了哥哥姐姐的水平，并且这时候他对周围事物的兴趣也越来越广泛，小脑袋里总是充满着问题。后来不满7岁的门捷列夫便和十几岁的哥哥一起考进了市中学，这在当地引起了很大的反响。

门捷列夫13岁的时候，父亲不幸去世。14岁的时候，舅舅的工厂遭到火灾化为一片灰烬。1849年，门捷列夫中学毕业了，在如此艰难的条件下，母亲一心想让他上大学，便变卖了家产。后来在父亲的朋友的帮助下，门捷列夫终于进了彼得堡师范学院物理系学习。门捷列夫深知求学机会来之不易，因此学习非常勤奋，只过了一年他便成为了一名优等生。

随后，母亲和舅舅相继去世，门捷列夫在如此艰难的条件下，仍然坚持学业，他在紧张的学习之余，靠给别人撰写文章获得一点儿稿费。终于，1854年门捷列夫大学毕业，荣获学院的金质奖章。

纵观门捷列夫的成才之路，正如他曾说的那样：终身努力便成天才。

天才炼成的秘诀

◆ 天才经历启示/告诉爸爸妈妈

1.看到工人在吹塑玻璃，门捷列夫感到很好奇，他想不明白其中的道理，便询问马克西姆大叔和自己的父亲。对于他的一系列问题，马克西姆大叔和父亲并没有丝毫的不耐烦，而是耐心地解答，这不仅让小门捷列夫学到了很多化学知识，而且也是对他好奇心的保护与支持。从那之后，门捷列夫经常去玻璃厂，这对他日后的成才也产生了重要影响。因此，家长要注重让孩子在开放的"校园"里学习，经常带着孩子走出校园和家门，拓宽孩子的视野，不知不觉中，孩子就会找到自己的兴趣所在，这显然有利于孩子成才。

2.门捷列夫从小比较聪明，父母很早就开始教他学习知识。而且，受到姐姐哥哥的影响，他总是在一个学习氛围很浓厚的家庭环境中成长。现在很多家长只重视给孩子丰富的物质营养，却忽视了孩子精神营养的需求。事实上，在这种家庭环境下，孩子无形之中就会学到很多知识，这对孩子的成才也很有帮助。

◆ **天才经历启示/告诉孩子**

正如门捷列夫所说的那样，终身学习变成了天才。我们知道门捷列夫从小便在十分艰难的条件下成长，多次遭遇不幸，但他并没有被困难吓倒，反而在困境之中锻炼了自己的自立能力，坚定地完成了学业。因此，无论在生活中遇到什么困难，我们都要像门捷列夫那样，不畏艰难，迎难而上，最终我们也能取得成功。

趣味链接：

"我正在想自己的事情"

一天，一位熟人到门捷列夫家里串门。熟人从进门开始就一直喋喋不休地讲个不停。后来，他见门捷列夫对自己的话没什么反应，便问道："我一直讲话，让你感到很厌烦吧？"可是，门捷列夫却回答："哦，没有没有……你刚才讲到哪里了？请继续讲吧，放心，你不会妨碍到我。我正在想自己的事情……"

15. 震古烁今的发明大王——爱迪生

天才档案

全名：托马斯·阿尔瓦·爱迪生
民族/国籍：荷兰和苏格兰
出生地：美国 俄亥俄州 米兰镇
生卒年月：1847年2月11日~1931年10月18日
父母职业：父亲（农民）母亲（乡村教师）
兴趣爱好：自学、思考、科学实验、发明创造
毕业院校：未读过大学（只上过三个月小学）
成才之道：天才等于百分之一的灵感加百分之九十九的汗水（1%的灵感比

99%的汗水更为重要）

主要成就：

1.爱迪生是众所周知的发明家，一生共有2000项左右创造发明，被誉为"发明大王"，发明了电灯、留声机，改良了电话机、电报机等，为人类文明进步作出了巨大的贡献。

2.此外，爱迪生在矿业、建筑业等领域也有不少著名的创造和真知灼见。

3.爱迪生的三大发明：留声机、电影摄影机和电灯（电力系统），丰富和改善了人类的生活。

天才的成长故事

爱迪生祖居荷兰，父亲是一个勤快的农民，母亲当过乡村教师。爱迪生从小身体单薄，弱不禁风的样子非常让人心疼。爱迪生的脑袋非常大，好奇心比较强，遇见问题总爱问为什么。

由于爱迪生是家里最小的孩子，因此他得到妈妈的特别宠爱。尤其是爱迪生喜欢"打破砂锅问到底"的好奇心，更是得到了妈妈的肯定与鼓励。由于妈妈当过乡村教师，知道好奇心是孩子打开知识宝库的一把万能钥匙，因此，每当爱迪生问问题的时候，妈妈总是微笑着回答他，耐心地把其中的道理讲给他听。

爱迪生不仅爱问，而且凡事总喜欢自己动手试一试。爱迪生五六岁的时候，有一天，他看到母鸡在孵小鸡，便问妈妈这是怎么回事。妈妈告诉他母鸡用自己的体温一天天地把小鸡孵出来。

听了妈妈的话，爱迪生恍然大悟的样子。到了吃午饭的时候，也不见爱迪生的踪影。直到傍晚时分，大家才发现小爱迪生正小心翼翼地趴在鸡蛋上，一动也不动。爱迪生的父亲气呼呼地问他："你在这里干什么呢？""爸爸，我在孵小鸡呢。"爱迪生认真地回答。"你这傻孩子，你怎么能孵出小鸡来呢。"说着，哭笑不得的父亲便把他拉出了鸡窝。"为什么母鸡能孵出小鸡来，我就不能呢？"爱迪生很不服气地问道。或许，正是如此浓厚的兴趣及不凡的耐力，才成就了爱迪生这个日后的发明大王。

七八岁的时候，爱迪生便正式进入学校读书了。爱迪生总爱问一些书本上没有的问题，经常问得老师张口结舌。一天，老师在讲数学的加减法。爱迪生忍不住举手问道："老师，1+1为什么等于2呢？"老师一愣，他也不知道这是为什么，由于想不出所以然来，只好支支吾吾，掩盖过去。同学们一向都很佩服爱迪生，因为他总能提出老师回答不上来的问题。见到老师手足无措的样子，大家都在议论纷纷。

最后，老师恼羞成怒了，认为爱迪生是在故意捣乱，便把他的母亲叫来，对她说："你的孩子总是问一些愚蠢的问题，我看他实在是没法教了。为了不影响别的孩子学习，你还是把他领回家吧。"爱迪生的母亲非常生气："我认为我的孩子比别的孩子聪明，带回家我一样可以教他！"

就这样，爱迪生一生只上了三个月左右的学便退了学，由母亲教他。爱迪生退学以后，妈妈便成了他的启蒙老师。妈妈从爱迪生的兴趣入手，慢慢地引导他，用讲故事、提问题这样的方式教育爱迪生，增强了他学习的兴趣，让他逐渐喜欢上了读书和学习。

在妈妈的循循善诱下，爱迪生的天才潜能得到了良好的开发，对于他感兴趣的东西，只要妈妈稍加引导他就能领会。妈妈先教爱迪生学习英语、算术，接着又教他学习物理、化学等。随着学习的深入，爱迪生对化学产生了浓厚的兴趣，尤其是喜欢做实验。

妈妈了解爱迪生的兴趣后，便托人买了一本当时的名著《派克科学读本》，送给爱迪生。这本书有很多插图，并且详细地介绍了很多实验方法。从此，爱迪生便一头扎进实验里面，按照书上的理论做实验。每当成功的时候，妈妈总会鼓励他："亲爱的孩子，你真棒！我真为你感到高兴。"

妈妈的鼓励，是爱迪生的兴趣得以发展的良好动力。可以说，是妈妈将爱迪生带进了科学发明的殿堂。

天才炼成的秘诀

◆ 天才经历启示/告诉爸爸妈妈

1.爱迪生的成功，主要得益于他的启蒙老师——妈妈。我们知道，爱迪生退学后，主要由他的母亲引导他、教育他。在妈妈的引导和教育下，爱迪生逐渐喜欢上了学习，并且他的潜力在母亲的教育下也得到了很好的发展。由此我们知道，家庭教育重于学校教育，好妈妈胜过好老师。因此，家长在相信孩子的同时，还要注重提高自己的知识修养，这样才能更好地教育孩子。

2.爱迪生受到打击的时候，妈妈总会鼓励他；爱迪生成功的时候，妈妈也会告诉他"你真棒！"可见鼓励能让孩子变成天才，好孩子是夸出来的。家长在日常生活中要多夸奖自己的孩子，这样不仅能让孩子找到自信与前进的方向，还能为孩子提供强大的精神支柱，从而把孩子带进知识的殿堂。

◆ **天才经历启示/告诉孩子**

爱迪生只上过三个月的小学，文化程度很低，但是他对人类的贡献却是巨大的。其中的秘诀，除了和他具有强烈的好奇心，对实验具有浓厚的兴趣外，还和他不凡的耐力与勤奋的精神有关。正是在这些综合因素的影响下，爱迪生才能一心一意地研究、发明、创造，从而为人类进步作出了巨大的贡献。我们也应该像爱迪那样对事物怀有好奇心，而且坚持不懈地探索、研究，直至成功。

趣味链接：

悄悄地收"参观费"

爱迪生有一幢避暑的别墅，里面有很多他的发明，因此经常有人到这里来参观。爱迪生经常自豪地陪着客人参观，并且详细地向他们介绍室内各种各样的发明设备。

在别墅中有一个地方，必须要经过一个绞杆才能过去，转动绞杆需要很大的力气。其中有位客人问爱迪生："爱迪生先生，你的别墅里到处都是一些可以节省劳力的发明，可是为什么这里却有一个这么笨重的发明呢？"爱迪生回答道："哦，这个道理很简单。你瞧，每个把绞杆转过来的人都会往屋顶上的水箱里面加8加仑的水。"

客人恍然大悟：原来爱迪生是在向客人收"参观费"呀！

16. 飞机的发明者——莱特兄弟

天才档案

全名：维尔伯·莱特（兄）奥维尔·莱特（弟）
民族/国籍：美国
出生地：维尔伯（兄）美国印第安纳州米尔维尔
奥维尔（弟）美国俄亥俄州代顿

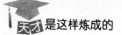

生卒年月：维尔伯1867年4月16日~1912年5月12日
　　　　　奥维尔1871年8月19日~1948年1月30日
父母职业：父亲（基督教主教）母亲（家庭主妇）
兴趣爱好：游戏、小制作、小实验
毕业院校：自学成才（受到了良好的教育，但都没有得到文凭）
成才之道：良好的天赋、父母的引导教育以及脚踏实地的作风
主要成就：
1.莱特兄弟和自行车店员共同建造了第一架飞机引擎，为飞机的成功飞行奠定了基础。
2.莱特兄弟作为航空先驱，发明了世界上第一架载人动力飞机"飞行者-1号"，在1903年12月17日首次飞上蓝天，揭开了人类的飞行时代的帷幕，因此获得美国国会荣誉奖。

天才的成长故事

自古以来，像小鸟那样自由自在地在天空翱翔就是人类的梦想。为了实现这个梦想，很多人都付出了锲而不舍的努力，甚至有很多人付出了生命的代价。1903年，莱特兄弟发明的飞机飞向蓝天，实现了人类的飞翔梦。

莱特兄弟出生于一个牧师家庭，兄弟俩聪明好学，从小就十分喜欢动手制作，尤其是对一些机械感兴趣。钟表、磅秤等都是他们的试验品，即使是废铜烂铁，他们也不舍得丢，总是留着，经过一番琢磨之后，敲敲打打做成一些小玩具。一天，两兄弟捡来一些橡树果实，然后又找了一些铁钉，经过加工后，橡树果就变成了陀螺。两人把自己做的陀螺送给小伙伴玩，小伙伴都非常高兴。

父亲看到兄弟俩这么喜欢动手搞小制作，便有意地给他们提供更好的条件，允许他们使用家里的木工工具，那可是莱特爷爷留下的宝贝。有了这套工具，莱特兄弟俩便从修理铺找来一辆破旧的手推车，每天放学后就去修理它。经过几天的敲敲打打，手推车变成了一辆可以使用的运货车了。看着自己的劳动成果，两人很有成就感，父母也夸奖他们能干。

有一次，他们找了一些碎木块当积木玩。刚开始兄弟俩不知道该怎样玩，便向妈妈求助。可是妈妈并没有伸出援助之手，而是鼓励他们，让他们自己动脑筋想。然后，妈妈就在旁边看着兄弟俩玩。不一会儿，两人就高兴地大叫起来："妈妈，您快看啊，我的积木垒得多高啊！""妈妈，还是我这个好看！"看着兄俩各自的成果，妈妈有意培养他们的合作能力："孩子，你们做得都很棒，妈妈相信你们要是合作，一定能做得更好！"

还有一次，父亲送给他们一只由竹片和薄纸做成的蜻蜓。"孩子们，你们信不信我这只蜻蜓会飞。""真的吗？它怎么会飞呢？"兄弟俩充满了强烈的好奇心。于是，父亲当场表演给他们看：一只手拿着蜻蜓，另一只手转动着蜻蜓腹部的橡皮筋，然后一松手，蜻蜓向空中飞去。

兄弟俩看着竹蜻蜓瞠目结舌，随即想到要做一个更大的，看它能否飞得更高、更远。随后，两人悄悄做了一个大一点儿的竹蜻蜓，结果成功了。于是，他们又花了几天时间做了一个更大的竹蜻蜓，结果还没飞起来，竹蜻蜓就栽到了地上。

看着失望的兄弟俩，父亲意味深长地对他们说："孩子，你们敢于实践，这种精神非常好。但是，这里面蕴含着非常深奥的科学道理，你们仔细想想，看能不能想到别的办法。"

这时兄弟俩明白了这不是一件简单的事情，也懂得了想要发明创造就要学好数学、物理等方面的知识，因此决心从那时起就好好学习，立志要造出能飞上天的东西来。

功夫不负有心人，经过多年的实验与研究，他们于1903年终于成功地发明了第一架动力飞机，拉开了人类飞行时代的帷幕。

天才炼成的秘诀

◆ 天才经历启示/告诉爸爸妈妈

1.莱特兄弟从小就非常擅长玩儿，自己动手制作，玩游戏，等等。越会玩的孩子越聪明，然而现在的家长往往都很重视培养孩子的智商与情商，却忽视了孩子玩商（LQ）的培养，同时也忽视了孩子动手能力的培养。家长应该把孩子从繁重的学习任务中解放出来，注重培养孩子的玩商和动手能力，在玩中加以合理地引导，从而启发孩子的好奇心，激发孩子的求知欲，挖掘孩子的内在潜力。

2.从莱特兄弟玩积木的故事中可以看出，莱特兄弟小的时候，妈妈就十分注重培养两个人的合作精神。事实证明，这也是导致两人获得成功的一个重要原因。在竞争激烈的当今社会，家长应该像莱特的妈妈那样，给孩子创造合作的机会，提高孩子的合作能力。

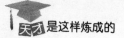

◆ **天才经历启示/告诉孩子**

莱特兄弟经过不懈地努力，终于成功地发明了飞机。他们能够成功，一个重要的因素就是他们从小就拥有飞翔的梦想，并且一直为之努力奋斗。我们应该像莱特兄弟那样，从小树立远大的理想，并且勇于为之拼搏奋斗，这样我们才能成才。

趣味链接：

会说话的鸟飞不高

生活中莱特兄弟是一对善于思考的好兄弟，然而两人也是不善交际的"难兄难弟"。

一次，在某个盛宴上，酒过三巡之后，主持人热情地请大莱特发表演说。大莱特非常为难地说："我想这一定是弄错了，一般而言演讲的任务是由弟弟来负责的。"于是，主持人便邀请小莱特演讲。小莱特起身说道："非常感谢诸位，哥哥刚才已经演讲过了。"

大家当然不肯轻易地放过这兄弟俩，结果推来推去，小莱特只好说："据我所知，鸟类中会说话的只有鹦鹉，但它是飞不高的。"就这样一句话，博得了大家长时间的鼓掌。

17. "镭的母亲"——玛丽·居里

天才档案

全名：玛丽亚·斯克洛多夫斯卡·居里
民族/国籍：波兰（后转入法国籍）
出生地：波兰华沙
生卒年月：1867年11月7日~1934年7月4日
父母职业：父亲（数学和物理教师）母亲（女子寄宿学校校长）
兴趣爱好：实验、读书、自然科学
毕业院校：索邦大学

成才之道：有恒心，更有自信心，面对任何困难都不低头

主要成就：

1.玛丽·居里是世界著名的科学家，致力于研究放射性现象，发现镭和钋两种天然放射性元素，两度获诺贝尔奖（诺贝尔物理奖、诺贝尔化学奖）。

2.玛丽·居里花费了很多年在镭的研究中，对社会产生了重要的影响，尤其是作为成功女性的先驱，激励了很多人。

天才的成长故事

玛丽·居里是世界著名的科学家，经过科学研究，先后发现"镭"和"钋"两种天然放射性元素，两次获得诺贝尔奖。

玛丽的父母都是教师，她的父亲是数学和物理教师，母亲是华沙一所女子学校的校长。父亲对科学知识的追求和强烈的事业心深深地影响着玛丽，她从小就非常喜欢父亲实验室里面的各种仪器，对自然科学知识充满了渴求。

虽然家境并不富裕，但是父母非常重视对孩子的教育，尤其是玛丽小的时候聪明好学，三四岁的时候就能听哥哥姐姐读书，很快也能自己读书了。她的记忆力惊人，一篇文章读过两遍就能大致地背下来了。父母发现了她过人的天赋，并且对她寄予了很大的期望，因此玛丽6岁的时候就背上书包去上学了。

玛丽从小学习勤奋刻苦，对学习有着强烈的求知欲，从不轻易放过任何学习的机会。玛丽读书非常投入，只要一拿起书，她就会完全地融入其中，仿佛周围的一切和自己没有关系。从上小学开始，她的各科成绩都是第一名。

一次，玛丽的表姐到她家玩。其他小姐妹们热闹地聚在一起玩耍，可是玛丽却安静地坐在桌子前看书。为了引起玛丽的注意，她们经常从玛丽旁边走来走去，甚至又唱又跳，可是玛丽依然贪婪地读书，对此并不在意。

后来，小姐妹们想出了一个新花招：在玛丽身后放上几把椅子，希望能把玛丽绊倒。可是她们等了好长时间，玛丽丝毫未动，仍然专心致志地看书。于是她们便在椅子上又加了几层椅子，形成了一道椅子墙，可是玛丽依然聚精会神地看书。

她们在旁边急切地盼望着恶作剧的结果，可是等了好长时间，玛丽都没有动。半个多小时后，玛丽终于读完了一章，便合上书，刚抬起头，"哗啦"，所有的椅子都翻到在地上了。

这时，等在旁边的姐妹们高兴地大叫起来，她们幸灾乐祸地等待玛丽发火。可是，玛丽并没有生气，她揉了揉被椅子砸痛的肩膀，拿起书到隔壁房间去了。

玛丽对学习的兴趣与爱好一直如此，15岁的时候，她以获得金质奖章的优异成绩从中学毕业。由于母亲去世，玛丽无法进入大学继续深造，便到乡下做了家庭教师。期间，玛丽仍然坚持勤奋学习，终于在8年后又来到了巴黎留学，开始了新的求学之路。

后来，玛丽与皮埃尔·居里结了婚。两人经过长时间的科学研究，终于发现了"镭"。为了让这一元素尽快服务于人类，他们拒绝申请专利，并且公开了镭的提取方法。第一次世界大战期间，居里夫人把X线设备安装在汽车上，奔走于战场进行巡回救助，挽回了很多伤兵的生命。

居里夫人花费了很多时间致力于科学研究，并且不为名誉所动，志在为了人类发展作出自己的贡献。爱因斯坦曾评价她说："在我认识的人物中，居里夫人是唯一不为荣誉所迷惑的人。"

天才炼成的秘诀

◆ 天才经历启示/告诉爸爸妈妈

1.玛丽从小学习勤奋刻苦，对学习有着强烈的求知欲，从不轻易放过任何学习的机会。她读书非常投入，只要一拿起书，就会完全地融入其中。从上小学开始，她的各科成绩都是第一名。玛丽的学习成绩之所以这么好，和她学习时比较投入是分不开的。所以，家长也要培养孩子高度集中的注意力，让孩子学习的时候专心致志，这样孩子学习的效率才会比较高。

2.玛丽的父母非常重视对孩子的教育，他们看到小玛丽非常聪明好学，并且具有较强的记忆力，因此对她寄予了很高的期望，早早地就把她送到了学校。由此可见，玛丽的成功和父母的教育有着很大的关系。家长的教育方式影响着孩子的成功。所以，家长要善于发现孩子的天赋，并且根据孩子的不同个性给予孩子最合适的教育方法，这会帮助孩子成才。

◆ 天才经历启示/告诉孩子

居里夫人长时间的科学研究，终于发现了"镭"。为了让这一元素尽快服务于人类，她没有申请专利，并且公开了镭的提取方法。由此可见，居里夫人是一个无私奉献、不为荣誉所动的人。正是在这种精神的支持下，居里夫人才会专心地做研究，最终取得巨大的成功。所以，在学习、生活中，我们也要像居里夫人那样，做一个不为名誉所动的人。

趣味链接：

新房里只有两把椅子

居里夫人生活非常简朴。

1895年，她和皮埃尔·居里刚结婚的时候，新房里面只有两把椅子，正好两个人每人一把。当时皮埃尔觉得椅子太少了，家里来了客人都没地方坐，因此建议再多添加几把椅子。

可是居里夫人却说："多添加几把椅子当然比较好，可是那样一来，客人坐下就不容易走了，肯定要多消耗很多时间。为了节约一点儿时间用来做研究，我想还是算了吧。"最终，皮埃尔听从了居里夫人的意见，没有添加椅子。

18. 20世纪最伟大的科学巨匠——爱因斯坦

天才档案

全名：阿尔伯特·爱因斯坦

民族/国籍：犹太

出生地：德国 乌尔姆市

生卒年月：1879年3月14日~1955年4月18日

父母职业：父亲赫尔曼·爱因斯坦（电器作坊的小业主）母亲波林·科克（家庭主妇）

兴趣爱好：独处、思考、音乐（喜欢拉小提琴）

毕业院校：苏黎世联邦工业大学

成才之道：A＝X＋Y＋Z（即：成功=努力工作+懂得休息+少说废话）

主要成就：

1. 现代物理学的开创者和奠基人。

2. 提出相对论及质能公式$E=MC^2$。

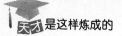

3. 解释光电效应。

4. 推动量子力学的发展。

5. 1921年获得诺贝尔物理学奖。

天才的成长故事

爱因斯坦被公认为是自伽利略、牛顿以来最伟大的科学家和思想家。

爱因斯坦能取得这么大的成就，和他的家庭环境以及家庭教育有着重要的关系。爱因斯坦的父亲性格开朗，有着极高的数学天赋，很喜欢读席勒和海涅的诗。爱因斯坦的母亲像大多数犹太女性一样，贤惠能干。她文化修养很高，喜欢文学，也具有很高的音乐天赋。

因为具有共同的爱好，爱因斯坦的父亲和母亲关系非常融洽，两人共同为爱因斯坦营造了一个充满温馨和谐的家园，为爱因斯坦的诞生与成长孕育出品味很高的文化氛围。可以说，父亲的数学天赋与母亲的音乐天赋，为爱因斯坦建立了良好的基因基础。

爱因斯坦从温暖的家庭中继承了某些东西，而这也成为他性格中最具吸引力的特质之一。而且，由于受到母亲的良好教育，小爱因斯坦很小的时候就开始学习音乐，6岁时开始练习拉小提琴。除了研究物理学之外，音乐几乎成了他的第二职业，他终生都有小提琴陪伴。

几乎每个天才的童年，总有一些不同寻常的故事。爱因斯坦刚出生的时候，后脑非常大，而且头骨成菱角形。这让爱因斯坦的母亲以及祖母都感到很震惊，她们没有意识到，正是这个大而怪的头脑，在后来思考出那么多具有重要意义的科学理论。

爱因斯坦小的时候，不喜欢说话，都四五岁了还不大会说话。虽然小爱因斯坦很少说话，性格也比较孤僻，但他内心充满着强烈的好奇心。爱因斯坦5岁的时候，一天，他生病在家，静静地蜷在床上，一动也不动。后来，父亲看他非常可怜，便拿来一个小罗盘给他解闷。这件普通的礼物成为爱因斯坦一生的转折点。

小爱因斯坦手捧着罗盘，看到罗盘的指针指向北边。好奇心促使着他把罗盘针转向别处，可他发现最终指针依旧指着北边。于是他又把罗盘捧在胸前，扭转身子，发现指针依旧指着北边。他惊奇地发现，不论罗盘怎么放，指针总是指向北，仿佛有一种看不见的力量控制着。小爱因斯坦把罗盘翻过来、掉过去地细细观察，并没发现有什么特殊的东西。他忘记了身体的病痛，内心充满了困惑：指针为什么总是指向北边？是什么力量推动它总是指向北边呢？罗盘上的小磁针唤起了爱因斯坦的好奇心，让他沉迷了很久，研究了很久。

这次经历，对爱因斯坦以后的科学思考以及科学研究产生了重要的影响。直到后来，在广义相对论中，爱因斯坦才解决童年时代萌发的困惑。正是这种不同寻常的好奇心，成为了爱因斯坦进行科学思考和科学研究的不竭动力。

值得一提的是，爱因斯坦和牛顿一样，小的时候并没有体现出其超人的智慧，反而智力的发展有些落后于常人，表现为语言迟缓、动作笨拙等。在老师眼里，爱因斯坦是一个平庸迟钝的孩子，"小板凳"的故事就是一个很好的证明。而且，老师普遍认为他生性孤独，智力迟钝，不爱遵守纪律，将来不会有出息。这时候，爱因斯坦的父母并没有因为老师的评价而责骂爱因斯坦，这已经给了爱因斯坦最大的鼓励了。

爱因斯坦还有个叔叔，名叫雅各布，他对爱因斯坦的数学启蒙也曾起到了不可估量的作用。他总是很善于饶有趣味地为爱因斯坦讲解方程式，并且讲得生动有趣，爱因斯坦很喜欢。

在父母的支持下，在雅各布叔叔的启蒙下，凭借强烈的好奇心与坚韧不拔、勤奋好学的精神，爱因斯坦终于步入科学的殿堂，成为20世纪以来最伟大的科学家之一。

天才炼成的秘诀

◆ 天才经历启示/告诉爸爸妈妈

1.爱因斯坦之所以能够成为天才，和温馨、快乐的家庭环境以及良好的家庭教育是分不开的。父亲的宽容与鼓励使他爱上了科学，母亲的音乐早教又开发了他的右脑。这样的家庭教育承担起了爱因斯坦成才的主要任务。

从爱因斯坦的成长道路中我们可以发现，家长为孩子提供自由、温暖的家庭环境是多么重要。为了让孩子早日成才，爸爸妈妈一定要为孩子营造一个温馨、和谐、自由的家庭环境，这是孩子成才的重要条件之一。

2.在老师一而再，再而三地断言爱因斯坦不可能成才的时候，爱因斯坦的父母并没责骂孩子，而是一如既往地支持他、鼓励他。如果没有父母的支持与肯定，爱因斯坦也许成不了天才。因此，父母一定要相信自己的孩子，不管他现在发展如何，你都可以通过耐心地教育把他培养成为天才。

另外，爱因斯坦的成功也离不开雅各布叔叔对他的数学启蒙，由此得知我们也应该注重对孩子各方面潜能的挖掘和启蒙，这对孩子的成才也起着至关重要的作用。

3.爱因斯坦的成才还离不开强烈的好奇心，这是他一生孜孜不倦地研究科学的不竭动力。家长也要善于发现孩子的好奇心，并积极鼓励孩子自由地进行探索，激发孩子的想象力和创造力，保护孩子的好奇心。

◆ 天才经历启示/告诉孩子

爱因斯坦之所以能够成为伟大的科学家，除了父母的精心教育之外，和他自己良好的心态与对科学的执著追求也是分不开的。爱因斯坦在读小学期间一直不被老师看好。然而，爱因斯坦并没有在意别人的目光和看法，反而在逆境中愈挫愈勇，最终走入了科学的殿堂。

趣味链接：

妙解"相对论"

有一次，人们包围了爱因斯坦在美国的住宅，要他用"最简单的话"解释清楚他那著名的"相对论"。据说当时只有几个为数不多的科学家能够看得懂。

爱因斯坦走出住宅，对大家说："比方这么说——你同你最亲密的人坐在火炉边，一个钟头过去了，你觉得好像只过了5分钟！反过来，你一个人孤孤单单地坐在热气逼人的火炉边，只过了5分钟，但你却像坐了一个小时。——唔，这就是相对论！"

19. 控制论的创始人——维纳

天才档案

全名：诺伯特·维纳

民族/国籍：俄罗斯

出生地：美国 密苏里州 哥伦比亚

生卒年月：1894年11月26日~1964年3月18日

父母职业：父亲（语言学家、教授、业余数学家） 母亲（不详）

兴趣爱好：兴趣广泛，科学、数学、物理学等自然科学

毕业院校：哈佛大学

成才之道：幼受庭训，后又接受良好的通才教育，经过名师指点，最终成才

主要成就：

1.维纳的主要成就表现在：创立了控制论，建立维纳测度，引进巴拿赫-维纳空间，阐述位势理论，发展调和分析，发现维纳-霍普夫方法，提出维纳滤波理论，开创维纳信息论。

2.维纳主要著作有《控制论》、《维纳选集》和《维纳数学论文集》。维纳还有两本自传《昔日神童》和《我是一个数学家》。

天才的成长故事

维纳的成才和父亲的教育是分不开的。他的父亲是一个语言学家，具有很高的数学天赋，才华横溢、不畏艰难，一心要把儿子培养成为在学术上有所建树的人。

而维纳也深受父亲的影响，他认为父亲是学识渊博的学者，对父亲充满了崇拜和敬佩，从童年到青年都是在父亲的熏陶下成长，逐步成为了一个学者。

父亲很早就发现了维纳的天赋，坚信借助于环境教育孩子对孩子的成长是非常重要的，因此从维纳小时候开始就实施自己的教育计划，用自己独有的方式教育维纳。

维纳是一个当仁不让的神童，他3岁半就开始读书了，而且在父亲的指导下，以生物学和天文学等科学初级读物作为他的启蒙书籍。从那以后，他埋首于各种各样的科学读物，手不释卷。

6岁那年，一次维纳被"A乘B等于B乘A"之类的运算法则迷住了。为了弄清楚其中的道理，他画了一个矩形，然后转移90°，发现矩形长变宽、宽变长，但是面积并没有变。维纳从中感到了学习数学的无穷乐趣，当其他小男孩都想当一名警察或者司机的时候，他却渴望着做一名博物学家，献身科学。

维纳7岁的时候，就开始深入地学习物理学和生物学，掌握的知识甚至超过了父亲，从达尔文的进化论到雅内的精神学著作，从凡尔纳的科学幻想小说到18、19世纪的文学名著等，都有涉猎。

维纳的好奇心非常强烈，可是父亲的教育却非常系统：维纳自己学习科学，而父亲则用严厉的态度坚持自己的教学计划，两者相辅相成，对维纳的成长非常有好处。

父亲曾好几次送维纳到学校去接受教育，但是超常的智力使维纳很难和学校的生活保持一样的进度——他的阅读能力远远地超出了书写能力，他刻苦学习数学，掌握了初等数学，却不得不掰着手指头做算术题。因此，直到9岁的时候，维纳才作为一名特殊的学生进了艾尔中学学习，并且不满12岁的时候就毕业了。

为了避免维纳参加哈佛大学紧张的入学考试，也为了避免因为把一个神童送到哈佛而过分引起别人的注意，明智的父亲把维纳送进了塔夫茨学院数学系学习。由于维纳的数学早已超过了大学一年级的水平，所以他直接攻读伽罗瓦的方程论。期间，父亲仍然经常和维纳讨论数学问题，并引导他跨学科学习语言。这对维纳才能的横向发展，以及日后在众多领域取得成就奠定了基础。

维纳兴趣非常广泛，大学期间不仅热衷于数学，对物理、化学、哲学、心理学、生物学等都也有浓厚的兴趣。经过三年的学习，维纳读完了大学课程，然后凭着自己的兴趣而改学生物，攻读哈佛大学博士学位。

然而，由于维纳动手能力比较差，缺乏从事生物实验工作必须的技巧和耐心，加之深度近视，因此他的实验工作不幸失败了。在父亲的鼓励和安排下，维纳转到康奈尔大学学习哲学，第二年又重回哈佛，最终在18岁的时候获得了哈佛大学哲学博士学位。

天才炼成的秘诀

◆ 天才经历启示/告诉爸爸妈妈

1.维纳在塔夫茨学院学习的时候，父亲仍然经常和他讨论数学问题，并引导他跨科学习语言。父亲的这一举措对维纳的成才无疑是非常重要的，有助于他才能的横向发展，为他日后在众多领域取得的成就也奠定了基础。所以，家长一定要尊重孩子的兴趣和选择，鼓励孩子跨科学习，这对孩子的成长是非常有帮助的。

2.维纳想要攻读哈佛大学生物博士学位的时候，因为动手能力太差，缺乏生物实验工作必须的耐心和技巧而不幸失败。由此可见，动手能力、耐心以及做事必须的技巧对孩子的成才是非常重要的。所以，在孩子小的时候，家长一定要给孩子提供一些机会，有意识地锻炼孩子的动手能力和耐心，以自己的经验告诉孩子做事的技巧，这对孩子的成长非常有好处。

◆ 天才经历启示/告诉孩子

维纳6岁的时候被"A乘B等于B乘A"之类的运算法则迷住了。为了弄清楚其中的道理，他用实验的方法进行验证，并从中感到了学习数学的无穷乐趣。可以说当其他小男孩都想当一名警察或者司机的时候，他却渴望着做一名博物学家，献身科学，这和他从小就对学习具有浓厚的兴趣有非常重要的关系。所以，在日常生活中，或者在学习中，我们一定要像维纳那样，多动手实验，这不仅可以帮助我们学到更多的知识，还能提高我们学习的兴趣。

趣味链接：

找不着家的维纳

一次，维纳家要搬新居，妻子了解他，怕他忘事，于是在搬家的前一天晚上就再三提醒他，并且在便条上写上了新居的地址，还把维纳的旧钥匙换成了新房子的钥匙，以便他能够打开新居的房门。

第二天，维纳就带着便条和钥匙上班去了。上班期间恰好有人曾问他一个数学问题，维纳顺手就从口袋里掏出便条，并把问题的答案写在便条的背面，然后交给了问问题那个人。

晚上，维纳习惯性地回到旧居，却发现家里没有人。于是他掏出钥匙开门，却发现钥匙对不上齿。于是，他拍了几下门，便独自在院子里踱步。

突然，从街上跑来一个小姑娘，于是维纳请眼前这位小姑娘帮自己找一位锁匠，可是小女孩却对他说："爸爸，妈妈让我来找你，还真是找对了。"

20. 中国现代数学之父——华罗庚

天才档案

全名：华罗庚

民族/国籍：汉族

出生地：中国 江苏 金坛县

生卒年月：1910年11月12日~1985年6月12日

父母职业：父亲（小杂货铺商人）母亲（家庭妇女）

兴趣爱好：痴迷数学

毕业院校：自学成才

成才之道：始终痴迷于学习数学

主要成就：

1.华罗庚是中国解析数论、矩阵几何学、典型群、自安函数论等多方面研究的创始人和开拓者，为矩阵几何学等的研究打下了基础。

2.华罗庚为中国数学的发展作出了无与伦比的贡献，尤其是在解析数论方面的成就，开创了"中国解析数论学派"，该学派对于质数分布问题与哥德巴赫猜想作出了许多重大贡献。

3.代表作品：《统筹方法平话》、《统筹方法平话及其补充》、《堆垒素数论》、《多复变函数论中的典型域的调和分析》、《数论导引》、《从单位圆谈起》及《优选学》等。

天才的成长故事

华罗庚出生在江苏省金坛县的一个小商人家庭，他的父亲开着一间小杂货铺，母亲是一位非常贤惠的家庭妇女。

华罗庚出生的时候，父亲已经40多岁了。老来得子，父母把华罗庚看做掌上明珠，华罗庚一出生，大人们就用两个箩筐把他罩住了，据说这样可以避邪消灾，华罗庚因此而得名。

华罗庚上学的时候，并不是一个循规蹈矩的孩子，他经常我行我素，独辟蹊径，还会乱改作业。然而，这些事情并不能掩盖华罗庚的天资聪颖，他的数学天赋远远地超过了他的同学。

华罗庚上初中的时候，教他数学的是一位法国留学生王维克。一次，王老师在课堂上给同学们出了一道非常有趣的题目："有一数不知为几何，3个3个地数剩下2，5个5个地数剩下3，7个7个地数剩2，这个数是多少呢？"过了很长时间，班里竟没有一个学生能够回答这个问题。

王老师扫视全班，发现大多数同学都低着头，怕被老师提问到，只有华罗庚在紧张地计算着。不一会儿，华罗庚举手回答问题了，他大声地说出了答案："这个数是23。"王老师问同学们华罗庚回答得对不对，教室里一片沉寂。老师对同学们说："华罗庚同学回答对了。这道题目是我国古代算学经典之作《孙子算经》里的一道有名的算术题，讲的是韩信点兵的故事。"王老师非常高兴，连连夸奖华罗庚是一个好学的孩子，而且还鼓励他好好学习，将来一定会有所作为。

从那之后，同学们对华罗庚也另眼相看了。这一年华罗庚刚刚14岁，他根本就没有看过《孙子算经》，能够把这道难题解出来，不过是靠着自己的聪明才智算出来的。通过这件事，王老师看出了华罗庚不凡的数学天赋，因此不断地鼓励他、帮助他，一步一步地把他领进了数学王国。

初中毕业后，因为家境贫寒，华罗庚无法进入高中继续学习，只好到一所职业学校学习会计，以便将来能够谋一个会计之类的职业，好养家糊口。然而，由于学校的生活费用比较高，华罗庚上学不到一年便中途辍学了。

辍学后，华罗庚到父亲的杂货铺站柜台，帮父亲料理生意。这时候，他并没有放下自己喜欢的数学，而是开始自学数学。他一边干活、记账，一边钻研数学。当店里有顾客的时候，华罗庚就会打算盘记账，当顾客走了之后，华罗庚马上就会埋头看数学书或者进行数学演算。

有时候，华罗庚学习太入迷了，不是忘记接待顾客，就是把自己正在算的数学题目的结果当成顾客应付的货款，因此经常出错。这时候，父亲又急又气，一气之下想要把华罗庚的书烧掉，这时候华罗庚总是死死地抱着书不放开。久而久之，街坊邻居们都给他起了个绰号叫"罗呆子"。

多年的努力没有白费，后来华罗庚有幸被在清华大学任教的熊庆来教授发现，被破格邀请进了清华大学，再后来他又去了英国剑桥大学进修。最后，他终于成了一个享誉国内外的大数学家。

天才炼成的秘诀

◆ 天才经历启示/告诉爸爸妈妈

1.当华罗庚正确地解答出王老师出的题目时，王老师从中看到了华罗庚不凡的数学天赋，因此不断地鼓励、帮助华罗庚，并且还一步一步地把他领进了数学的王国。由此我们知道，华罗庚的成功和王老师的慧眼识英才及引导有着非常大的关系。家长教育孩子也可以从中得到启示，当发现孩子在某一方面具有不凡天赋的时候，家长不妨像王老师那样，引导孩子深入地探索，这对孩子的成才是非常有帮助的。

2.华罗庚辍学后，到父亲的杂货铺站柜台。这时候他开始自学数学，经常一边干活一边钻研数学。由于他学习太入迷，经常会忘记招待顾客或者算错账，对此，他的父亲非常生气，一气之下想要把华罗庚的数学书烧掉。这种情况下，如果华罗庚的父亲真的把华罗庚的书烧掉了，那么这对华罗庚来说无疑是一个很大的打击，这对华罗庚学习数学将会产生负面影响。所以，当看到孩子在学习或者做某件事情非常专注的时候，一定不要因此而阻止孩子，而要为孩子提供一个学习的平台，鼓励、支持孩子学习，这才是合格的家长。

◆ 天才经历启示/告诉孩子

由于家境贫寒，华罗庚初中毕业后不能进入高中继续学习，后来连职业学校的学习也无法完成，只好辍学。这对酷爱数学的华罗庚而言无疑是一个很大的打击，但他并没有因此而放弃学习，仍然坚持自学数学，最终取得了很大的成功。所以，我们也应像华罗庚那样，对于自己比较喜欢的事情，无论遇到什么样的困难都不能轻易地放弃，经过磨难的成功才是最有意义的。

趣味链接：

被"卖"掉的数学题目

华罗庚少年时代失学在家，他在父亲的小杂货铺里帮父亲料理生意。空闲的时候，华罗庚就用包棉花的纸进行数学演算。

一天，父亲让华罗庚到里屋去打扫卫生。他打扫完之后，回到柜台上一看，发现自己的算术草稿纸不见了，不禁非常着急地问父亲。父亲找了找，突然想起来刚刚用那张纸包着棉花卖给别人了。

　　于是，华罗庚连忙追出去，赶上了买棉花的人，并掏出笔把题目抄到了手背上。过路的人看到后，都认为他是一个怪孩子。

21. 中国航天之父——钱学森

天才档案

全名：钱学森

民族/国籍：汉族

出生地：中国 浙江 杭州

生卒年月：1911年12月11日~2009年10月31日

父母职业：父亲（教育家、中学校长）母亲（不详）

兴趣爱好：阅读、音乐、美术

毕业院校：美国麻省理工学院、美国加州理工学院

成才之道：从艺术中获得灵感，具有高度的创新精神

主要成就：

1.钱学森是工程控制论的创始人，也是中国人体科学的倡导者，还是中国航天事业的先驱和杰出的代表。

2.钱学森在航天技术（提出了火箭助推起飞装置、火箭飞机等重要概念）、应用力学（在空气动力学和固体力学方面做过开拓性的工作）、物理力学（将稀薄气体的物理、化学和力学特征结合起来研究）、系统科学（发展了系统学和开放的复杂巨系统的方法理论）等方面作出了非常大的贡献。

3.代表作品：《工程控制论》、《物理力学讲义》、《星际航行概论》、《论系统工程》、《关于思维科学》、《论地理科学》、《科学的艺术与艺术的科学》、《论人体科学与现代科技》等。

天才的成长故事

　　钱学森的父亲是一个教育者，也是一个非常负责任的人。博学多才、谦恭守礼的父亲给钱学森营造了充满文化氛围和求实精神的家庭氛围，这对钱学森的成

长产生了至关重要的作用。在钱学森幼年时期，父亲对他进行了很好的启蒙教育，首先打开了他的智慧之窗。

钱学森天资聪明，记忆力强，悟性高，他3岁的时候就能够背诵唐诗宋词上百首，还能背诵《增广贤文》、《幼学琼林》等启蒙读物，进行心算加减乘除。钱学森5岁的时候，就能读得懂《水浒传》，三十六天罡、七十二地煞都是他心目中的英雄。周围的邻居都说钱家出了一个"神童"。看到钱学森这么聪慧，父母深切地感觉到了自己身上的重担，他们决定要把钱学森教育成才。

一天，钱学森对父亲说："如果英雄不是天上的星星变的，那么我长大后也能成为英雄。"父亲看到钱学森人小志大，高兴之余，鼓励钱学森"好好学习，努力学习知识，将来为社会作出贡献"。父亲的话深深地印在了钱学森幼小的心灵里，鼓舞他不断努力。

此外，钱学森的成才和母亲的教育也有很大的关系。他的母亲从小受到很好的教育，是一个心灵手巧、多才多艺、知书达理的大家闺秀。值得一提的是，钱学森的母亲性格开朗、心地善良，具有很高的数学天赋。毫无疑问，母亲的天赋也很好地遗传给了钱学森。

当钱学森父亲外出供职的时候，家庭教育的重担就落到了母亲身上。钱学森的母亲教育孩子有自己的方法，她不是以家长的姿态教育钱学森，而是动之以情、晓之以理，总能让钱学森心服口服。

每天早上，母亲总是让钱学森准时起床，然后锻炼身体，早饭后母亲就开始教钱学森背诵唐诗。有时，母亲还会让钱学森读一些儿童读物，以开阔视野。下午的时候，母亲就教钱学森学习画画或者练习毛笔字，日日如此，从未间断。在母亲的严格教育下，钱学森从小就养成了很好的阅读习惯，这对他的成长非常有好处。

随着年龄的增长，钱学森对知识的需求也越来越高了。以前父亲给钱学森买的那些儿童读物已经无法吸引他的注意力，他开始对父亲那些厚厚的大书产生了浓厚的兴趣。但是当他翻看那些书的时候，发现自己并不能看懂，于是只好向母亲请教。母亲对钱学森强烈的求知欲感到非常地高兴。惊喜之余，母亲仔细地给钱学森挑选了一些他能够看懂的书让他看，并认真地给钱学森讲解书中的故事。

在生活中，母亲非常重视对钱学森的言传身教，并且对他寄予了很高的期望。而钱学森对母亲也总是充满了深深的感恩之情，他时刻铭记母亲对他的谆谆教诲和殷切期望，以此激励自己不断进步。

最终，钱学森没有辜负父母对他的期望，成为了一名享誉海内外的科学家，在中国航天科技事业领域取得了巨大的成就，被誉为"中国航天之父"和"火箭之王"。

天才炼成的秘诀

◆ 天才经历启示/告诉爸爸妈妈

1.钱学森对父亲说自己长大后也能变成英雄，父亲看到他从小就有远大的志向，高兴之余不忘鼓励钱学森要好好学习，将来为社会作出贡献。父亲的话鼓舞着钱学森不断前进，最终使他获得了巨大的成就。由此我们知道，站得更高才能走得更远，家长要像钱学森的父亲那样，把培养孩子和社会的需求结合起来，把孩子培养成一个志存高远的人才，为社会作出自己应有的贡献。

2.当钱学森父亲外出供职的时候，钱学森的母亲就担负起教育孩子的重担。母亲教育钱学森有自己的方法，她不是以家长的姿态教育钱学森，而是动之以情、晓之以理，总能让钱学森心服口服。事实证明，这种教育方法不错，很值得现在的家长学习和借鉴。所以，家长不妨从中受到启发，教育孩子的时候要动之以情、晓之以理，这样的教育效果才会比较理想，并且对孩子的成长非常好。

◆ 天才经历启示/告诉孩子

随着年龄的增长，钱学森对知识的需求也越来越高了，他逐渐对儿童读物失去了兴趣，便自己去翻阅父亲的"大厚书"，当发现自己看不懂的时候，便向母亲请教。由此可见，钱学森从小就是一个有着强烈的求知欲的孩子，这种好学的精神对他的成才是非常关键的。所以，我们也要乐于学习，勤奋学习。

趣味链接：

会玩飞镖的钱学森

钱学森从小就表现出了良好的禀赋，他读小学低年级的时候，有段时间男同学最喜欢玩的游戏就是掷飞镖。每次玩的时候，钱学森总是掷得最远、最准的那一个。同学们都非常不服气，于是捡起他的飞镖仔细地研究。

久而久之，同学们发现钱学森折叠的飞镖有棱有角，而且还特别规整，投的时候空气的阻力比较小，再加上钱学森扔飞镖的时候懂得利用风力，所以他每次都投得又准又远。

22. "中国原子弹之父"——邓稼先

天才档案

全名：邓稼先

民族/国籍：汉族

出生地：中国 安徽省 安庆市 怀宁县

生卒年月：1924年6月25日~1986年7月29日

父母职业：父亲（美学家、美术史家、哲学教授）母亲（家庭妇女）

兴趣爱好：英文、数学、物理

毕业院校：美国普度大学

成才之道：为了一个坚定的信念，面对重重困难，无所畏惧，勇往直前，以身许国

主要成就：

1.邓稼先是中国"两弹"元勋，是我国核武器理论研究工作的奠基者之一。他参加组织和领导我国核武器的研究、设计工作，为我国原子弹、氢弹以及核武器等的原理突破以及研制试验作出了重大贡献。

2.邓稼先和周光召合写的《我国第一颗原子弹理论研究总结》，是一部核武器理论设计开创性的基础巨著，总结了百位科学家的研究成果，不仅对后来核武器的理论设计具有重要的指导意义，而且还是培养科研人员入门的教科书。

天才的成长故事

邓稼先，出生在安徽一个书香门第，他的祖父是清代著名的书法家和篆刻家，父亲是我国著名的美学家和美术史家，曾担任过清华大学和北京大学的哲学教授。

邓稼先不到1岁就被母亲带着来到北京，和父亲生活在一起。他5岁时就进入小学学习，并在父亲的精心指导下学习中西方文化。父亲常常把邓稼先叫到书房

里，让他背诵《左传》、《论语》等古书。一次，父亲的一位朋友来家里时正好看到邓稼先背古书，便对邓稼先的父亲说："都什么年代了，还让孩子背这些？"他的父亲却笑着说："我是让孩子了解一下中国的传统文化，这对他有好处。"父亲不仅让邓稼先学习国学，读四书五经，而且也让他读一些外国的文学名著，像莫泊桑、屠格涅夫等名家写的小说等。对于邓稼先的英文学习，父亲要求得也相当严格，还亲自当启蒙老师，教给他正确的学习方法。

父亲汲取了外国文化的精髓，用来教育孩子，但他并不用严厉的规矩来束缚邓稼先的思想，而慈祥的母亲也很宽容，对他也不会严加管束。在这种轻松的家庭环境下，邓稼先享受到了充分的自由和快乐。母亲勤俭持家，这使得邓稼先养成了艰苦朴素的优良作风。

1935年，邓稼先考入了崇德中学读书。这是一所教会学校，注重英文学习，因此邓稼先的英文进步得非常快。这时，在学习物理方面，邓稼先得到了好朋友杨振宁的大力帮助，这促使他对理科，特别是对数学产生了浓厚的兴趣。父亲还专门聘请了一位数学老师来家里给邓稼先补课，他对数学着了迷，每天晚上都钻研到深夜。这样一来，邓稼先的数学成绩也更上了一层楼。

"七七"事变之后，邓稼先爱国热情更加高涨。同时他意识到，要挽救国家必须要有知识和真本事。所以，邓稼先认真读书，刻苦学习，成绩在班上一直名列前茅。父亲也趁机激励他说："孩子，你以后一定要学习科学，科学对国家有用。"这句话，深深地刻在了邓稼先的脑子里。

1941年秋，邓稼先考上了西南联大物理系。联大物理系的师资力量雄厚，诸多知名学者、教授云集于此。邓稼先的姐夫——郑炽华教授也在联大物理系执教，而好友杨振宁也在联大物理系读书，在他们二人的指导和帮助下，邓稼先获益良多。当然，在这里邓稼先依然嗜书如命，借到了难得的好书，他会一字不漏地誊抄下来。他还曾和同学一起背牛津英文字典，足见其肯下苦功夫学习……在联大的学习和生活为邓稼先以后的成功奠定了良好的基础。

天才炼成的秘诀

◆ 天才经历启示/告诉爸爸妈妈

1. 邓稼先出生于书香世家，良好的家庭背景为他的学习打下了重要的基础。但仅仅有书香背景的家庭是远远不够的，孩子的的成才还需要父母的精心教育。从故事中，我们可以看出，邓稼先的父母在对他的教育的确花费了大量的心思。父亲在他儿时就非常注重对他进行中西方文化的教育，这对他具备良好的文化底蕴、成熟的思想以及高尚的爱国情怀都起到了重要的作用。在"七七事变"后，父亲建议他学习科学，以科学报国，更是对他成为我国"两弹"元勋功不可没。同样，母亲勤俭持家，对他一生艰苦朴素的工作和生活作风影响深远。

2.在邓稼先成功的道路上，良师益友的帮助也不容忽视。他的好友杨振宁，他的姐夫兼恩师邓炽华，都对他的学习和研究提供了重要的帮助。

◆ **天才经历启示/告诉孩子**

邓稼先的成功离不开父母的教育、良师的引导、好友的帮助，但是最重要的还是源自于他个人的努力。儿时，他在父亲的引导下认真地诵读四书五经；少年时期，他每天学习数学到深夜；青年时期，他一字不漏地誊抄书，与同学背英文字典……这些勤学奋进的精神正是今天的我们所缺乏的。

趣味链接：

娃娃博士

1945年抗战胜利的时候，邓稼先从西南联大毕业。第二年，他回到北平，担任北大物理系助教。为了学到更多的知识，以便报效祖国，邓稼先在1947年的时候通过了赴美的研究生考试，后来进入美国印第安纳州的普度大学研究生院学习。

由于邓稼先学习成绩突出，不足两年他就修满了学分，并顺利地通过了博士论文答辩，获得了博士学位。那时邓稼先只有26岁，人们称他为"娃娃博士"。

23. "哥德巴赫猜想第一人"——陈景润

天才档案

全名：陈景润

民族/国籍：汉族

出生地：中国 福建省 福州市

生卒年月：1933年5月22日~1996年3月19日

父母职业：父亲（邮局小职员）母亲（家庭妇女）

兴趣爱好：对数学情有独钟

毕业院校：厦门大学数学系

成才之道：把身心所受的痛苦，化为学习的动力；为了梦想成真而勤奋研究、潜心钻研

主要成就：

1.1966年，陈景润发表《表达偶数为1素数及1不超过2个素数的乘积之和》（简称"1+2"），成为了哥德巴赫猜想研究上的一个里程碑，在哥德巴赫猜想研究方面取得国际领先的成果。这一成果被誉为"陈氏定理"，受到广泛应用。

2.《算术级数中的最小素数》这一论文的发表，将最小素数从原有的80推进到16，受到国际数学界的好评。

3.陈景润在近代解析数论的许多重要问题的研究中作出了重要的贡献，发表研究论文70余篇，有《数学趣味谈》、《组合数学》、《哥德巴赫猜想》及《初等数论》等著作。

天才的成长故事

陈景润出生在一个贫苦的家庭，父亲是邮局的小职员，无暇顾及子女的教育，母亲是旧式家庭妇女。

陈景润快到上学的年龄了，但是因为父亲的工资比较少，要供哥哥上学，母亲还要背着不满2岁的妹妹下地干活挣钱，因此，年幼的陈景润便挑起了照看3岁的小弟弟的担子。白天的时候，陈景润就让小弟弟坐在小板凳上，教他数手指头玩儿。晚上，等哥哥放了学，陈景润就央求哥哥给他讲算术。

后来，陈景润稍大一点儿，他就在帮母亲下地干活的空隙，练习写字和演算。母亲见他这么喜欢学习，就把他送到了城关小学。陈景润非常珍惜来之不易的学习机会，虽然身体瘦弱，但学习非常用功，因此学习成绩很好。

这引起了有钱人家孩子的嫉妒，便打了陈景润一顿。沉默寡言、不善辞令的陈景润打不过别人，只好流着泪回家。回到家后，生性倔强的陈景润向母亲提出了退学的要求，可是母亲抚摸着他的伤处说："孩子，只怨我们家里人穷才受人欺负。为这你也要好好学习，争口气，长大了有出息，那时候他们就不敢再欺负你了！"

听了母亲的话，陈景润擦干眼泪，认真地去做功课了。从那以后，他再也没有因此流过泪，而是把身心所受的苦都转化为学习的动力，因此他的学习成绩一直名列前茅，最终以全校第一名的好成绩考入了三元县立初级中学。

在初中，有两位老师对陈景润产生了重大影响：一位是年近花甲的语文老师，具有强烈的爱国主义情怀。在当时日本侵华的大背景下，语文老师看到陈景润勤奋学习，年少有为，便经常把他叫到身边，鼓励他好好学习，将来担负起拯救祖国的重任。陈景润下定决心，长大后一定要报效祖国！

另一位是不满30岁、毕业于清华大学的数学老师，拥有非常丰富的知识。陈景润对数学课非常感兴趣，加上他数学天赋高，因此不到两个星期就把一本数学课本学完了。数学老师非常喜欢这个学生，因此十分下力气教他，经常多给他讲一些数学知识，并进一步对他进行爱国主义教育。从此，陈景润更喜欢学数学了，一直到初中毕业，他的数学成绩都是优秀。

陈景润对数字、符号有着与生俱来的热情，他一门心思地钻进了知识的宝塔，忘记了生活中的烦恼和人生的艰难，感受到的是无限的快乐。

后来，陈景润考入福州英华书院读高中。在那里，他有幸遇到使他终生受益匪浅的沈元老师。沈老师是中国航空界的泰斗，学识渊博，教育学生因材施教，深入浅出、循循善诱，激起了学生对数学、科学的热情，同学们都很喜欢听他讲课。

一次，沈老师出了一道古典数学题："韩信点兵"，结果陈景润很快就算出了正确结果。沈老师非常高兴，借机给同学们讲了西方哥德巴赫猜想的故事，并鼓励陈景润"天下无难事，只怕有心人"，要摘取那颗皇冠上无人企及的"明珠"。陈景润立誓：将来无论成功与否都要为此而努力！

多年后，陈景润被著名的数学家华罗庚慧眼相中，被调进了中国科学院数学研究所。从那以后，陈景润便在华罗庚的带领下，夜以继日地投入到对哥德巴赫猜想的论证之中。

天才炼成的秘诀

◆ 天才经历启示/告诉爸爸妈妈

1.陈景润对数学非常感兴趣，即使在帮母亲下地干活的空隙，也会抽时间练习写字和演算。后来进了学校，陈景润依然学习非常刻苦，因此学习成绩非常好。因此，家长教育孩子，应该让孩子学习陈景润刻苦学习的精神。家长要合理引导孩子，让孩子珍惜学习的好时机，勤奋学习，刻苦钻研。

2.陈景润在英华学院读书期间，遇到了沈元老师，这让他终生受益。沈元老师教育学生因材施教，深入浅出，能够激发学生对知识的热情。所以，家长在教育孩子的时候，也要用适合孩子的方法教育孩子，重点在于引导孩子，而不能强制把知识灌输给孩子。

◆ 天才经历启示/告诉孩子

由于陈景润学习成绩非常好，引起了有钱人家孩子的嫉妒，结果挨了一顿揍。陈景润受到委屈，想要退学。经过母亲的教育，他决定把身心所受的痛苦都转化为学习的动力，因此学习成绩一直名列前茅。这也是陈景润成功的一个重要原因。因此，不管遇到什么样的挫折和困难，我们都要像陈景润那样，学着把痛苦转化为前进的动力，以此激励自己不断前进。

趣味链接：

专心学习的陈景润

自从听沈元老师讲过哥德巴赫猜想的故事之后，陈景润便立志要解决这一数学难题，因此学习数学就更加刻苦了，甚至到了痴迷的程度。

一天，妈妈在锅里盛好了水，把米倒在锅里后，让陈景润看着锅，就去上街买菜了。陈景润虽然答应了妈妈，但是头也没抬就依然专心致志地看书。他完全沉浸在书本之中，以至于饭糊了都没有闻到。等妈妈从菜市场回到家，米饭已经烧成了黑炭。

24. 与死神搏斗的科学奇才——斯蒂芬·霍金

天才档案

全名：斯蒂芬·威廉·霍金
民族/国籍：英格兰

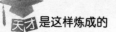

出生地：英国 牛津

生卒年月：1942年1月8日～

父母职业：父亲（热带病专家）母亲（研究人员，从事过多种职业）

兴趣爱好：好奇心强，拆东西，游戏设计，思考

毕业院校：牛津大学、剑桥大学

成才之道：坚毅不屈的意志+勤奋的求学精神+乐观的心态

主要成就：

1.霍金是英国科学家，他的黑洞理论和量子宇宙理论震动了科学界，对哲学和宗教也深有影响。

2.当代最重要的广义相对论和宇宙理论家，是当今享有国际盛誉的伟人。

天才的成长故事

　　霍金出生在英国牛津，当时的英国正处于第二次世界大战中，无奈之下，霍金的父亲就带着全家到处避难，伦敦、牛津以及周围的小镇都曾留下过他们生活的足迹。

　　值得一提的是，即使处于当时战争的大背景之下，霍金的父母仍然保持着知识分子原有的生活情趣，一家人总是说说笑笑，客厅里也总是响着优美的古典音乐，书架上依然堆满了各种各样的书籍。或许，正是在父母的影响下，霍金从小就养成了积极乐观的心态，这对他日后的成功是非常重要的。

　　霍金小的时候就被公认为是一个天资聪颖的"小怪人"。他上小学的时候，学习成绩并不突出，并且经常处于班级的中下游。由于霍金学习成绩不好，加上他写字潦草，因而写出来的作业总是让老师认为他是一个不认真学习的孩子，所以老师也不喜欢他。但是，因为霍金对周围的事情总是充满了好奇心，他对什么事情都感兴趣，因此同学给他起了"爱因斯坦"这个绰号。当时谁也不会想到，多年后霍金真的成为了继爱因斯坦之后最伟大的科学家。

　　霍金小时候父母经常带他接触大自然，他们经常一起躺在绿茵茵的草地上，一起用望远镜观看星空奇观。那时候，小霍金就对宇宙充满了兴趣，他的想象力随着望远镜而驰骋到了星空之外。

　　渐渐长大，霍金对世间万物的运行越来越有兴趣了。当他看到新奇的东西时，总是喜欢把东西拆开，想把其中的每一个部件都研究个够。可是，当霍金研究之后，试图把东西恢复原状的时候，却总是无能为力——他的动手能力似乎总是落后于思考能力。

幸运的是，霍金的父母从未因此而责怪他，而且父亲还把其中的道理详细地讲给霍金听，做起了他的数学和物理老师。就这样，霍金对科学的兴趣得到了有效保护和积极地引导，他越来越向往自己长大后能够成为一名科学家。在这种理想的驱使下，霍金的房间成了他最好的实验室，到处都是拆散的零件和丰富多彩的书籍。

霍金8岁那年，父亲把他送到教学质量非常好的私立学校圣奥本斯读书。虽然性格有些怪癖的霍金看上去非常瘦弱，甚至说话都有些含糊不清，但这并没影响他走向科学的殿堂。在学校，霍金始终都是勤奋学习的好学生，他学习非常刻苦，最终以优异的成绩考入了牛津大学。

十一二岁的时候，霍金开始迷恋比较复杂的游戏设计。在这方面他有很高的天赋，他用半个多小时设计出来的游戏，同学却往往需要连续地玩几个小时甚至更长的时间才能弄明白。为此，霍金感到非常得意。

不幸的是，21岁的时候，霍金被诊断患上了肌萎缩性脊髓侧索硬化症。然而，苦难无法阻挡一个勤奋者前进的脚步。面对突如其来的打击，霍金并没有因病放弃自己的志向，他凭着坚强的意志开始和病魔作斗争。他比别人付出了更多的努力，他最终也取得了巨大的成就。

天才炼成的秘诀

◆ 天才经历启示/告诉爸爸妈妈

1.从故事中可以看出，在战争的大背景下，霍金的父母仍然保持着知识分子原有的生活情趣，一家人总是说说笑笑，这难能可贵。在父母的影响下，霍金从小就养成了积极乐观的心态，这对他日后的成长是非常重要的。因此，家长也要培养孩子积极乐观的心态，这会使孩子勇于面对生活中的挫折，让孩子形成良好的世界观与人生观，对孩子的成长是很有好处的。

2.父母经常带着小霍金，和他一起躺在草地上遥望天空，和他一起用望远镜观看星空奇观。从那时起，小霍金就对宇宙充满了兴趣，对周围的事情充满了好奇心，正是这种好奇心促使着霍金不断地探索和研究，最终让他取得了卓越的成就。而这种好奇心的养成，与霍金父母从小对他的培养关系密切。对家长而言，利用大自然来教育孩子不失为一种良策。

3.霍金由于好奇心经常拆东西，但是他的动手能力似乎总是落后于思考能力，当他研究之后试图把东西恢复原状的时候，却总是无能为力了。幸运的是，霍金的父母并没有因此而责怪他，而且父亲还详细地把其中的道理讲给霍金听，做起了他的数学和物理老师。就这样，霍金对科学的兴趣得到了有效保护与积极地引导，他越来越向往自己长大后能够成为一名科学家。因此，对于孩子的"破坏"行为，家长一定不要盲目地斥责孩子。要像霍金的父母那样，善于从孩子的"破坏"中保护孩子的想象力与创造力，引导孩子学会思考。

◆ 天才经历启示/告诉孩子

霍金凭借坚韧不拔的意志和勤奋好学的精神，与疾病作斗争，最终战胜了疾病，创造了一个又一个奇迹。由此可见，身体的残疾并不是成功的障碍，心灵的残疾才是成功的大敌。我们不仅要学习霍金对生命的热爱和对科学研究的热忱，更要学习他那不屈的精神。

趣味链接：

意志坚强的霍金

21岁的时候，霍金患上了肌萎缩性脊髓侧索硬化症，后来全身瘫痪。虽然身体残疾，但是意志坚强的霍金却总是希望自己像普通人那样正常地生活，因此他总是独自完成自己力所能及的事情。

在身体完全瘫痪之后，霍金甚至仍然坚持用自己唯一可以活动的手指驱动轮椅，在去往办公室的路上"横冲直撞"。一次，霍金与查尔斯王子会晤的时候，忍不住旋转自己的轮椅炫耀一番，结果一不小心轮椅压到王子的脚趾，霍金只好被王子"臭骂"一通。

第二章

文学大师

25. 中国著名诗人和伟大的政治家——屈原

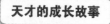
天才档案

全名：屈平（原名）

民族/国籍：中国

出生地：中国 楚国丹阳（即今湖北宜昌秭归）

生卒年月：公元前340年~前278年

父母职业：不详

兴趣爱好：读书、写作、接近大自然等，兴趣广泛

毕业院校：曾受私塾教育

成才之道：出身贵族，明于治乱，娴于辞令；较高的文学天赋与爱国主义情感相结合

主要成就：

1.屈原创立了"楚辞"这种文体，也开创了"香草美人"的传统。在政治上主要是促成楚齐联盟，维护国家统一，和平安定。

2.代表作品：《离骚》、《九歌》、《九章》、《天问》等。

天才的成长故事

屈原是中国最伟大的浪漫主义诗人之一，他也是现今我国最早的著名诗人，发展到今天已经成了世界文化名人。

至今，屈原的家乡仍然流传着很多关于屈原少年时代的传说。

屈原出生在楚国的一个贵族家庭。他从小就是一个聪明好学的孩子，打开书看一遍即可背诵出书中的内容，拿起笔就能写诗作文。

屈原涉猎广泛，读书非常丰富。凡是当时能够搜集到的书籍，屈原几乎都读过，就像晋朝的《乘》、楚国的《木寿杌》、鲁国的《春秋》等正史，或者《论语》等儒家经典，抑或者在当时广为流传的诸子学说，等等。不过，相比而言，屈原更喜欢那些山歌、渔歌以及祭祀歌曲，每发现一首，他都会喜出望外，并且刻苦钻研，从中汲取营养。

屈原的父亲伯庸是一个学识渊博、讲究传统的儒家弟子，他并不赞成屈原迷恋那些来自民间的东西。他担心屈原经常接触那些民间的东西，会因此荒废了学业。所以，父亲只允许屈原读私塾老师规定的书。

可是，那些塾师规定的书籍远远不够屈原读的，他只好把兴趣投入到其他的事情上去。屈原的兴趣爱好非常广泛，琴、棋、书、画样样都是无师自通，山中的树，河边的石，民间的传说以及大自然中的花、鸟、虫、鱼，无不进入屈原的视野，引起他强烈的好奇心。

屈原有一个聪明贤淑的姐姐，她比屈原大10岁左右，受到过良好的家庭教育，是一个知书达理的女孩。由于母亲早逝，因此屈原的姐姐终身不嫁，照顾父亲和年幼的弟弟，很早就养成了超越她年龄和身份的贤德。

在姐姐的陪伴下，屈原度过了一个美好而快乐的童年。屈原家清幽淡雅，颇有古风，门上挂着"丹阳世家"的横匾，四周环绕着茂林修竹和各种果树。在这种家庭环境的熏陶下生活，对屈原的成长是非常好的。

姐姐非常关心屈原的生活，对他照顾得无微不至。屈原很喜欢奇花异草，姐姐便让佣人种了一些兰蕙，然后采回来一些馨香的秋兰，做成一个漂亮的花环佩戴在屈原身上。屈原还非常喜欢出淤泥而不染的荷花，姐姐为此特意让佣人开辟了一个荷塘，并采下来一片片的荷叶，做了一套"芙蓉丽裳"给屈原穿上，姐弟俩都非常高兴。

此外，屈原和姐姐还在橘园里面种下了一棵橘树幼苗，并且细心地照料这棵小幼苗，经常给幼苗浇水，冬天的时候还会用稻草把树干裹起来以防树苗被冻坏。橘树一天天长大，屈原也渐渐长成一个风华正茂的少年，身材修长、眉目如画、神采奕奕。

渐渐地，屈原的豪情壮志让他产生了离开家乡，去见见外面世界的冲动。因此，屈原写了一首《橘颂》，充分地表达了自己的远大抱负，并把它拿给姐姐看。姐姐含泪读了几遍屈原的习作，深切地感受到弟弟已经长大，不禁感慨万千。

然后，姐姐把屈原的诗拿给父亲看。品味完屈原的诗作，父亲由衷地感到屈原已经长大成人。父亲知道，是苗就应该出土发芽，是鸟就应该展翅飞翔，屈原生来便担负着超越前人的重担，将来想要有所作为，就不能总是待在家里。

最终，在父亲的支持和鼓励下，屈原走出家门，为实现自己的远大理想而踏入了社会。

天才炼成的秘诀

◆ 天才经历启示/告诉爸爸妈妈

1.屈原的父亲是一个学识渊博、讲究传统的儒家弟子，他担心屈原经常接触民间的东西，会因此荒废了学业，因此并不赞成屈原迷恋那些来自民间的东西。所以，父亲只允许屈原读私塾老师规定的书。事实上，父亲的做法对屈原的成长是非常不利的，这样做会对孩子的成长产生阻滞作用。所以，家长一定要引以为戒，不要轻易地限制孩子的兴趣或者爱好，要培养孩子广泛的兴趣，这样才有利于孩子的成长与发展。

2.屈原在雄心壮志的激励下写了一首表达自己的远大抱负的《橘颂》。姐姐看到后感触万千，并把屈原的诗拿给父亲看。父亲看完屈原的诗，也明白屈原已经长大了，应该让他到外面的世界去实现自己的理想。最终，在姐姐和父亲的支持与鼓励下，屈原走出了家门，实现了自己的理想。由此可见，屈原的成功和姐姐、父亲的支持与鼓励有很大的关系。

所以，家长一定要注重对孩子的理想教育，一定要善于从生活中发现孩子的理想，并且还要支持孩子，鼓励孩子实现自己的理想。

◆ 天才经历启示/告诉孩子

屈原读私塾的时候，私塾老师规定的书籍远远不够他读的，因此屈原便把兴趣投入到其他的事情上去，逐渐培养了广泛的兴趣和爱好。由此可见，没有以前经常涉猎而打下的基础，强烈的求知欲和好奇心，屈原是不会成为一个伟大的诗人的。所以，我们也要像屈原那样，从小要多读书，这样对我们好奇心的培养非常有好处。

趣味链接：

热心助人的屈原

屈原小的时候是一个非常善良的孩子，因此得到了邻居的夸赞。

一天下午，屈原读完书出去玩，他穿着母亲刚给他做好的新鞋子，上面有一根漂亮的系鞋带。屈原正踢着小石子玩儿，忽然发现路边上有一条隐约可见的米粒形成的痕迹。他顺着米粒痕迹的方向望去，看到一位老婆婆正背着一袋米艰难地向前走着，米带上有一个小洞，米粒正是从那里流出来的。

屈原赶过去，把这件事告诉了老婆婆。老婆婆非常焦急："这可怎么办啊？"屈原低头看到了自己脚上白色的系鞋带，他灵机一动，毫不犹豫地把系鞋带解了下来，把米袋上的小窟窿系上了。然后，屈原又好心地帮着老婆婆把米送回了家。

26. 建安文学的集大成者——曹植

天才档案

全名：曹植

民族/国籍：汉族

出生地：中国 沛国谯县（今安徽亳州市）

生卒年月：公元192年~232年

父母职业：父亲曹操（军事家、政治家、诗人）母亲卞夫人（武宣卞皇后）

兴趣爱好：行诗作文

毕业院校：封建家庭教育

成才之道：天资颖慧

主要成就：

1.曹植是中国佛教梵呗音乐的创始人。

2.曹植在诗歌艺术上有很多创新发展，特别是在五言诗的创作上贡献尤大。代表作品：《名都篇》、《白马篇》、《箜篌引》、《七步诗》、《赠白马王彪》、《七哀》、《怨歌行》等。

3.曹植的散文体裁广泛，如颂赞、铭诔、碑文、哀辞、章表、令、书、序、论、杂说等。其中著名的有：《与杨德祖书》、《与吴季重书》、《辨道论》、《王仲宣诔》、《求通亲亲表》、《藉田说》等。

4.曹植的赋数量在汉魏作者中居第一，最出色的赋有：《洛神赋》、《鹞雀赋》、《蝙蝠赋》等。

天才的成长故事

曹植，字子建，是曹操的儿子。在中国文学史上，曹植被认为是一个会写五言诗的高手，他擅长比兴的手法，语言精练，文采飞扬。

曹植生长在一个文学非常活跃的年代，他和父亲曹操、兄长曹丕父子三人对后代的文学有着非常重要的影响。当然，父子三人之中曹植的名气是最大的，这和曹操的培养是分不开的。

曹植非常善谈，经常在大庭广众之下滔滔不绝地讲话。曹植的社交能力也非常强，小小年纪与人应酬就能对答如流。值得一提的是，曹植的文学才华是非常令人惊服的。

曹植从小就有非常出众的才华，加上自幼受到了很好的文学培养，十多岁的时候就能够背诵《诗经》、《论语》以及长达数十万字的辞赋，非常擅长写文作诗。曹植写起文章来，下笔如有神，出口成章，让人赞叹不已。

曹植天资聪颖，他七八岁的时候，全家在一起过中秋节赏月。曹操曾指着天上的明月问他："孩子，外国和月亮相比，哪一个远，哪一个近呀？"曹植想都没想就回答说："当然是月亮近，外国远啊。"全家人对他的回答都感到非常疑惑，"这是为什么呢？"曹操问道。曹植说："说月亮近是因为我们抬头就能看到它，而外国是怎么也望不见的，所以说它比较远啊。"家人听了他的回答，都觉得有道理。

一天，曹操看了曹植的文章之后，不相信这么好的文章就是曹植写出来的，因此就随口说了一句："这篇文章你是请人代写的吧？"曹植以为父亲不信任自己，感到非常委屈，跪倒地上说："我出口就能谈论，提笔就能写文章，为什么还要请人代写呀？请父亲当面考验，看我是不是让人代写的。"听了他的话，曹操点了点头。

后来，曹操在邺城建造的铜雀台落成，曹操率领着曹植兄弟几个登上了铜雀台观赏。当着文武百官的面，曹操让他们各写一篇赋。只见曹植提笔疾书，落笔如飞，不一会儿就写好了《登台赋》，第一个交卷。大臣们读完曹植的文章，深深为文章所折服，一起呈给曹操看。曹操读完，不由得眼前一亮，对曹植的文学才华叹为观止。

曹植凭着自己不凡的才华受到曹操的另眼相待。每次去见曹操的时候，曹操都会故意用一些比较难的问题来考验他，每次曹植都能对答如流，因此深得曹操的宠爱。曹操认为在几个孩子中，曹植可成大事，因此对他也非常认可，甚至想到要把魏王之位传给他。

后来，曹操攻打孙权的时候，曾派曹植留守邺城，并告诉他："我以前做顿邱令的时候，也不过只有二十几岁，现在想想自己以前的所作所为，并不后悔。如今你也二十几岁了，可要以此勉励自己呀！"曹植深有感触，决心像父亲那样成就一番伟业。

然而，曹植毕竟只是一个不拘小节的文学家，难以担当经世治国大任。他性格比较率直，做事我行我素，放浪形骸，旷达豪爽，结果其行为经常超出一般，逐渐引起曹操的不满。加上其兄曹丕善用权术，矫情自饰，最终获得曹操的信任，被立为太子。

纵观曹植的一生，他在政治上郁郁不得志，然而在文学上却非常有造诣，成为中国古代史上著名的文学家、诗人。

天才炼成的秘诀

◆ 天才经历启示/告诉爸爸妈妈

1.我们知道曹植从小就具有非常高的文学天赋，当他写的文章受到父亲怀疑的时候，曹植看到父亲这么不信任自己，心里非常委屈请求父亲当面验证。虽然曹操并没说什么，但这件事对曹植还是造成了很大的伤害。因此，家长一定要相信自己的孩子，给孩子充分的信任，不要随意怀疑自己的孩子，这样，孩子才能从父母那里获得信心，更有利于自身的成长。

2.后来，曹操要攻打孙权，派曹植留守邺城的时候，曾告诉曹植以前他做顿邱令的时候也不过二十几岁，因此鼓励曹植要以此勉励自己。这件事给曹植留下了深刻的印象，使他下定决心要像父亲那样争创一番伟业。由此可见，家长不妨像曹操那样，适当地给孩子讲一些自己以前的事情，这样的教育胜过费心的说教，可以达到事半功倍的教育效果。

◆ 天才经历启示/告诉孩子

曹植毕竟只是一个不拘小节的文学家，他性格比较率直，做事我行我素，放浪形骸，旷达豪爽，结果其行为经常超出一般，逐渐引起曹操的不满，最终与统治者的地位失之交臂。因此，我们为人做事，一定要引以为戒，要守规矩，低调行事，不能过于放纵自我。

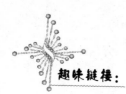

趣味链接：

七步成诗

曹植的哥哥曹丕继位后，非常嫉妒曹植的文学才能，怕他对自己的王位构成威胁，因此决定找机会除掉曹植。

一次，因为一件小事，曹丕下令要杀掉曹植，除非他在七步之内就能作出一首诗来。其实，这个要求对曹植而言并不是什么难事。他即兴而作："煮豆燃豆萁，豆在釜中泣，本是同根生，相煎何太急。"

听了曹植的诗，曹丕感到非常惭愧，只好放了曹植。

27. "诗仙"——李白

天才档案

全名：李白

民族/国籍：汉族

出生地：中国 四川 江油市青莲乡，一说中亚碎叶城（今吉尔吉斯斯坦托可马克）

生卒年月：公元701年~公元762年

父母职业：父亲（任城尉）母亲（不详）

兴趣爱好：读书、剑术、旅游

成才之道：志存高远、持之以恒

主要成就：

1.李白善于从民歌、神话中汲取素材，集中代表了唐代诗歌积极向上的典型音调，代表了我国古典浪漫主义诗歌的新高峰。

2.李白的诗歌题材多种多样，堪称诗文创作中的奇葩。代表作主要有：《蜀道难》、《行路难》、《梦游天姥吟留别》、《将进酒》、《梁甫吟》等，五言古诗《古风》（59首）、《长干行》、《子夜吴歌》、《宣州谢·楼饯别校书叔云》等，七言绝句《望庐山瀑布》、《望天门山》、《早发白帝城》等。

天才的成长故事

中国古代的文人，大都非常看重家世，这种风气在唐朝时代尤其盛行，像李白这样的大诗人也未能免俗。即使到今天，李白的身世、出生地仍然存在争议，为后人留下了种种猜测。

李白的父亲很有文化修养，对家里的孩子要求也非常严格。他见李白从小天资聪明，智慧过人，又喜欢学习，因此非常疼爱他，决定精心培养他。

由于父亲经常赋闲在家，因此经常管教李白读书。也许，正是在那个时候受到了良好的启蒙教育，李白日后才会成为后人不可企及的"诗仙"。

李白5岁的时候，父亲就开始教他读一些司马相如的辞赋了，并且还鼓励他将来要做一个像司马相如那样有文采的人。李白把父亲的教诲和期望记在心里，立志要做一个比司马相如还要厉害的文学家。

李白的父亲对科举并没有太大的兴趣，因此在教育李白的时候也使其深受影响：父亲一方面让李白读书习文；另一方面教他练剑习武，文武之道，兼而教之。在这样的家庭环境中，李白从小学习就没有考取功名的压力，因此他并没有一门心思扑在科举上，读书也只是兴之所至，随心所欲，生活得自由自在。

李白小的时候非常聪明，他读以前的名篇文章，只需几遍就可以把书上的内容背下来。因此在象耳山读书的时候，他的功课总是做得很好，深得老师的喜欢。聪明的孩子都比较贪玩，李白也不例外。他上课的时候经常走神，经常进入自己编织幻想的世界里。

李白少年时代的学习范围非常广泛，他9岁的时候就开始读诸子史籍，10岁的时候就开始学写辞赋了。他创作的态度非常严谨，字句斟酌，一丝不苟。

一天，李白经过几次修改之后，终于把一篇赋写好了。他认为自己写得不错，一定会得到父亲的奖励，因此便非常高兴地拿给父亲看。谁知父亲读了之后，并不满意："孩子，你这篇辞赋写得并不怎么样，没有文采，也缺乏气势。不过你不要灰心，要继续努力才能成功。"

李白点点头，回到书房后把那份文稿扔到火炉中，又重新构思了。他又连续创作了三次，可是自己都不满意。直到第四次，他才写出两篇自己比较满意的辞赋来：《拟别赋》、《拟恨赋》。

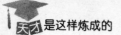

经过不断的努力，李白15岁的时候创作出《明堂赋》，旁征博引，挥洒自如，他自己也非常满意，自认为超过司马相如了。

后来，李白在几年的蜀中漫游期间，广泛阅读，习武练剑，饱览山河美景，练就了豪爽坚毅的性格，为日后建筑宏伟的文学大厦埋下了巨石。李白最终凭着自己的旷世奇才把中国浪漫主义诗歌推向高峰，成为后人难以望其项背的大诗人。

天才炼成的秘诀

◆ 天才经历启示/告诉爸爸妈妈

1.父亲看到李白从小天资聪慧过人，喜欢学习，因此决心好好培养他。平时父亲经常赋闲在家，给了李白良好的启蒙教育，并且鼓励他要成为一个有学问的人。李白也谨记父亲的教诲，立志要做一个比司马相如还要厉害的文学家。由此，我们知道，家长在孩子小的时候要给孩子良好的启蒙教育，并且可以适当地把自己对孩子的期望告诉孩子，这样可以激励孩子努力学习，在将来成就一番事业。

2.李白的父亲对科举并没有太大的兴趣，因此在教育李白的时候也不受科举的牵绊，父亲让李白文武兼学，不为科举所动。在这种家庭环境下，李白从小学习就没有考取功名的压力，他生活得自由自在，相对而言，学习也非常轻松。或许，正因为在这样的家庭环境中成长，李白才能成为一个浪漫主义诗人。家长也可以从中取得教育孩子的经验：在学习压力普遍比较大的今天，家长要端正教育孩子的目标，不要给孩子太大的压力，给孩子一个自由、轻松的成长环境，这会让孩子受益匪浅。

◆ 天才经历启示/告诉孩子

李白经过几年的蜀中漫游，广泛阅读，大大丰富了视野；习武练剑，很好地锻炼了身体；饱览山河美景，陶冶了情操，这对他日后取得的成就是非常有好处的。所以，我们也要像李白那样，要克服懒惰的性格，多阅读，勤锻炼身体，多浏览自然美景。久而久之，我们的境界就会提高，即使成不了像李白那样的大诗人，也能够有所收获。

铁棒磨成针

李白在象耳山读书的时候，非常贪玩，经常逃课。

一天，李白逃学下山。经过一条小溪的时候，李白看到一位白发苍苍的老奶奶正在溪边的石头上磨铁杵。他好奇地问老奶奶在做什么。老奶奶回答说："我在磨针啊。"李白听了非常吃惊："这么粗的铁棒怎么能磨成针呢？"

老奶奶对他说："孩子，这铁棒虽然很粗，但只要我坚持下去，总能磨成针的。"老奶奶说完，又接着磨起来。

这件事给李白留下了深刻的印象，激励他认真读书，坚持奋斗，最终成了著名的大诗人。

28. 唐代伟大的现实主义诗人——白居易

天才档案

全名： 白居易

民族/国籍： 汉族

出生地： 中国 河南 新郑（今郑州新郑）

生卒年月： 公元772年~公元846年

父母职业： 父亲（诗人）母亲（不详）

兴趣爱好： 读书、写诗、游山玩水

毕业院校： 封建家庭教育

成才之道： 具有超凡的天赋，学以致用，终有成就

主要成就：

1.白居易在文学上积极倡导新乐府运动，主张文章合为时而著，诗歌合为事而作，诗歌以其通俗性、写实性的突出强调，在中国诗史上占有非常重要的地位。

2.白居易的诗歌题材广泛，样式多样，并且语言通俗易懂，有《白氏文集》传世。主要作品有：《长恨歌》、《琵琶行》、《卖炭翁》、《钱塘湖春

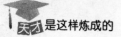

行》、《暮江吟》、《忆江南》、《大林寺桃花》、《题岳阳楼》、《观刈麦》、《问刘十九》等。

天才的成长故事

白居易是我国唐代伟大的现实主义诗人，他在中国文学史上负有盛名、影响深远。白居易的诗歌通俗易懂、题材广泛，不仅在中国有着深远的影响，在朝鲜和日本等也有广泛的影响，素有"诗魔"和"诗王"的称号。

白居易出生在一个书香门第的家庭，他的祖父、外祖父和父亲都是诗人，母亲受到过良好的家教，知书达理，是一个非常贤惠的人。在这种家庭背景下，白居易自小就受到了良好的文化熏陶。

由于父亲做官，家境比较好，因此家里给白居易雇了乳母来带他。值得庆幸的是，这位乳母也非常有文化，对白居易进行了早期教育。当白居易六七个月大的时候，乳母抱着他到屏风前玩的时候，经常指着屏风上的画告诉他那是什么，有时候还会给白居易指一些"之"、"无"等比较简单的字。虽然幼小的白居易还听不懂乳母的话，并且还不会说话，但他心里默默地把乳母教给他的东西记了下来，在脑子里已经形成了对事物最初的记忆。所以，后来，当乳母再指着屏风问他的时候，白居易总能用手准确地指出乳母讲的东西，从没出过差错。

看到白居易不凡的表现，家里人都认为他是一个小神童，经常给他讲故事、读诗。白居易的母亲很有学问，也非常注重对他的早期教育，经常亲自拿着诗书，昼夜地教育白居易学习写诗。而且，母亲教育白居易总是循循善诱，从没有打骂过白居易。

一次，白居易和小伙伴到山上去野炊。白居易提议对对联，对不上来的要负责烧火，小伙伴都高兴地答应了。只见白居易想一会儿，便说出了上联：水水山山处处明明秀秀。小伙伴绞尽脑汁，想了半天都没有想出来下联，只好让白居易自己对出下联。

聪明的白居易说："我把这个上联倒过来，秀秀明明处处山山水水，我的下联是奇奇好好进进雨雨晴晴。"小伙伴听了都说好，所以，白居易就不用烧火了。

在母亲和乳母的早期教育下，白居易刻苦读书，聪明才智得到了良好的发展。

更为重要的是，白居易聪明好学，读书非常辛苦：白天学作赋，晚上读书，有时候还经常学作诗，很少休息。他5岁的时候就能写诗了，9岁的时候精通诗律，15岁的时候就写出了"野火烧不尽，春风吹又生"的名句。

天才炼成的秘诀

◆ **天才经历启示/告诉爸爸妈妈**

1.由于家境比较好，因此白居易从小是由乳母和母亲带大的。由于乳母较有文化，所以白居易从小就接受了良好的早期教育。尤其是乳母教不会说话的白居易认字识物，在白居易的脑子里形成了对事物最初的记忆，使他的智力和记忆力得到很好的开发。所以，家长也要注重对孩子的早期教育，这关系到孩子的一生。

2.看到白居易不凡的表现，家里人都认为他是一个小神童，经常给他讲故事、读诗。白居易的母亲很有学问，也非常注重对他的早期教育，经常亲自拿着诗书，昼夜地教育白居易学习写诗。而且，母亲教育白居易总是循循善诱，从没有打骂过白居易。然而在现实生活中，有很多家长习惯于打骂孩子，其实这样会伤害到孩子的身心健康，扼杀孩子的求知欲和好奇心。所以，家长要像白居易的母亲那样，用循循善诱的方式引导孩子，而不是用打骂的方式教育孩子。

◆ **天才经历启示/告诉孩子**

从故事中可以看出，白居易是一个聪明好学的孩子，读书非常辛苦，白天晚上都在学习，很少休息。在这种情况下，他5岁能写诗，9岁精通诗律，15岁就写出了脍炙人口的名句。由此可见，即使是天资聪明的人，也需要努力学习，这样长大了才能有所成就。所以，从现在起，我们也要努力学习各种知识，多做一些积极有意义的事情，这样，长大了才能有所成就。

趣味链接：

白居易护西湖

白居易在杭州做刺史期间，非常注重对西湖的保护。

一天，白居易游西湖的时候，看到湖南面有人在填湖造亭。白居易非常生气，就让下人去问问这件事是谁干的。不一会儿，当差的下人回来说是衙内二爷的老丈人在造花园。

于是，白居易把二爷的老丈人传来，对他说："西湖是老百姓的，不是你私

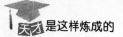

人的财产，你为什么要一个人占用？"而且，白居易还罚他开架田一百亩，以示警告。当时大家都知道白刺史说一不二，因此那个老丈人只好雇人挖了一百亩架田。

从那以后，再也没有人敢私自填湖造屋了。白居易在杭州三年，把西湖整治得水木清华，百姓安居乐业，深得大家的称赞。

29. 北宋时期著名史学家、散文家、政治家——司马光

天才档案

全名：司马光

民族/国籍：汉族

出生地：中国 陕州夏县涑水乡人（今山西运城安邑镇东北）

生卒年月：1019年~1086年

父母职业：父亲（兵部郎中、天章阁待制、皇帝藏书阁顾问）母亲（不详）

兴趣爱好：读书、音乐、律历、天文、术数等

毕业院校：封建家庭教育

成才之道：天资聪颖，笃诚好学，博学无所不通

主要成就：

1.司马光最主要的成就反映在学术上，他最大的贡献就是主持编写了我国最大的一部编年史——《资治通鉴》，对后人了解史实作出了重要的贡献。

2.司马光在政治观点上主张"先王之法不可变"，是典型的保守派。

3.司马光生平有很多著作，主要有史学巨著《资治通鉴》、《温国文正司马公文集》、《稽古录》、《涑水记闻》、《潜虚》等。

天才的成长故事

司马光出生在一个世代为宦的家庭，他的父亲是朝廷的名臣，为人刚正不阿，一生因清直仁厚而享有盛誉。

司马光是一个学识渊博的人，这和他从小受到家庭环境的影响有很大的关系。司马光敏而好学，尤其喜欢《左氏春秋》。他7岁的时候就像一个小大人似的，听别人讲《左氏春秋》，就能明白其中的大概意思，从那以后更是手不释卷，读到深处甚至不知道饥渴寒暑，非常专注。

司马光从小就非常聪明，尤其是砸缸的故事妇孺皆知，得到了大家的一致称赞。由于经常听到别人的夸奖，司马光逐渐有些骄傲，甚至有些得意忘形了。

一天，院子里的核桃成熟后掉了下来，司马光就和姐姐一起捡核桃，不一会儿就捡了很多。于是，司马光姐弟俩一起把核桃拿回家砸开剥着吃。

司马光刚把剥好的核桃仁放到嘴里便吐了出来："哎呀，这核桃好涩啊！"姐姐笑着告诉他要把核桃仁外面黑色的嫩皮剥掉才好吃。于是，他连忙剥皮，可是核桃皮粘得很紧，他怎么也剥不下来，只好用手慢慢地抠。姐姐出去了，他还在那里弄核桃皮。

一个侍女进来看到司马光在费力地剥核桃皮，便告诉他把核桃仁用开水泡一下，皮就非常好剥了。按照这个方法，司马光很容易地就把核桃皮去掉了。姐姐回来后看到司马光在用这个妙法剥皮，便问他是谁教给他的。这时候，司马光得意地说是自己想出来的，姐姐听后连声夸奖他聪明。听完姐弟俩的对话，在隔壁书房中的父亲不仅皱皱眉：司马光这孩子最近变得骄傲了，虚荣心也越来越强，现在居然为了满足自己的虚荣心而撒谎。

于是，父亲踱步来到司马光的身边，严肃地问道："孩子，这法子真是你自己想出来的吗？"看到父亲严厉的目光，司马光非常慌张，支吾了半天都没有回答上来。父亲说："你们刚才的话我都听到了，但你们要记住，一个人聪明当然令人羡慕，但是诚实更为重要。说谎的人会因为不诚实而失去别人的信任，这是不聪明的做法。"听了父亲的话，司马光低下了头，小声地对父亲说："父亲，我错了，我以后一定要做一个诚实的孩子。"

从那以后，司马光果真再也没有撒过谎。

在父亲的严格教育下，司马光的品质得到了良好的培养，聪明才智也得到了发展。他15岁时写的文章，被人认为"文辞纯浑，有西汉风"，20岁的时候就中了进士甲第，可以说是功名早成。但司马光并没有因此而自满，他时刻谨记父亲的教诲，立志以仁德建功立业，最终实现了自己的理想。

天才炼成的秘诀

◆ **天才经历启示/告诉爸爸妈妈**

1.司马光出生在一个世代为宦的家庭，他父亲是朝廷名臣，为人刚正不阿，一生因为清廉、仁厚享有盛誉，这潜移默化地影响着司马光，对司马光日后成为一个政治家有着很大的关系。由此可见，父亲的职业以及性格对孩子的影响是非常大的，不仅会影响到孩子做一个什么样的人，甚至对孩子的职业也有着举足轻重的影响。所以，家长一定要注重自己的榜样力量，为孩子做一个优秀的典范。

2.司马光在侍女的帮助下学会了剥核桃皮的办法，但是当姐姐问他的时候，在虚荣心的驱使下他撒了谎，说剥核桃皮的办法是自己想出来的。父亲听到后，及时地纠正了司马光的错误，并且进行说服教育。在父亲的教育下，司马光从那以后再也没有撒过谎。所以，当孩子撒谎，尤其是家长觉察到孩子第一次撒谎的时候，一定要分析孩子说谎的动机，采用合理的方式教育孩子，让孩子明白说谎的后果，把孩子的第一次说谎行为消灭在萌芽中。

◆ **天才经历启示/告诉孩子**

司马光从小就是一个聪明的孩子，当他因为砸缸的故事得到大家的一致称赞的时候，在别人的夸奖声中逐渐变得骄傲起来。由此，他产生了强烈的虚荣心，并且学会了撒谎。对此，我们一定要引以为戒，要严格要求自己，经得住时间和荣誉的考验，做一个踏实做事的孩子。

 趣味链接：

司马光砸缸

据说司马光小的时候，一次和小伙伴在院子里玩耍。院子里有一口大水缸，有个孩子爬到缸沿上去玩，结果一不小心掉到了缸里面。缸大水深，掉进去的孩子眼看就要被水没过头顶，马上就有生命危险了。

见此情境，其他的孩子吓得边哭边喊，有的还跑到外面找大人帮忙。这时候，司马光急中生智，从地上捡起一块大石头，便向大水缸砸去，只听"砰！"的一声，水缸被砸了一个大洞，缸里的水流了出来，缸里的孩子也得救了。

30. 北宋著名的文学家、书画家——苏轼

天才档案

全名：苏轼

民族/国籍：汉族

出生地：中国 四川 眉州眉山

生卒年月：1037年1月8日~1101年8月24日

父母职业：父亲（文学家）母亲（不详）

兴趣爱好：学习，喜欢诗文

毕业院校：接受家庭教育（科举进士）

成才之道：良好的家庭教育+扎实的基本功+好学善用

主要成就：

1.苏轼是唐宋八大家之一，豪放派的代表。

2.苏轼在诗、文、词、书、画等方面均取得了登峰造极的成就，善书法和绘画，是中国历史上少有的文学和艺术天才。

3.代表作品：《前赤壁赋》、《后赤壁赋》、《念奴娇·赤壁怀古》、《水调歌头·中秋》等。

天才的成长故事

苏轼，字子瞻，眉州眉山人，是中国历史上少有的文学和艺术天才。

苏轼的母亲从小喜欢读诗诵文，琴、棋、书、画样样擅长。她非常有学识，是小苏轼的良师益友。她经常辅导苏轼的学习，给他讲一些英雄豪杰的故事，并启发他思考，对小苏轼的成长起了举足轻重的作用。

苏轼的父亲苏洵是一位非常有抱负的读书人，因故荒废了一段学业，27岁的时候开始发奋读书，后来成了学识渊博的大学者。苏洵读书非常用功，这让小苏轼从小就受到了潜移默化的影响和良好的家庭教育。

苏轼晚年曾回忆小时候跟着父亲读书的事情，认为自己深受父亲的影响。可

以说没有苏洵的发奋读书的影响，苏轼日后也成不了大文学家。

苏轼4岁的时候，一看到父亲读书或者写字，他就会在旁边学着认字，有时候还会用毛笔学写字。这让父母非常高兴，从此，他的父母经常亲手教他写字，亲口教他读书。小苏轼非常好学，一遇到不认识或者不理解的字，他都会马上问父母，渐渐地，他认的字越来越多，读的诗也越来越多了。在父母的精心教育下，小苏轼进步非常快。

苏轼到7岁的时候，已经能够认识四五千字了，不仅自己能够简单地写一些诗文，而且还能品评别人的诗文了。

平时，苏洵的文友们经常到他家去，大家一起研讨诗文，有时也会吟诗作对。小苏轼对此充满了好奇心，每次都会要求在旁边聆听。久而久之，他增长了很多新知识。

在这样充满文化氛围的成长环境中，小苏轼比同龄孩子更早地喜欢上了诗文，并且在这方面有天赋，进步非常快。他开始像大人那样，朗诵欧阳修、范仲淹等名人的诗作，感到越学越有趣。

随着一天天长大，小苏轼求学的愿望越来越强烈了。他再三向父母提出进学堂的心愿，对此，父母非常高兴，答应只要苏轼年满8岁就送他去学堂。

其实，苏轼从小还是一个十分顽皮的孩子。为了让他多读点儿书，父亲多次劝说，但是效果并不明显。于是，父亲决定改变教育方法。

从那以后，每当苏轼和弟弟玩耍的时候，父亲就会躲在角落里读书，当苏轼靠近的时候，父亲还会故意地把书"藏"起来。这样一来，苏轼就会感到非常好奇，以为父亲在瞒着他读什么好书。于是，他经常趁着父亲不在家的时候把书偷偷地拿出来，然后认真地读。

在父亲的引导下，小苏轼充分地感受到读书的乐趣，并且逐渐养成了读书的好习惯。苏轼在诗、词、文、书、画等方面均有造诣，最终成为闻名的文学家。

天才炼成的秘诀

◆ 天才经历启示/告诉爸爸妈妈

1.我们从故事中可以看出，苏轼的母亲从小就非常喜欢读诗诵文，非常有学识，而苏轼的父亲也是一个很有抱负的读书人。因此苏轼从小就在优越的文化、道德环境中成长，这也造就了他的德才兼备。家长培养孩子，儿童时期的教育非常重要，因为孩子在这时候比较容易接受新事物。所以，家长在给孩子正确教育方法的同时，还要给孩子一个良好的成长环境，这对孩子的成才是非常有帮助的。

2.在引导苏轼读书的过程中，苏轼的父亲在劝说无效的情况下，并没有放弃或者用不当的方法来教育苏轼，而是巧妙地利用苏轼的好奇心和求知欲，加以合理地引导，让苏轼养成了良好的阅读习惯。所以，家长在教育孩子的时候，不妨从苏洵教子的故事中得到启示，利用孩子的好奇心和求知欲引导孩子，避免用唠叨、打骂等错误的方式教育孩子。

◆ **天才经历启示/告诉孩子**

苏轼的父母看他非常好学，因此开始教他认字读书。小苏轼一遇到不认识的字或者不理解的字，就会马上问父母，久而久之，他认识的字越来越多，读的书也越来越多。由此我们想到，在现实生活中，有很多孩子在学习中遇到问题的时候，不是跳过去，就是直接抄答案，而不是像苏轼那样解决问题。这就导致了孩子在学习的过程中问题越积越多，降低了学习的效率。所以，无论在学习中，还是在生活中，遇到了问题我们都要像苏轼那样，及时地把问题解决。

趣味链接：

"尸骨"未寒

苏轼是一个大才子，佛印是一个高僧，两人是好朋友，经常一起参禅、打坐，也经常互相开玩笑。

一天，苏轼和佛印乘船游览西湖。突然，佛印拿出一把有苏轼题诗的扇子，把它扔到了河里，并且大声说："水流东坡诗（尸）！"

苏轼愣了一下，但随即便指着河岸上正在啃骨头的狗，笑着说道："狗啃河上（和尚）骨！"

31. 欧洲文艺复兴时代的开拓人物之一——但丁

天才档案

全名：阿利盖利·但丁

民族/国籍：意大利

出生地：意大利 佛罗伦萨

生卒年月：1265年~1321年

父母职业：父亲（法庭文书）母亲（不详）

兴趣爱好：求知、阅读、诗歌写作

毕业院校：师承拉丁尼，受到良好的教育

成才之道：拉丁尼的因材施教打开了但丁的心灵之门

主要成就：

1.但丁是现代意大利语的奠基者，还是欧洲文艺复兴时代的开创人物之一。

2.但丁最著名的著作是《神曲》，对欧洲后世的诗歌创作有极其深远的影响。

3.除《神曲》之外，但丁还有很多题材广泛的文学作品，如爱情诗歌《新生》、哲学诗歌《宴会》、抒情诗《诗句集》、拉丁文诗歌《牧歌》、拉丁文文章《俗语论》和政论文《王国论》等。

天才的成长故事

但丁是意大利著名的诗人，他写了长篇诗作《神曲》，被恩格斯誉为"中世纪最后的诗人，同时也是新时代最初的一位诗人。"

但丁出生在意大利佛罗伦萨的一个没落贵族家庭里。他的父亲只是法庭的一介文书，因此家里的经济状只是一般水平。

但丁的童年非常不幸，他五六岁的时候，母亲就去世了。幸运的是，父亲非常重视对他的教育，宁愿自己省吃俭用也要拿出钱来让但丁读书。因此，但丁从小就受到了很好的教育。

父亲给但丁请了一位著名的学者兼哲学家——拉丁尼做他的家庭教师。母亲的去世使但丁受到了很大的伤害，他变得沉默寡言，即使和父亲在一起也不会主动说话。因此，刚上课的时候，拉丁尼问但丁问题，但丁只是睁大眼睛听课，一句话也不说。

拉丁尼知道是因为母亲的去世给但丁幼小的心灵带来了很大的创伤，因此非常疼爱这个不爱说话的学生，特意给他更多的关爱。

此外，根据但丁的性格特点，拉丁尼开始尝试换另外的教育方式。"孩子，你愿意学习拉丁文吗？"拉丁尼亲切地问但丁。"愿意，但我一定要学习拉丁文吗？"但丁终于开口了。

老师对他说："我知道你最喜欢听故事，可是你要知道，古今中外有很多有趣的故事都是用拉丁文写成的。要是你学好了拉丁文，你就可以走进故事的'王国'，尽情地徜徉在故事的海洋中了。""这样的话，那我一定要好好学习拉丁文。"老师的话激发了但丁对拉丁文的兴趣。

但丁最喜欢古罗马大作家维吉尔的著作。平时，他也经常和老师讨论维吉尔的作品。一次，他对老师说："我非常喜欢维吉尔的书，只要一拿起他的书，我就像走进了智慧的海洋。"拉丁尼老师笑了笑，轻轻地抚摸着但丁的头对他说："孩子，书是人类真正的老师。你已经找到了自己真正的老师，那么就尽情地阅读吧，你会从中获得智慧的。"

拉丁尼是一位非常博学的老师，他不仅教但丁学习拉丁文，而且还教给但丁修辞学、逻辑学、诗学、伦理学、哲学、神学等，引导但丁阅读古典作品。

聪明的但丁在老师的谆谆教诲下，取得了很大的进步，不到10岁就读完了维吉尔、奥维德等人的作品。在十几岁的时候，但丁就写出了很多朗朗上口的诗歌，甚至有的诗歌被音乐家谱上曲子到处传唱。与此同时，但丁在音乐、绘画、哲学等领域也颇有造诣，最后成为了一个多才多艺、学识渊博的大学者。

但丁在青年时期积极投身革命，反对封建贵族的统治。后来他被判终身流放，从那时起，但丁对意大利社会的现实有了更深刻的了解与体会。后来，经过14年的艰苦努力，但丁终于完成了《神曲》的创作，这是欧洲史、文学史上具有划时代意义的巨著。

天才炼成的秘诀

◆ 天才经历启示/告诉爸爸妈妈

1.但丁的父亲非常重视对孩子的教育，给他请了有名的老师——拉丁尼。由于母亲的去世，但丁的身心都受到了很大的伤害。他变得沉默寡言，也不爱说话。对此，他的老师拉丁尼知道这个孩子的心灵受到了创伤，因此尝试用另外的方式教育但丁，最终，拉丁尼用爱的教育打开了但丁的心扉，让他受到了良好的教育，最终取得了巨大的成就。所以，家长不妨从中得到启示，要用爱来教育孩子，这样有可能会达到事半功倍的教育效果。

2.看到但丁非常喜欢读书，拉丁尼知道后告诉他，书是人生的第一位老师，鼓励他尽情阅读。值得一提的是，拉丁尼是一位非常博学的老师，在他的教育下，但丁广泛学习，进步非常快。所以，教育孩子，家长尽管不能像拉丁尼那样具有渊博的知识，但也一定要竭尽所能，多教给孩子一些知识。

◆ 天才经历启示/告诉孩子

我们知道但丁的童年非常不幸，他五六岁的时候母亲就去世了，因此他幼小的心灵受到了很大的创伤。但他后来在老师的教育下尽情阅读，广泛学习，在很多方面都非常有造诣，最终成了一个多才多艺、学识渊博的大学者。所以，我们学习也要广泛涉猎，不能只把注意力局限于某一个方面，虽然应当学有专长，但广博的知识面还是非常有必要的。

趣味链接：

向小鱼打探消息

一次，但丁出席威尼斯执政官举行的宴会。侍者给别人用的都是比较肥大的煎鱼，可是给但丁的却是非常小的鱼。

只见但丁用手把盘子中的小鱼拿起来，凑到自己的耳朵边听了听，然后又逐一放回盘子里。执政官见状，非常奇怪，便问但丁在做什么。

只听但丁大声地说："几年前，我的朋友逝世，举行的海葬。我就问这些小鱼他的遗体是否已埋入海底。"执政官忙问："这些小鱼说什么？"但丁说："它们说它们还很小，不知道过去的事情，让我问问同桌的大鱼。"

执政官听了，连忙吩咐侍者给但丁端上来一条最大的煎鱼。

32. 世界戏剧史上的泰斗——莎士比亚

天才档案

全名：威廉·莎士比亚

民族/国籍：英格兰

出生地：英国 瓦维克郡 斯特拉特福镇

生卒年月：1564年4月26日~1616年5月3日

父母职业：父亲（商人、政府官员）母亲（不详）

兴趣爱好：听故事、演故事、看剧目

毕业院校：受过良好的教育（未上过大学）

成才之道：自信，敢于尝试

主要成就：

1. 莎士比亚是英国的民族诗人，是欧洲文艺复兴时期的巨人，世界戏剧史上的泰斗。他的作品被誉为"戏剧艺术的典范"，对欧洲文学和戏剧的发展都产生了重大的影响。

2. 莎士比亚著名的四大悲剧《哈姆雷特》、《奥赛罗》、《麦克白》和《李尔王》和四大喜剧《仲夏夜之梦》、《皆大欢喜》、《第十二夜》和《威尼斯商人》等杰作传世，蜚声剧坛。

3. 被称为"人类最伟大的天才之一"。17世纪初，莎士比亚的戏剧逐渐传到世界各地，对各国戏剧的发展产生了巨大的影响，并且成为世界文化发展、交流的重要纽带和灵感源泉。

天才的成长故事

莎士比亚是文艺复兴时期英国杰出的戏剧家和诗人，他还是世界文学巨匠。

莎士比亚的父亲是一位商人，曾经担任过行政长官，母亲很有教养。在莎士比亚刚出生的时候，父亲就对他人生的发展确定了方向：父亲希望他长大后能够成为一名牧师或者一个有学问的绅士。因此，在莎士比亚六七岁的时候，父亲就把他送到了一所贵族学校读书，让他学习英文、拉丁文，此间他也接触了一些古

罗马的诗歌和戏剧。

莎士比亚小的时候性格比较活泼，好奇心比较强，特别喜欢听故事。因此，在日常生活中，母亲便经常给他讲故事。从母亲那里，他听到了很多民间传说，还有很多历史传说和英勇骑士的故事。

传说古时候斯特拉特福是侠士罗宾汉经常活动的地方，罗宾汉是一个出身市井、喜欢打抱不平的游侠，这座城市里的孩子大都是听着罗宾汉的故事长大的。斯特拉特福每年都会在露天剧场里上演罗宾汉的戏。这时候往往是小莎士比亚最兴奋的时候，他早早地就拉着母亲坐到第一排等待开幕。

演出在小莎士比亚幼小的心灵上播下了热爱戏剧的种子。他看到几个演员凭着一个小小的舞台，竟能演绎出变幻无穷的戏剧，他感到这是一个神奇的世界！他的心从那时起便完全沉浸在戏剧里面了。看完戏之后回到家，小莎士比亚也会意犹未尽地模仿戏里的人物表演一番。

一天，莎士比亚突发奇想，他把周围的小伙伴都召集到家里，由他分配角色并指挥小伙伴表演。戏演完之后，小伙伴都过了一把戏瘾，高兴得不得了。从那之后，小伙伴经常会到莎士比亚家里演儿童版的《罗宾汉》。

莎士比亚知道想要做一名戏剧家就需要非常渊博的知识。因此，他在日常生活中十分"贪婪"地读文学、历史等各方面的书籍，并且还自修拉丁文和希腊文，汲取着丰富的精神食粮。渐渐地，他掌握了丰富的写作知识和基本的写作技巧。一次，学校举行庆祝活动，邀请家长前来观看。莎士比亚在一个名叫《孪生兄弟》的戏中担任主角，他演得很投入，吐字清晰、感情真挚，家长和老师纷纷夸奖他有表演天赋。

天有不测风云，莎士比亚13岁的时候，父亲破产了，他只得中途离开了学校。不过，家庭的突然变故并没有影响莎士比亚酷爱学习和戏剧表演的爱好，他总是利用一切机会学习。此后，他曾做过马夫、当过学徒。正是由于莎士比亚早早地踏入了社会，增长了丰富的社会阅历，他的戏剧创作才有了很好的生活基础。

后来，为了追求自己的梦想，莎士比亚来到伦敦，在剧院做杂役、演员等。这使得他有机会在剧院里看戏、评戏、想戏，逐渐积累了很多戏剧方面的知识。后来，莎士比亚还做过演员、导演和编剧，并由此走上了戏剧创作的道路。

天才炼成的秘诀

◆ 天才经历启示/告诉爸爸妈妈

1.我们知道父亲希望莎士比亚长大后能成为一名牧师或者绅士，因此在他六七岁的时候就把他送到了一所贵族学校读书。在那里，莎士比亚学习了英文、拉丁文，更为重要的是接触到了古罗马的诗歌和戏剧。这对莎士比亚走上戏剧之路是非常有帮助的。因此，家长也要为孩子创造良好的学习条件，让孩子多学一些东西，让孩子在学习的过程中发现自己的兴趣。

2.莎士比亚小时候很喜欢听故事，在日常生活中妈妈经常给他讲故事，不仅有民间传说，还有历史故事等。无疑，这对莎士比亚以后的成才有着促进作用。所以，在生活中，家长一定要多抽些时间陪陪孩子，给孩子讲一些有趣的故事，这种教育方式胜过理论说教，不仅可以让孩子在听故事中提高自己，而且还有助于建立良好的亲子关系。

◆ 天才经历启示/告诉孩子

在兴趣中，莎士比亚与戏剧结下了不解之缘。虽然后来父亲破产，他不得不中途退学，但这并没有影响他追求自己的理想。为此，莎士比亚当过马夫，做过杂役等，后来入剧团，逐渐走上了戏剧创作的道路。我们应该学习莎士比亚那种不畏艰难的精神，要善于创造条件，实现自己的梦想。

趣味链接：

"把我姐姐的手帕捡起来"

莎士比亚和英国女王伊丽莎白有过一段这样的趣闻：

一次，闻名遐迩的莎士比亚在剧中扮演国王的角色。莎士比亚正在台上投入地表演，这时，伊丽莎白女王在包厢里观看他的表演。忽然，女王想试一试能不能分散莎士比亚的注意力。

于是，女王就从包厢看台扔下一块手帕，手帕飘到了台上，落到了"国王"莎士比亚的脚边。这时候细心的莎士比亚发现了这一细节，他不动声色地吩咐身后的"大臣"："把我姐姐的手帕捡起来。"莎士比亚机智而又巧妙的回答引起了台上台下一片掌声。

33. 法国17世纪古典主义文学最重要的作家
——莫里哀

天才档案

全名： 让—巴蒂斯特·波克兰

民族/国籍： 法兰西

出生地： 法国 巴黎

生卒年月： 1622年1月15日~1673年2月17日

父母职业： 父亲（宫廷室内陈设商）母亲（不详）

兴趣爱好： 喜欢演戏，痴迷于戏剧

毕业院校： 克莱蒙中学

成才之道： 儿时最初的爱好成了一生的理想，并且以高度的热情坚持到底

主要成就：

1.莫里哀创立了芭蕾舞喜剧，是古典主义喜剧的创建者。

2.莫里哀是法国古典主义文学，以及欧洲文艺复兴运动的杰出代表，给后人留下了近30部喜剧，如《唐璜》、《吝啬鬼》、《无病呻吟》、《伪君子》、《可笑的女才子》等。

天才的成长故事

莫里哀出生在巴黎，他的父亲是一位有名的室内陈设商，他的母亲是一个织毡匠的女儿，受到过良好的教育。

莫里哀自幼有些口吃，但这并不影响父母对他的溺爱。由于自幼娇生惯养，因此莫里哀的体质非常差。

莫里哀从小就比较好动和喜欢热闹，他不爱待在家里，总是喜欢到繁华的闹市，观察来来往往的人群，有时他也会坐到窗子前，看小商小贩吵吵嚷嚷。莫里哀还非常喜欢模仿别人家建筑物上的猴子，做各种各样的鬼脸，学得惟妙惟肖。

由于在当时，演戏的职业并不光彩，所以，莫里哀的父亲对他的模仿行为很

是反感，经常因此训斥莫里哀。但是喜欢看戏的外祖父并不这么想，他曾看到过小莫里哀精彩的模仿，认为莫里哀观察能力和模仿能力都非常棒，将来很可能会成为一个杰出的剧作家或者演员。

外祖父很喜欢看戏，几乎每周都会到剧院去看戏，并且看戏回来还经常模仿戏中人物的动作。受到外祖父的影响，莫里哀从小就迷上了戏剧，也经常模仿戏中人物。他经常到离家不远的广场，看流浪的艺人演出，并且还会模仿他们的动作。

每到周末的时候，莫里哀就会让外祖父带着他到皇家演员剧团演出的大剧院去看戏。一进到剧院，小莫里哀很快就会陶醉其中，悲剧或是喜剧，都能让他看得入迷。久而久之，小莫里哀也产生了想要演戏的想法，甚至做梦的时候都会梦到自己在演戏。

然而，莫里哀的父亲很想让莫里哀成为自己的继承人，因此非常重视对莫里哀的教育。父亲看到莫里哀在外祖父的影响下，越来越喜欢戏剧了，因此有些担忧，并劝阻自己的岳父不要再带着莫里哀去看戏了。可是，莫里哀的外祖父却认为即使莫里哀将来做一个演员也是不错的事情。在外祖父的支持下，莫里哀更加喜欢戏剧了，那时候他就下定决心将来要做一个好演员，从事戏剧艺术。

为了让莫里哀继承自己的事业，父亲把13岁的莫里哀送到了当时法国最好的贵族学校学习。期间，莫里哀和那些贵族子弟交往，仔细观察他们的生活和习惯，为日后的创作积累了丰富的素材。只要有空闲时间，莫里哀就会和同学一起到剧院看戏，读书期间几乎把剧院所有的戏都看遍了。

后来，为了让莫里哀继承自己的事业，父亲在莫里哀中学毕业后，为他买了一个法律硕士的学位。而莫里哀也确实花了一些时间和精力来研究法律知识，这些在他后来的演出中都发挥了积极的作用。此时，莫里哀早已有了自己的爱好和理想，并且对自己的职业也有了初步的规划。

莫里哀21岁的时候结识了贝雅尔兄妹，用了很大的勇气下定决心，然后把得到的遗产全部投入到演艺事业中，组织了"光耀剧团"进行演出。

从此，莫里哀开始走上了艺术之路，历经挫折，终于获得了成功。

天才炼成的秘诀

◆.天才经历启示/告诉爸爸妈妈

1.从故事中我们知道，莫里哀的父母从小就比较溺爱莫里哀，在父母的娇生惯养下，莫里哀的体质从小就非常差。由此可见，家长溺爱孩子，对孩子的成长是非常不利的。在现实生活中，溺爱孩子恰巧是很多家庭教育中常见的现象。所以，为了孩子的健康成长，家长一定不要溺爱孩子，要让孩子告别娇生惯养，健康、坚强地成长。

2.莫里哀从小就养成了好动和喜欢热闹的性格，不喜欢待在家里，总喜欢到繁华的闹市去观察来来往往的人流。莫里哀这种性格和他日后走上演艺事业有着很大的关系。性格决定孩子的一生，所以家长要善于从孩子的性格中发现孩子的闪光点，帮孩子找到发展的方向，这对孩子的成才是非常重要的。

◆ 天才经历启示/告诉孩子

父亲想让莫里哀继承自己的事业，因此把他送到了贵族学校，后来又让他学习法律。但是，这并没有影响莫里哀对自己理想的坚持，他学习期间依然执著追求自己的理想，最终获得了成功。坚持自己的理想，不管遇到什么样的阻力，都不会放弃，这是莫里哀能够成功的一个重要原因，也是值得我们学习的地方。

趣味链接：

给女仆读剧本

据说莫里哀以前每写好一个剧本，总是先读给他的女仆听。每次女仆听完之后总说"好"，这让莫里哀认为是女仆的文化水平比较低，一味地说好来讨主人喜欢。

一次，莫里哀故意把一个自认为不好的剧本读给女仆听。谁知女仆听完之后瞪着眼睛说："这不是您写的！"莫里哀恍然大悟：原来女仆早已熟知他的作品风格。

34. 文艺领域的宙斯——歌德

全名： 约翰·沃尔夫冈·冯·歌德

民族/国籍： 日耳曼

出生地： 德国 法兰克福

生卒年月： 1749 年 8 月 28 日~1832 年 3 月 22 日

父母职业： 父亲（律师）母亲（不详）

兴趣爱好： 旅游，听、编、讲故事，戏剧

毕业院校： 莱比锡大学和斯特拉斯堡大学

成才之道： 优秀的天赋与父母的引导

主要成就：

1.歌德是欧洲启蒙运动后期最伟大的作家、诗人和思想家。他是德国民族文学的最杰出的代表，把德国文学提高到欧洲的先进水平，对欧洲文学的发展作出了巨大的贡献。

2.歌德在诗歌、戏剧、散文等方面有较高的成就，他的主要作品有剧本《葛兹·冯·伯里欣根》、中篇小说《少年维特之烦恼》等。

3.歌德在文艺理论、哲学、造型设计等方面也取得了卓越的成就。

天才的成长故事

歌德8岁的时候就能阅读德文、法文、意大利文等多种文字的书籍，14岁就开始写剧本，25岁发表了享誉全球的《少年维特之烦恼》。令人惊奇的是，歌德写《少年维特之烦恼》这部小说，仅仅用了4周的时间。

人们都说歌德是一个文学天才，其实，他能取得这样的成就除了和自身的努力之外，还要归功于父母的精心培养。

歌德的父亲是莱比锡大学的法学博士，是当地非常有名的律师，很喜欢文学艺术，非常重视读书。他也很喜欢收藏各种美术作品和书刊，家里总是摆满了纪念品。歌德的母亲是法兰克福市长的女儿，非常有教养。在这种家庭环境里成

长，歌德从小就受到良好的教育和艺术的熏陶。

歌德是家里的独生子，父母对他寄予了很大的期望。虽然父母非常疼爱小歌德，但从不溺爱，并且从歌德小时候就有计划地对他进行严格地教育。

为了把歌德培养成为出类拔萃的人物，当歌德还是婴儿的时候，父亲就经常抱着他去散步，有意识地让他多接触大自然，培养他的观察能力。歌德懂事后，父亲便耐心地给他讲解所遇到的任何事物，提高他的认知能力。在父亲的教育下，歌德小小年纪就学到了很多自然知识。更为重要的是，他的一生都始终保持着对自然科学的浓厚兴趣。

在父子俩休息的间隙，父亲经常教歌德唱一些通俗易懂的歌谣，以提高他的语言表达能力。这些歌谣不仅朗朗上口，而且对小孩子来说非常容易接受。渐渐地，歌德背下来的歌谣越来越多，他的表达能力也提高了很多。

歌德4岁的时候，父亲就开始教他读书认字了，并且父亲还请来家庭教师，教他学习各种语言。歌德稍大一点儿之后，父亲就开始带着他外出旅行，每到一处都会给他讲一讲当地的风土人情、风俗习惯、地理知识等，以开拓他的视野。如果有机会旧地重游，父亲就让歌德复述。旅游生活使歌德开阔了视野，增长了见识。

父亲知道歌德是一个非常聪明的孩子，只要加以正确的教育，一定会成才，因此不仅注重他的智力开发，而且也重视让他加强锻炼身体，使歌德增强了体质，也为他进行文学创作提供了充沛的精力。

歌德的母亲非常喜欢文学，经常给歌德讲故事。讲故事的过程中，母亲发现小歌德对文字有着浓厚的兴趣，并且表现出特殊的天赋，于是便有意识地培养他这方面的特长。母亲在讲故事的时候，经常会停下来，让歌德自己猜想后面发生的事情。在母亲的培养下，歌德7岁时就编出了童话《新帕利斯》。

知道歌德对戏剧非常感兴趣，母亲在圣诞节的时候送给他一些小木偶作为圣诞礼物，这些玩具培养和提高了歌德的创造力、想象力。此外，对于歌德的写作，母亲也总是在鼓励的前提下，说出自己恰到好处的见解，从而让歌德在文学创作上变得成熟起来，使他最终获得了成功。

天才炼成的秘诀

◆ 天才经历启示/告诉爸爸妈妈

1.歌德是家里的独生子，虽然父母非常疼爱小歌德，但从不溺爱，并且从歌德小时候就有计划地对他进行严格地教育。这一点对现在很多家长都有借鉴意义。现实生活中，由于现在的孩子大都是独生子女，因此家长更容易溺爱孩子，让孩子变得任性，这对孩子的身心健康并无好处。因此，家长要像歌德父母那样，疼爱孩子但不溺爱孩子，一定要严格教育孩子，这样才有利于孩子成才。

2.歌德的母亲也非常喜欢文学，并经常给小歌德讲故事。看到歌德对故事比较感兴趣，母亲便有意识地培养他这方面的特长，因此母亲经常故意停下来，让歌德自己去想象故事接下来发生的事情。事实证明，这种教育方法对孩子想象力、创造力、思维能力的培养是很有好处的。因此，家长不妨运用这种孩子乐于接受的方式去保护和启发孩子对学习的兴趣，点燃孩子天才的火花。

◆ 天才经历启示/告诉孩子

因为歌德对戏剧有浓厚的兴趣，母亲就在歌德13岁那年过圣诞节时，送给了他一些小木偶作为礼物。成名后的歌德回忆道："这种儿童的玩意儿和劳作，从多方面训练和促进了我的创造力、表现力、想象力以及一种技巧。"因此，面对电视、游戏机等诱惑的时候，我们要退而选取一些适合开发自己智力的玩具或者游戏，如下棋、拼图等，这样才有助于我们的成长。

趣味链接：

狭路相逢

一天，在魏玛公园里，大作家歌德正在一条非常狭窄的小道上散步。这时，迎面走上来一个批评家，批评家曾把歌德所有的作品都贬得一无是处。

小道只能容许一个人通过，因此歌德和批评家都站住了。这时候批评家先发制人，非常傲慢地说道："我从不给一个傻子让路！""哦，我正好相反。"歌德微笑着回答，边说边站到了一边。

35. 英国浪漫主义文学的杰出代表——拜伦

天才档案

全名：乔治·戈登·拜伦

民族/国籍：英格兰

出生地：英国 伦敦

生卒年月：1788年1月22日~1824年4月19日

父母职业：父亲（近士卫官）母亲（不详）

兴趣爱好：广泛阅读，喜欢历史

毕业院校：剑桥大学

成才之道：好学上进，自尊自强，意志坚韧

主要成就：

1.拜伦是英国浪漫主义文学的杰出代表，他的代表作有：《恰尔德·哈罗德游记》、《异教徒》、《海盗》、《柯林斯之围》、《曼弗雷德》、《该隐》等。

2.拜伦未完成的长篇诗体小说《唐璜》，气势宏伟，意境开阔，见解高超，艺术卓越，在英国以至欧洲的文学史上都是罕见的。

3.拜伦积极而勇敢地投身革命，参加了希腊民族解放运动，并成为领导人之一。

天才的成长故事

拜伦出生在英国一个没落贵族家庭里。由于父母关系不和，因此家里经常充满了父母吵架的声音。拜伦2岁的时候，父母分居，不久他的父亲就死在了国外。

小拜伦开始学走路时，一站起来走路，右脚就会产生剧烈的疼痛，原来他的右脚天生有残疾。由于父亲的去世对母亲造成了沉重的打击，加上生活变得日益拮据，拜伦的母亲性格变得喜怒无常，经常无缘无故地大发脾气，有时候还会随手抓起东西扔向小拜伦。先天的跛脚使小拜伦非常压抑，加上生活在这样的环境下，他的性格日益变得忧郁、暴躁和孤僻。

除此之外，小拜伦可以说是一个美少年，他有一双清澈的眼睛，一头褐色的卷头发，皮肤白皙，是一个人见人爱的孩子。小拜伦的嗓音非常好，说话的声音非常悦耳，唯独跛脚这一先天性的缺陷让他感到自卑。

小拜伦是一个自尊心很强的孩子，每当他走在街上的时候，总能听到人们议论他："多漂亮的孩子，可惜是一个跛脚。"这时候小拜伦认为别人在侮辱自己，因此一边流着泪说："不许这样说我！"一边向对方扑去……

拜伦4岁左右的时候，开始上学了。母亲见他聪明好学，而且记忆力非常好，就给他请了拉丁文和历史家庭教师。在家庭老师的引导下，小拜伦开始阅读各种各样的书籍，对历史的兴趣也越来越浓了。他经常恳求母亲从图书馆里帮自己借关于罗马、希腊、土耳其等历史故事书，每当夜色降临的时候，他就会认真地读书、遥想，在历史长河中徜徉。

古人的辉煌战绩经常激起拜伦内心深处的英雄梦。一次，他对小伙伴说："将来总有一天我要召集一支部队，士兵们着黑衣、骑红马，被人称为'拜伦的黑骑兵'。你们一定会听到我们的英雄事迹的。"谁也想不到，多年后这个梦想真的实现了，拜伦成为了希腊民族解放运动的领袖，成为了一名为理想而战斗的勇士。

拜伦入学时的学习成绩并不是很好，但他依然没有放弃阅读。在校园里经常看到他手捧历史故事书认真地看，他尤其喜欢《一千零一夜》。在母亲和家庭教师的培养下，小拜伦养成了爱阅读的好习惯。

10岁的时候，拜伦继承了家族世袭的爵位及产业，成为拜伦第六世勋爵。

13岁的时候，拜伦进入了在英国非常有名的哈罗中学。在那里，高年级的同学经常欺负他，嘲笑他的跛脚。在学校，除了广泛阅读和善于谈吐之外，拜伦的好斗也是非常有名的。每当有人欺负他或者嘲笑他时，他总会非常勇敢地打败对手。这种勇气与好斗是他一生最大的特点。

拜伦还是一个富有同情心的人。一天，拜伦看见高年级的学生对瘦弱的罗伯特拳打脚踢，虽然知道自己打不过几个高年级的学生，但依然勇敢地走了上去，想要替弱小的罗伯特分担痛苦。拜伦勇敢的精神博得了全校师生的称赞，从此没有人再欺负他了。罗伯特也成了拜伦的好朋友，再到后来罗伯特竟然成了英国的首相。

酷爱阅读的拜伦上大学的时候就出版了他的第一部诗集《闲散的时光》，后来又创作了很多歌颂自由的诗歌。拜伦不仅是一个伟大的诗人，还是一个为民主、理想而战斗了一生的勇士——他积极地参加希腊民族解放运动，最终为希腊人民的独立自由献出了自己的生命。

天才炼成的秘诀

◆ 天才经历启示/告诉爸爸妈妈

1.由于拜伦的父母关系不和，因此家里经常充满了父母吵架的声音。拜伦2岁的时候，父母分居，不久他的父亲就死在了国外。对幼小的拜伦而言，这种成长环境对他是没有好处的，在这样的家庭环境下成长，拜伦的身心受到了很大的伤害。所以，家长一定要引以为戒，要给孩子创造一个和谐、温馨、快乐的家庭环境。

2.由于父亲的去世对母亲造成了沉重的打击，加上生活变得日益拮据，拜伦的母亲性格变得喜怒无常，经常无缘无故地大发脾气，有时候还会随手抓起东西扔向小拜伦。在这种成长环境下，小拜伦肩负着沉重的负担，性格变得忧郁、暴躁和孤僻。由此可见，家长的行为对孩子的影响是非常大的。所以，家长要从中吸取教训，要尊重孩子，不能随意向孩子发脾气，那样对孩子的身心健康没有好处。

◆ 天才经历启示/告诉孩子

由于天生残疾，小拜伦是一个自尊心很强的孩子，每当他听到人们议论自己的时候，就变得特别敏感，尤其是听到别人说自己是跛脚的时候，就认为别人在侮辱自己，因此不依不饶。由此可见，拜伦是一个自尊心比较强的孩子。我们要维护自己的自尊心，但也要学会把自尊心变为前进的动力，不能让敏感的自尊心摧毁自己的斗志。

趣味链接：

愈挫愈勇的拜伦

拜伦由于从小跛足，体质虚弱，因此进入学校后经常受到同学的欺负。

一次，拜伦看别人打球，一个叫印司的同学故意拉他上场。尽管拜伦一再推让，但印司并不放过他，甚至找来一个竹篮子，把拜伦的一只脚放进去，让他一瘸一拐地绕着场地走了一周。在场的同学都笑得前仰后合，拜伦心里难受极了。

于是，从那以后他开始锻炼身体，打球、游泳、拳击等，参加各种运动。

不久之后，学校举行运动会，拜伦也参加了。在拳击比赛中，拜伦和印司正好分在一组。出乎意料，经过一番较量，拜伦把印司打倒在地了。

36. 法国伟大的批判现实主义作家——巴尔扎克

天才档案

全名：奥诺雷·德·巴尔扎克

民族/国籍：法兰西

出生地：法国 图尔城

生卒年月：1799年5月20日~1850年8月18日

父母职业：父亲（农民、金融实业家）母亲（不详）

兴趣爱好：阅读、写作

毕业院校：巴黎法律专科学校

成才之道：坚韧不拔的意志和争分夺秒的拼搏精神

主要成就：

1.巴尔扎克是法国19世纪伟大的批判现实主义作家，欧洲批判现实主义文学的奠基人和杰出代表。

2.巴尔扎克创作的《人间喜剧》共91部小说，分为《风俗研究》、《哲学研究》和《分析研究》三个部分，是人类文学史上罕见的文学丰碑，被称为法国社会的"百科全书。

3.代表作品：长篇小说《欧也妮·葛朗台》、《高老头》、《幻灭》、《农民》、《贝姨》等。

天才的成长故事

巴尔扎克出生在法国西部的图尔城，他的父亲是一个善变的农民，由于在资产阶级革命时期巧妙钻营，成了金融实业家。父亲平时没时间照顾家庭，而母亲对巴尔扎克也非常冷漠，平时不管不问。因此，巴尔扎克幼年时期几乎没有享受到家庭的温暖。

巴尔扎克8岁的时候，被送到了一所寄宿学校读书。在寄宿学校，巴尔扎克过着管教极其严格的幽禁生活：学校的制度非常古板，学校的教师冷漠无情。

在学校，巴尔扎克不能大声说话，不许随便走动。回到家后，他也享受不

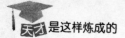

到父母的宠爱，得到的却是来自父母的白眼和呵斥。因此，他便到阅读中寻找乐趣。

在学校，巴尔扎克是一个比较调皮的孩子，他对学习成绩并不在意，而且不喜欢规行矩步，因此经常惹老师生气，被老师关在小黑屋里反省。老师的做法深深地伤害了巴尔扎克的自尊心，也激起了他强烈的叛逆心理。

幸运的是，学校新来的一位老师比较喜欢巴尔扎克，对他非常好，经常给他补习功课。一天，老师把他叫到办公室，递给他一本法国历史书："这本书你拿回去好好看看，一周以后还给我。"

让老师感到惊奇的是，只过了三天巴尔扎克就把那本书看完了。惊讶之余，老师决定考考这个看书神速的学生。结果，巴尔扎克把书中的内容都详细地说了出来。老师不知道，看似顽皮贪玩的巴尔扎克，实际上却有着非常好的记忆力和分析能力。他阅读的速度之所以非常快，是因为他读书的时候不仅善于抓住其主要内容，而且读完之后，对书中的人名、地名、故事经过等，都记得非常清楚。

通过这件事，老师了解了巴尔扎克超人的记忆天赋，非常高兴，决定好好栽培这个爱读书的学生。于是，老师对巴尔扎克说："以后你想看什么书，尽管找我。"

从那以后，巴尔扎克经常去找老师借书看，他广泛涉猎，哲学、历史、神学等各方面的书都爱看，尤其喜欢读文学名著。通过广泛的阅读，巴尔扎克积累了非常丰富的知识，为他日后进行文学创作打下了坚实的基础。

12岁时，巴尔扎克的文学才能得到了展现，那时候他写了一篇关于人的心理和生理关系的文章《意志论》。结果这篇文章深得同学们的喜欢，一时之间轰动了学校。这让巴尔扎克看到了自己的写作能力，从那以后，他开始着手写一些短篇小说，渐渐走上了文学创作的道路。

后来，14岁的巴尔扎克离开寄宿学校，15岁的时候随着父母迁往巴黎，他以超人的耐力完成了中学的学业，然后顺利地进入了大学学习法律。在校期间，巴尔扎克到律师事务所做文书，这让他充分地了解有很多法律治不了的万恶之事，为他日后的文学创作提供了丰富的素材。

经过不断的努力，巴尔扎克陆续完成了以《人间喜剧》为题的91部小说。这些小说被人称为法国社会的"百科全书"，生动、形象地反映了19世纪上半叶法国社会的生活，确立了巴尔扎克在法国和世界文学史上的地位。

天才炼成的秘诀

◆ 天才经历启示/告诉爸爸妈妈

1.巴尔扎克的父亲平时没时间照顾家庭，而母亲对巴尔扎克也非常冷漠，平时不管不问。因此，巴尔扎克幼年时期几乎没有享受到家庭的温暖。虽然生活在这种家庭环境下，巴尔扎克依然凭着自己的努力最终取得了成功。但是，如果巴尔扎克的父母能够多给他一点儿关爱，是不是他成才的道路就不那么曲折了呢？所以，家长应该从中得到启示，一定要给孩子创造一个温馨、和谐的家庭环境，平时要多关心孩子的生活，这对孩子的成才会有一定的帮助。

2.学校的新老师了解了巴尔扎克超人的记忆天赋，非常高兴，决定要好好栽培这个爱读书的学生，因此非常支持巴尔扎克读书。从那以后，巴尔扎克经常找老师借书看，他广泛涉猎，通过阅读积累了丰富的知识，为日后的文学创作打下了坚实的基础。

由此可见，老师对巴尔扎克的培养，对他的成才有着非常重要的影响。虽然说家长不能像老师那样给孩子比较专业的教育，但不妨像巴尔扎克的老师那样，支持孩子广泛阅读，让孩子多读一些课外书，这会让孩子受益匪浅。

◆ 天才经历启示/告诉孩子

我们知道巴尔扎克从小就生长在一个得不到关心的家庭环境中，可以说从小便受到了很大的挫折，但他凭着坚强的意志和不懈的奋斗精神，经过探索和磨炼，最终走上了现实主义文学创作的道路。因此，我们不管想要在那一方面取得成功，都要有坚忍不拔的意志和争分夺秒的拼搏精神。

趣味链接：

巴尔扎克和小偷的对话

巴尔扎克虽然是一个很有名的大作家，收入不菲，但由于他生活比较奢侈浪费，因此常常入不敷出，生活非常拮据。

一天晚上，巴尔扎克醒来的时候发现有个小偷正在翻他的抽屉，不禁大笑起来。小偷问他笑什么，他说："我白天翻了很长时间都没有找到钱，你在黑夜里还能找到什么。"小偷自讨没趣，想要离开，这时巴尔扎克又说："走的时候顺便把门关上。"小偷向门边走去，巴尔扎克又幽默地解释说："门不是用来防盗的，而是用来挡风的。"

37. 俄国文学之父——普希金

天才档案

全名：亚历山大·谢尔盖耶维奇·普希金

民族/国籍：俄罗斯（兼有黑人血统）

出生地：莫斯科

生卒年月：1799年6月6日~1837年1月29日

父母职业：父亲（军官）母亲（家庭主妇）

兴趣爱好：听故事、阅读、写作

毕业院校：皇村学校

成才之道：拥有良好的阅读习惯，涉猎广泛

主要成就：

1.普希金是19世纪俄国浪漫主义文学的主要代表，同时也是俄国现实主义文学的奠基人，现代标准俄语的创始人。

2.普希金擅长各种文学体裁，创立了俄国民族文学和文学语言，在诗歌、诗剧、小说乃至童话等文学领域都给俄罗斯文学提供了典范，被誉为"俄国文学之父"、"俄国诗歌的太阳"。

3.代表作主要有：诗体小说《叶甫盖尼·奥涅金》，中篇小说《上尉的女儿》，童话诗《渔夫和金鱼的故事》，政治抒情诗《致大海》，叙事长诗《青铜骑士》、《高加索俘虏》，爱情诗《我记得那美妙的一瞬》。

天才的成长故事

俄国浪漫主义诗人普希金出生于莫斯科的一个贵族家庭，从小便在富裕的家庭环境中成长。

由于父母整天忙于外出交际，因此很少有时间照顾小普希金。小普希金是在

两位忠实的仆人的陪伴下度过童年的，男仆尼基塔为人老实，会弹吉他，经常把民间故事编成诗歌，边弹吉他边唱给普希金听。另一位是普希金的奶妈，她哺育普希金长大，给了他很大的温暖。农奴出身的奶妈非常疼爱小普希金，在生活中经常给他讲民间的故事和传说，这使得小普希金从小便接触了丰富的俄罗斯语言，对文学创作产生了浓厚的兴趣。这些古老的故事深深地刻在了普希金的心里，成为他日后创作的源泉。

普希金从小便在浓厚的文学氛围中长大，他的父亲非常喜欢文学，伯父也是一位诗人。父亲结交了很多文学名流，家里经常来一些作家或者诗人。每当大人侃侃而谈的时候，普希金总是静静地坐在旁边，认真地聆听。家里藏书也非常丰富，父亲的书房里收藏着很多名人著作，小普希金在这里尽情浏览，广泛涉猎，读了荷马史诗、百科全书、伏尔泰的著作等很多书。虽然年幼的普希金对有些书一知半解，但他仍然看了一本又一本。

为了更好地教育普希金，父亲给他请了法国家庭教师，让他接受贵族教育。在浓厚的文艺氛围的熏陶和父亲的影响下，8岁的时候他就开始用法文写诗。在家庭教师的教育下，他的法语和俄语一样讲得非常好，11岁的时候普希金几乎浏览了大部分的法国文学作品。后来，他和小伙伴一起排练了他的童年作品《掠夺者》，大人看过之后简直不敢相信小小年纪的普希金竟能写出诗歌剧本来。

12岁时，普希金进入彼得堡的皇村中学——当时比较开放的贵族学校学习。在这里，普希金受到了民主主义思想的熏陶，开始了文学创作生涯。第二年，法国入侵俄国，俄国人民团结一起，奋起反抗，给普希金留下了深刻的印象。在此期间，普希金写下了很多爱国诗篇，他的诗歌才华初露锋芒。15岁的时候，普希金正式发表了《皇村的回忆》一文。

后来，普希金从皇村中学毕业，到外交部任职。此后他结识了一些十二月党人，写下了很多歌颂自由、抨击农奴制度的诗歌。他的作品给在沙皇黑暗统治下的俄国人民带来了希望，使他们看到了光芒。

天才炼成的秘诀

◆ 天才经历启示/告诉爸爸妈妈

1.从普希金的故事中，我们知道普希金的父母整天忙于外出交际，因此很少有时间照顾小普希金。小普希金是在两位忠实的仆人的陪伴下度过童年的。事实上，仆人对普希金的呵护与陪伴也激发了他对文学的兴趣。家长是孩子的第一任老师，教育孩子是家长不可推卸的责任。因此，家长要在给孩子创造良好成长条件的同时，重视对孩子的教育，要多抽些时间陪伴孩子，这样更利于孩子的成长。

2.普希金有机会和小伙伴一起排练了他的童年作品《掠夺者》，结果大获成功，普希金得到了很多人的称赞。由此，普希金的自信心得到了增强，进行文学创作的积极性提高了。所以，家长要多给孩子创作机会，让孩子积极地表现自己，在成功的喜悦中提高孩子的自信心。

◆ 天才经历启示/告诉孩子

普希金之所以能够成为文学天才，和他从小养成的阅读习惯有着重要的关系。普希金从小就在浓厚的文化氛围的熏陶中成长，家中藏书也很丰富，因此他从小就养成了良好的阅读习惯。阅读对一个人的成长有着重要的作用，这是众所周知的事情。因此，我们也要像普希金那样，从小就养成良好的阅读习惯，广泛涉猎，尽情浏览，这会促使我们早日成才。

趣味链接：

"我不知道您正怀着孩子"

大诗人普希金年轻的时候非常喜欢跳舞，那时候他并不出名。一次，在彼得堡参加一个舞会，普希金有礼貌地邀请一位年轻漂亮的贵族小姐跳舞。可是，那位小姐高傲地看了普希金一眼，面无表情地说："我不能和小孩子一起跳舞！"

普希金并没有生气，他灵机一动，微笑着说道："对不起，亲爱的小姐，我不知道您正怀着孩子呢。"说完，普希金很有礼貌地鞠了一躬，然后淡定地离开了舞厅。

38. 15岁获奖的天才作家——雨果

天才档案

全名：维克多·雨果

民族/国籍：法兰西

出生地：法国 贝桑松

生卒年月：1802年2月26日~1885年5月22日

父母职业：父亲（军官）母亲（不详）

兴趣爱好：读书、写诗

毕业院校：法兰西学院

成才之道：天资聪慧、勤奋好学

主要成就：

1.雨果是法国浪漫主义文学运动领袖，是法国文学史上最重要的作家之一，也是一个卓越的资产阶级民主作家，被人们尊称为"法兰西的莎士比亚"。

2.雨果的创作历程超过60年，一生创作了大量的诗歌、戏剧以及小说等作品，代表作主要有：《巴黎圣母院》、《悲惨世界》、《九三年》、《海上劳工》。

雨果的创作思想主要贯穿了人道主义、以爱制"恶"、反暴力等，剧本《欧那尼》确立了浪漫主义在法国文坛上的主导地位。

天才的成长故事

1871年的一天，在巴黎法兰西学院的会议室里，本年度诗歌比赛文艺奖的评比工作正在紧张地进行着。此时，几十位老院士正在围绕着一篇题为《学习之益》的稿子争论不休。他们一致认为这篇作品完全可以获奖，但是对于该文作者的年龄却一直心存怀疑。他，就是法国著名的大作家雨果，当时他只有15岁。

当雨果被褒奖和称赞的气氛所簇拥的时候，他首先想到的就是自己的母亲。没错，他正是在母亲的引导和培育下，靠着自己的勤奋与智慧叩开了文学殿堂的大门。

雨果的父亲是一位军人，祖辈几代人没有一个是从事文学创作的。儿时的雨果经常和母亲随着父亲转战南北。在他童年的记忆里，经常会和身着戎装的军人叔叔们玩笑打闹，在枪声弹雨以及军号声中入眠。动荡不安的生活，让雨果养成了乐观开朗和不畏艰难的良好性格。

雨果的母亲性格坚定，追求自由，不受拘束，对雨果思想品德的教育非常严格。一次，雨果看到有的同学穿着时髦的衣服，便动了心，忍不住向母亲提出买衣服的要求。一向在精神方面对孩子有求必应的母亲，此时却很不以为然地对雨果说：一个人的价值在于自己的才学，而不是衣饰。在这件事上，雨果受到了严格的教育，也让他养成了良好的品质。

雨果的母亲非常喜欢读书，看到母亲看书看得那么入迷，天资聪慧的雨果也逐渐对文学产生了兴趣。雨果的母亲也非常希望雨果将来能够成为一位大作家，因此在日常生活中便让雨果和弟弟一起待在房间里自由地写作。

而且，母亲还有意识地给雨果提供读书的机会。为了让雨果读更多的书，母亲还在一个阅览室里注册，经常打发雨果兄弟两个去帮自己挑书。在这里，雨果发现了卢梭、伏尔泰等人的著作。正是在母亲的引导下，雨果才会对文学产生兴趣，才能有机会广泛涉猎各种读物，这为他后来的创作提供了丰富的题材。

雨果12岁的时候，回到巴黎读书。他非常喜欢写诗，可是学校的老师却不允许，经常用大量的习题压制学生。雨果的母亲认为写诗是孩子正当的兴趣，因此给了雨果很大的支持，鼓励他抛开那些没用的习题，从事自己喜欢的诗歌创作。此外，母亲还经常和他一起探讨诗歌，推敲文字，共同商讨怎样才能把诗歌写得更有文采。在母亲的勉励下，雨果在3年的时间里写了大量的诗歌。正是母亲的支持，才造就了后来的文学天才。

雨果15岁的时候，参加法兰西科学院的征文，不仅获奖了，而且还得到了1000法郎的奖学金。这件事大大地增强了雨果的自信心，提高了他的创作热情。17岁的时候，雨果用一夜之间写出的诗参加比赛，获得了一等奖的好成绩。20岁的时候，雨果就出版了诗集《颂诗集》。

从雨果的成长经历中我们可以看出，正是在母亲的辛勤教育下，雨果的文学种子才会得到滋养、茁壮地成长；正是母亲这位"文艺女神"，培养造就了文学天才雨果。

天才炼成的秘诀

◆ 天才经历启示/告诉爸爸妈妈

1.雨果的母亲性格比较坚定，追求自由，这在一定程度上影响了雨果的性格，对他在文学上的创作很有好处。母亲对雨果思想品质的教育非常严格，及时地纠正他攀比的不良思想举动。这件事让雨果养成了良好的品质，并且还让他学会了要和自己比。家长也要像雨果的母亲那样，教育孩子做一个不攀比的人，学会和自己比，这样不仅可以杜绝孩子养成虚荣的坏习惯，而且还有助于孩子学会严格要求自己，这对孩子的成长很有好处。

2.雨果非常喜欢写诗，可是学校的老师却不支持。这时候雨果的母亲并没有和学校站到一条"战线"上压制孩子，让孩子好好学习，而是支持孩子的兴趣，鼓励孩子从事自己喜欢的文学创作。现实生活中，家长也要在尊重孩子的基础上培养孩子的兴趣，注重孩子潜能的开发，不能为了分数而扼杀孩子的兴趣。

◆ 天才经历启示/告诉孩子

雨果能够成为15岁就获奖的文学天才，除了母亲的引导，还和他自己的勤奋与智慧有关，这两者都是雨果成功的重要条件。对于今天的我们而言，想要获得成功，就必须像雨果那样，为了自己的理想而付出不懈的努力。

趣味链接：

一无是处

法国伟大的作家雨果，非常不喜欢歌德。有一次，雨果当着很多人的面说道："歌德除了《强盗》之外没有写过任何东西，只有这个值得一读。"有位听众当场指出：《强盗》是席勒写的，不是歌德的作品。机智的雨果却回答说："瞧吧，甚至这个作品，也是席勒的。看来歌德真是一无是处啊。"

39. 世界童话大王——安徒生

天才档案

全名：汉斯·克里斯蒂安·安徒生

民族/国籍：丹麦

出生地：丹麦 费恩岛 奥登塞小镇

生卒年月：1805年4月2日~1875年8月4日

父母职业：父亲（鞋匠）母亲（洗衣工）

兴趣爱好：爱幻想，喜欢演戏，自幼酷爱文学

毕业院校：哥本哈根大学

成才之道：百折不挠的精神和勇气，对文学的喜欢与追求

主要成就：

1.安徒生是丹麦19世纪著名的童话作家，世界文学童话的创始人。

2.他创作的童话被称作"安徒生童话"，共写了168篇童话及故事，作品被译为150多种语言。著名的童话故事有：《卖火柴的小女孩》、《丑小鸭》、《拇指姑娘》、《小锡兵》等。

天才的成长故事

世界童话大王安徒生出生在一个穷困家庭。他的父亲是一个鞋匠，母亲是一个洗衣妇，一家人经常为了生计而发愁。虽然家里一贫如洗，但是一家人相亲相爱，安徒生从小在父母的疼爱中长大。

父亲在贫困的生活中并没有忘记对安徒生的启蒙教育。尽管家里只有一间空间狭小的房子，但是父亲却为安徒生布置成了一个充满艺术情调的环境：墙上挂着很多图画及瓷器等装饰品，柜子上还有一些玩具，小书桌上放着各种书籍和歌谱，门玻璃上也画着一幅风景画。

父亲在工作之余也会抽时间陪伴安徒生，经常给他讲《一千零一夜》等故事，有时还会给他读一些丹麦著名喜剧作家荷尔堡的剧本，或者讲一讲莎士比亚

的戏剧故事。这些故事启发了安徒生，让他浮想联翩，他经常情不自禁地把大人讲过的故事通过自己的想象演绎出来。

安徒生本来就是一个喜欢幻想的孩子，他经常根据身边的人和物编织出稀奇古怪的故事。有时，他把自己当做导演，把父亲雕刻的木偶想象成戏中的人物，然后在母亲的帮助下用零碎布片给小木偶缝了一些衣服，把木偶扮成讨饭的穷苦孩子、欺压百姓的王公贵族等，他编排了一幕又一幕的木偶戏。安徒生的木偶戏编演得非常好，引得附近的小伙伴都过来观看。在父母的教育下，安徒生的想象力得到了良好的发展。

为了开阔安徒生的眼界，丰富他的精神世界，父亲经常带着他走街串巷，让他仔细地观察各种人的不同生活状态。

后来，安徒生的父亲去世了，安徒生又有了继父。但是，继父并不喜欢安徒生，加上安徒生因为穿得不好，经常受到同学的歧视，因此他的心情一直不好。

一天，首都的一个剧团到小镇上演出。安徒生连忙赶过去观看，他看到在台下非常普通的人，经过一番打扮，到了台上就变成了国王、公主等不同的角色，这让他感到非常好奇，也给他带来了很大的惊喜。

安徒生情不自禁地想这才是自己应该发展的方向。正好剧团缺少群众演员，于是安徒生就进去尝试了一番，在戏中他演一个马夫。虽然只是一个小角色，但这毕竟是安徒生第一次登台演出，他既紧张又兴奋，到了台上稀里糊涂地表演，一场戏很快就结束了。

有个演员对他开玩笑，说他演得非常好，都可以到首都皇家剧院里登台表演了。没想到别人开玩笑的一句话却让安徒生动了心。他劝服母亲后，拿着30个银币就动身去了首都。这一年安徒生只有14岁。

到了首都，安徒生四处碰壁，费尽周折最终进了一所歌唱学校学习。但好景不长，安徒生却因为一场病，使其声带受到损坏，结果演戏和唱歌的梦想都破灭了。经过苦思冥想，安徒生突然明白自己所要追求的"神灯"不是演员，也不是歌唱，而是文学。他相信只要有百折不挠的精神和勇气，加上自己一颗真诚的心灵，他一定能够登上文学的顶峰。

于是，安徒生开始写童话故事。经过不懈的努力，安徒生终于实现了自己的理想，攀上了文学的巅峰，创作出很多脍炙人口的童话故事，被人们称为"童话大王"。

天才炼成的秘诀

◆ 天才经历启示/告诉爸爸妈妈

1.我们知道世界童话大王安徒生出生在一个穷困家庭。他的父亲是一个鞋匠，母亲是一个洗衣妇，一家人经常为了生计而发愁。虽然家里一贫如洗，但是一家人相亲相爱，安徒生从小在父母的疼爱中长大。在这种家庭环境下，安徒生从小就养成了积极乐观的心态和性格。可以说，这是安徒生能够成为童话天才的一个重要原因。正是具有这种心态，安徒生才能坦然地面对生活中的挫折，并勇敢地战胜挫折，实现自己的理想。因此，家长一定要像安徒生的父母那样，不管家庭条件如何，一定要给孩子营造一个和谐、积极的家庭环境，把孩子培养成为一个积极乐观的人。

2.父亲在贫困的生活中并没有忘记对安徒生的启蒙教育。父亲把房间布置成了一个充满艺术情调的环境：墙上挂着很多图画及瓷器等装饰品，柜子上还有一些玩具，小书桌上放着各种书籍和歌谱，门玻璃上也画着一幅风景画。这种环境对安徒生的艺术修养的培养非常有好处。而后来听故事的经历和编戏、演戏经验的积累，又为安徒生日后的童话创作奠定了坚实的基础。

兴趣是最好的老师。但是我们也知道，孩子拥有了兴趣并不等于拥有了一技之长，关键在于家长是如何教育引导的。因此，当孩子产生兴趣之后，家长要让孩子在兴趣中找到努力地方向，帮孩子找到获得成功的舞台，这才是家庭教育的宗旨所在。

◆ 天才经历启示/告诉孩子

安徒生登台表演后，有位演员和他开玩笑，可是安徒生却从中找到了自己的方向。尽管只有14岁，但他毅然地离开了家长，动身去了首都。虽然在首都四处碰壁，但他最终还是找到了自己的努力方向——文学创作。经过不懈的努力，安徒生终于实现了自己的梦想，登上了童话故事的巅峰，成为童话大王。因此，我们也要像安徒生那样，要善于从生活中找到自己的方向，并且要为了实现自己的梦想而拼搏，不管遇到什么困难都不要轻言放弃。

趣味链接：

帽子和脑袋

世界童话大王安徒生平时生活非常艰苦，也不注重自己的衣着打扮，经常戴着一顶破帽子在街上走。

一天，一个过路的人嘲笑安徒生："瞧瞧你脑袋上边的那个东西是什么，那能算是帽子吗？"安徒生却回敬道："看看你帽子下边的那个东西是什么，那能算是脑袋吗？"

40. 世界上的"文学泰斗"——托尔斯泰

天才档案

全名：列夫·尼古拉耶维奇·托尔斯泰

民族/国籍：俄罗斯

出生地：俄国图拉省 克拉皮文县 亚斯纳亚·波利亚纳

生卒年月：1828年9月9日~1910年11月20日

父母职业：父亲（军人，获中校军衔）母亲（不详）

兴趣爱好：幻想、游玩、阅读、写日记

毕业院校：喀山大学（后来退学）

成才之道：父亲的教育、丰富的阅读与写日记的好习惯

主要成就：

1.他的文学作品在世界文学中占有重要的地位，代表作主要有长篇小说《战争与和平》、《安娜·卡列尼娜》、《复活》等以及自传体小说三部曲《童年》、《少年》、《青年》。

2.托尔斯泰还创作了大量童话，以一生的辛勤创作，登上了当时欧洲批判现实主义文学的高峰。

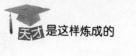

天才的成长故事

列夫·托尔斯泰是俄国伟大的文学泰斗，他的作品对欧洲文学产生了巨大的影响，是批判现实主义文学最伟大的作家之一。

1828年9月9日，托尔斯泰出生于俄国图拉省克拉皮文县的雅斯纳亚·波利亚纳的一个贵族家庭。令人遗憾的是，托尔斯泰的母亲在他不到2岁的时候就离开了人世。

托尔斯泰小的时候很喜欢和哥哥们到野外去玩：夏天的时候他们经常到一个大水塘去，兄弟几人经常在水塘里打水仗，或者用纱网捞鱼，玩得不亦乐乎；冬天的时候，他们就到山坡上去滑雪橇。一次，他们在山上滑雪撬的时候，托尔斯泰从山坡上滚了下来，这把哥哥们吓了一跳，可是托尔斯泰一骨碌从雪地里爬起来，笑着说玩得很过瘾。

小托尔斯泰还是一个非常喜欢幻想的孩子。他经常站在阳台上，羡慕地望着天空中自由自在的小鸟儿。看着飞翔的小鸟儿，他想如果人张开双臂，就像小鸟张开翅膀飞翔一样，是不是也能飞起来呢？想着想着，他张开双臂纵身一跃。结果可想而知，他重重地摔在了地上，幸亏楼层不高，家里人发现得早，才没有酿成严重的后果。不过，父亲并没有严厉斥责托尔斯泰，反而很好地保护了他的想象力。

托尔斯泰的父亲非常重视对孩子的教育，并且请了家庭教师教他们学习文化知识。托尔斯泰聪明好学，六七岁的时候就能写很多字了。更为重要的是，在父亲的严格教育下，他养成了良好的习惯——记日记，他每天都会把有趣的事情记下来。9岁的时候，托尔斯泰还专门写了一本《外祖父的故事》，把外祖父打仗时候的经历和有趣的故事都记了下来。

托尔斯泰的父亲为人和蔼，懂得与人交往，被大家所称赞。托尔斯泰的父亲非常喜欢音乐，相对于深奥难懂的奏鸣曲，他父亲更喜欢那些自己能够伴奏的小品，时常哼一哼朋友所作的浪漫歌曲，而这些，托尔斯泰也非常喜欢。

托尔斯泰的父亲还是一个非常喜欢读书的人，家里的书房里摆满了法国古典文学、俄国文学以及科技等方面的书籍。显而易见，这些书籍对托尔斯泰的成长起到了非常积极的作用。为了督促托尔斯泰，父亲要求他必须把以前买的书读完才能买新书。

父亲非常喜欢读传记以及诗歌，而托尔斯泰也经常让父亲给他讲故事或者读诗。有时候父亲像老师那样，朗读一些普希金的诗给托尔斯泰听，然后让他跟着朗读。

此外，父亲有时还会教孩子们画画。虽然他并不是一位画家，但是在托尔斯泰眼中父亲的画比任何画家的画都要好。教托尔斯泰画画的时候，父亲总是努力做到有耐性、有教养，同时对托尔斯泰也非常温和。

为了让孩子们受到更好的教育，父亲就带着托尔斯泰几个孩子来到了莫斯科。托尔斯泰被大城市里美轮美奂的建筑、繁华的市景吸引了，这让他大开眼界。后来父亲突然去世，姑姑带着托尔斯泰到了省里的经济文化中心——喀山。经过努力，托尔斯泰终于考上了喀山大学，然而最终因为对学校枯燥的课程不感兴趣而选择了退学。

从那以后，托尔斯泰天天把自己关在书房里，每天以书为伴，阅读量大大提高。经过几年的积累，他终于写出了震惊中外的文学作品，感动了一代又一代人。

天才炼成的秘诀

◆ 天才经历启示/告诉爸爸妈妈

1.托尔斯泰在父亲的严格教育下养成了写日记的好习惯，每天都会把有趣的事情记下来，这为他日后走上文学之路奠定了良好的基础。写日记是一个好习惯，可以提高一个人的文学素养，提高一个人的文学功底，可以让人抒发心理感受，也有利于心理健康。因此，家长一定要让孩子在小的时候就养成天天记日记的好习惯，这会让孩子受益匪浅。

2.我们知道小托尔斯泰还是一个善于幻想的孩子。当他因为幻想而学小鸟飞，从楼上摔下来后，父亲并没有批评斥责他，这种做法很好地保护了孩子的想象力。家长也要像托尔斯泰的父亲那样，要尊重孩子的"异想天开"，保护孩子的想象力。

◆ 天才经历启示/告诉孩子

我们知道托尔斯泰小的时候非常喜欢和哥哥们一起到野外去玩，无论是炎热的夏天，还是寒冷的冬天。可以说，托尔斯泰小时候的这些经历对他以后走上文学之路也是很有帮助的。因此，在学习压力比较大的今天，我们也要从小多参加户外活动，这样不仅能够得到很多乐趣，还有利于陶冶我们的情操。

天才是这样炼成的

趣味链接:

钓鱼的乐趣

俄国大文学家列夫·托尔斯泰很喜欢钓鱼，但正如醉翁之意不在酒，他钓鱼的乐趣也不在于鱼，而在于享受钓鱼过程中的宁静与思考。

一次，托尔斯泰到黑海休假时去钓鱼，他非常轻松地躺在藤椅上，一手拿着啤酒，另一手捏着大烟斗，而钓鱼竿则用一根手杖支撑着。

一名垂钓者经过托尔斯泰旁边的时候问他今天运气如何，只听托尔斯泰回答："还不错，到现在鱼还没有打扰我呢。"

41. 法国短篇小说巨匠——莫泊桑

天才档案

全名：居伊·德·莫泊桑

民族/国籍：法国

出生地：法国 诺曼底省 狄埃卜城

生卒年月：1850年8月5日~1893年7月6日

父母职业：父亲（经纪人）母亲（文学爱好者）

兴趣爱好：与人交往，接近大自然，划船、游泳、写作

毕业院校：巴黎大学法学院

成才之道：母亲和老师良好的教育，自身刻苦的学习

主要成就：

1.莫泊桑是19世纪后半期法国优秀的批判现实主义作家，一生创作了350多篇中篇小说和6部长篇小说，代表作品主要有：《项链》、《我的叔叔于勒》、《羊脂球》、《漂亮朋友》等。

2.莫泊桑文学成就以短篇小说最为突出，与契诃夫和欧·亨利并称"世界三大短篇小说巨匠"，被誉为"短篇小说之王"。其长篇小说也有亿万读者，并不断被改编成电影，风靡全球。

天才的成长故事

莫泊桑出生在一个没落的贵族家庭里，出生不久父母便分居了，他和母亲长期住在海边的一个别墅里。

幼年时期的莫泊桑喜欢在附近的苹果园里游玩，他经常去草原观看猎人打猎，有时还会和当地的农民、渔夫、猎人在一起聊天，经常帮他们干活……这些经历使莫泊桑从小就熟悉了农村生活，这些生活中的情景成了他日后写作小说的素材。

莫泊桑的母亲罗拉出身于书香门第，喜欢文学，对文学作品有自己独到的见解。她看到童年的莫泊桑聪明伶俐，活泼可爱，心里感到非常欣慰。同时，罗拉也发觉小莫泊桑具有诗人般的热情和丰富的想象力，坚信只要教育得法，儿子将来在文学事业上一定会有所成就，因此决心好好培养他。

母亲一直都在用全部的母爱来教育莫泊桑，在他的文学创作之旅中，母亲是他的第一位老师。从莫泊桑童年起，母亲就着手培养他的写作能力。在生活中，母亲精心地引导着莫泊桑，让他在大自然中学会观察细节，鼓励他用丰富的语言描述自己的所见所闻。

母亲对小莫泊桑抱着很大的期望，莫泊桑上小学之后不久，母亲就开始教他写诗，此时的母亲既是莫泊桑最忠实的读者，也是对他要求最严格的老师。

后来，13岁的莫泊桑进了神学院读书，他为了打发枯燥的学校生活，开始大量写诗，甚至写一些反映自己对神学院生活厌烦的诗歌。对他的"越轨之举"，母亲给予了理解与鼓励。

与此同时，母亲也加紧了对莫泊桑的辅导，培养他更深层的文学兴趣。她鼓励莫泊桑多写一些东西，并且对儿子的所有作品，即使只言片语，也会一一过目，认真修改，仔细保留。在母亲的严格要求与自己的不断努力下，莫泊桑的写作水平有了很大提高。

渐渐地，母亲明显感到自己的能力有限，单靠自己的水平不足以教育好莫泊桑。于是，母亲开始到处打听，决定给莫泊桑找一个好老师。

开始，母亲特地拜访了巴那派的一位诗人，请他辅导莫泊桑写作。在这位著名诗人的指导下，莫泊桑学会了进行多种体裁的文学创作，为走上文学之路打下了良好的基础。后来，这位诗人不幸猝然谢世，罗拉又给莫泊桑找了另一位名师——著名的文学家福楼拜。

福楼拜对莫泊桑情同父子，用自己的心血和智慧把莫泊桑带进了文学创作的殿堂，使他走上了辉煌的成功之路。

天才炼成的秘诀

◆ **天才经历启示/告诉爸爸妈妈**

1.莫泊桑之所以能够在文学领域取得举世瞩目的成就，与母亲罗拉的熏陶、教育关系重大。母亲坚信只要教育得法，莫泊桑将来一定会有所成就，因此不遗余力地教育孩子，最终把莫泊桑培养成才。在心理学中，这就是"皮格马利翁效应"的典型表现，即家长对孩子期待的积极心态可以刺激孩子的智力发育，明显提高孩子的智力水平。家长不妨借鉴这一方法来教育自己的孩子，这样，你的孩子也会成才。

2.后来，罗拉感到自己能力有限，不足以更好地教育莫泊桑，便为他寻找更好的老师。事实证明，正是母亲的这一举措，使得莫泊桑在文学领域的潜能得以发挥出来，取得了飞速的进步，最终获得成功。虽然说在当今社会拜师学艺的事情并不常见，但是家长要为孩子的长远发展考虑，如果决定让孩子朝着某一方向发展，不妨像罗拉那样，为孩子选好一位老师，名师出高徒，这肯定会让孩子受益匪浅。

◆ **天才经历启示/告诉孩子**

如果说莫泊桑获得成功，一半来自于母亲和老师的良好教育，那么另一半则取决于他自己的刻苦练习。可以说，在走向文学之路的过程中，莫泊桑刻苦磨砺，写下了不计其数的稿子。在学习的过程中，我们也要像莫泊桑那样，勤奋学习，刻苦练习，只要方法得当，日积月累一定能够成功。

趣味链接：

留胡子的好处

莫泊桑是著名的短篇小说巨匠，他长着大胡子。

一天，莫泊桑遇到一位贵妇人。贵妇人非常傲慢地对莫泊桑说："别人都非常喜欢你的小说，可是我却认为你的小说没什么了不起。不过，你的胡子倒是挺好看，你留这么多胡子干什么呢？"

莫泊桑冷淡地回答："至少有一样好处，那就是给那些胸无点墨的人一个能够赞美我的理由。"

42. 俄国讽刺幽默大师——契诃夫

天才档案

全名： 安东·巴浦洛维奇·契诃夫

民族/国籍： 俄罗斯

出生地： 俄国 罗斯托夫省 塔甘罗格市

生卒年月： 1860年1月29日~1904年7月15日

父母职业： 父亲（小商人）母亲（不详）

兴趣爱好： 喜欢阅读，善于模仿，爱好戏剧、表演

毕业院校： 莫斯科大学

成才之道： 简洁（简洁是天才的姊妹）

主要成就：

1.契诃夫是19世纪末俄国伟大的批判现实主义作家，文笔犀利，情趣隽永，是幽默讽刺大师。

2.契诃夫还是短篇小说巨匠之一，他的小说短小精悍，结构严谨，情节生动，笔调幽默，语言明快，寓意深刻。代表作品主要有：《变色龙》、《小公务员之死》、《凡卡》等。

3.契诃夫后期的创作主要转向戏剧创作，反映了俄国1905年大革命前夕小部分资产阶级知识分子的苦闷和追求。

天才的成长故事

契诃夫出生在俄国一个小商人家庭，家境还算可以。

父亲希望契诃夫将来也能继承父业，因此要求小契诃夫只要不去上学，就必须到店里去当学徒。在父亲的小杂货店里，契诃夫什么都要做，接待顾客，打扫卫生，记账算账，等等。这样一来，契诃夫也深深地了解了杂货店的"内幕"：

父亲做生意总是以次充好，短斤少两。父亲的"生意经"让契诃夫感到很痛苦，他不喜欢父亲的这种行为，却又不能反对、阻止父亲。

进入中学后，契诃夫的表演才能逐渐显露。他平时很喜欢观察生活，对生活中一些可笑的事情总是很敏感。此时的契诃夫对戏剧也有着非常浓厚的兴趣。

那时候，社会上把戏剧看成是有伤风化的东西，因此不允许中学生进戏院看戏，除非得到校长的证明信。但是，契诃夫实在是太喜欢观赏戏剧表演了。不久，聪明的契诃夫便想到一条妙计：化妆进戏院看戏。

于是，每次进剧院之前，契诃夫都会精心乔装打扮一番：要么装扮成一个绅士，要么装扮成大胡子的老先生，然后混进剧院。有几次，化妆后的契诃夫大摇大摆地从学监面前走过，可是一直都没被发觉。他静静地坐在剧院里，聚精会神地欣赏《哈姆雷特》、《汤姆叔叔的小屋》等大作，这时候是他最幸福的时候。看着艺术家的出色演绎，契诃夫心中萌芽了将来自己也要写剧本的念头。

生活中，契诃夫也非常喜欢模仿社会上各色各样的人物，他的模仿不但形象举止惟妙惟肖，而且就连说话时的声音、表情都很逼真。有时候，他经常和哥哥在背后偷偷模仿父亲的怪癖举动，经常逗得自己捧腹大笑。父亲知道后从中看到了契诃夫超凡的表演能力，因此并没有批评他。正是在这样的生活环境下，久而久之，契诃夫化妆和表演的才能越来越高。

一次，契诃夫化装成了一个乞丐。他穿得破破烂烂，把自己整得蓬头垢面、不修边幅，然后敲开了叔叔家的大门。"可怜可怜我吧，好心的老爷。我的家乡遭了灾……"叔叔居然没有发现这是小侄子搞的恶作剧，便大发慈悲，给了他几个硬币。事后，契诃夫感到得意极了。

后来，契诃夫进入莫斯科大学学医，期间开始文学创作。大学时期，契诃夫就在写作上下了很大工夫。他一有时间便泡图书馆，后来感到学校图书馆里的文学书太少了，便步行到很远的县城图书馆去借书。他迫不及待地汲取着书中的营养，写作技巧提高了很多。大学毕业后在行医期间，契诃夫广泛接触平民、了解生活，这对他的文学创作同样有着非常重要的影响。

天才炼成的秘诀

◆ 天才经历启示/告诉爸爸妈妈

1.父亲希望契诃夫将来能够继承父业，因此要求他不上学的时候就去店里面当学徒。做学徒期间，契诃夫了解到父亲不齿的所作所为，也更加了解了生活底层人的真实生活，为他日后的创作提供了素材。由此我们想到，家长一定要给孩子做一个好榜样，坚持用正面的力量引导孩子，这样，孩子才能越学越好。

2.从另一个角度讲，契诃夫的父亲对他天赋的发掘还是起了一定的积极作用的。契诃夫在生活中非常喜欢模仿，经常模仿父亲的举动。父亲知道后并没有批评指责他，反而从中看出了他的表演能力。因此，家长要用欣赏的眼光看孩子，要善于看到孩子的闪光点，鼓励孩子，这样才是正确的教育之道。

◆ 天才经历启示/告诉孩子

我们知道契诃夫能够在创作上取得成功，除了他惟妙惟肖的表演天赋，还需要丰富的知识做积淀。契诃夫在学校的时候，经常挤时间泡图书馆，不断地汲取书中的营养，这使得他的写作技巧有了很大的提高。由此我们想到，时间总像海绵里的水，只要努力去挤，总会有的。因此，我们应该善于挤时间，更要善于有效利用时间，去做对人生有意义的事情。

趣味链接：

妻子和情妇

契诃夫非常喜欢自己的文学事业，同时，他也对自己医生的职业非常负责。契诃夫经常为穷人看病，帮他们解除痛苦。

后来，契诃夫出名后，每当有人夸赞他的文学作品时，契诃夫总是非常谦虚地回答："其实，我只是一名医生。"接着，契诃夫会半开玩笑地对别人说："如果说医生是我的妻子，那么文学就是我的情妇。"

43. 印度"诗圣"——泰戈尔

天才档案

全名：罗宾德拉纳特·泰戈尔

民族/国籍：孟加拉

出生地：印度 加尔各答市

生卒年月：1861年5月7日~1941年8月7日

父母职业：父亲（哲学家和社会活动家）母亲（家庭主妇）

兴趣爱好：绘画、阅读、诗歌、旅游

毕业院校：伦敦大学

成才之道：家庭环境的熏陶

主要成就：

1.泰戈尔是具有世界影响的作家、哲学家和印度民族主义者，1913年获得诺贝尔文学奖，是第一位获得诺贝尔文学奖的亚洲人。

2.泰戈尔是印度著名诗人，一生共写了50多部诗集，他的诗在印度享有史诗的地位，被称为"诗圣"，代表作主要有：《吉檀迦利》、《新月集》、《飞鸟集》等。

天才的成长故事

泰戈尔出生在加尔各答的一个文坛世家，从小便受到良好家境的熏陶。

泰戈尔的父亲平时潜心于哲学和对宗教著作的研究，对文学也很有兴趣。父亲温文尔雅，是众所周知的"大圣人"。在泰戈尔的成长历程中，父亲对他的影响无疑是深远的。

由于父亲的缘故，泰戈尔家中经常举行哲学讨论会、音乐会和诗歌朗诵会。很多著名的诗人、演员、音乐家和学者经常成为座上宾。此时，泰戈尔开明的父亲便会让孩子们自由发挥各自的特长，从不加限制。这个时期，正是泰戈尔性格形成的时期，无形之中，他从这个环境中汲取了丰富的智慧和艺术养分。

泰戈尔丰富的学识都源自于家庭环境的影响：他的长兄才华出众，是一位诗人和哲学家，另一个兄长懂得多种语言，是一个翻译家。泰戈尔的姐姐是第一位用孟加拉文写作的作家。五哥是一位音乐家、戏剧家，还是一位诗人和记者，对泰戈尔的才能非常欣赏，通过文学杂志引导泰戈尔走上了文学之路。在这样的家庭环境中成长，泰戈尔的聪明才智从小就得到了良好的培育。

泰戈尔是家庭中最小的孩子，因此他得到了家庭中每个成员的喜爱，父亲更是对他寄予了很大的希望。在泰戈尔3岁的时候，父亲就开始让他学画画和字母。虽然这时候的小泰戈尔只会在纸上乱涂乱画，但他对色彩非常敏感，在擅长绘画的哥哥的启蒙教育下，他进步非常快。

泰戈尔4岁的时候，父亲让哥哥教他音乐，同时让精通外语的姐姐教他学习英语。在一家人的共同努力下，小泰戈尔的进步非常快，6岁的时候，他不仅会画画、弹钢琴，而且还能说一口流利的英语。

接着，父亲又开始对小泰戈尔进行文学修养方面的教育。为了教育好儿子，父亲以自己的榜样作用来影响他。因此，每天早上，父亲都会把小泰戈尔叫醒，两人一起背诵古诗、散步。日常生活中，父亲经常为小泰戈尔朗读诗歌，虽然年幼的泰戈尔还不能理解诗歌中的具体含义，但他的心灵还是被深深地吸引了。

后来泰戈尔被送进学校，但因为受不了机械的教育制度，更不能容忍教师对学生的野蛮惩罚，便休学在家。对此，虽然父亲感到有些失望，但最终并没有强迫他返回学校，而是请人在家里教导他。在此期间，泰戈尔学习了历史、音乐及英国文学等知识，并且读了不少的诗歌，对诗歌的兴趣也逐渐增强。

在父亲的教育下，泰戈尔的求知欲望越来越浓了。可以说，父亲的精心指导让小泰戈尔迷上了诗歌。他饱读诗书，8岁时就写出了第一首诗，12岁时开始写剧本，15岁发表了第一首长诗《野花》，才华盖世的泰戈尔从此走上了文学创作的道路。

天才炼成的秘诀

◆ 天才经历启示/告诉爸爸妈妈

1.泰戈尔能够成为一位多才多艺的诗人，主要得力于父亲从小对他的熏陶教育以及家庭环境对他的影响。我们知道，泰戈尔从小便在父亲的精心教育下成长，再加上哥哥姐姐们的热情鼓励和正确引导，最终促使泰戈尔登上了诗歌的高

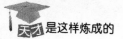

峰。家长是孩子的第一任老师，家庭是孩子的第一所学校，抓住了这两个关键条件，孩子将来一定能够成功。

2.泰戈尔的成功不仅仅是他个人的成功，也是父亲家庭教育的成功。开始，泰戈尔因受不了学校的机械、僵硬的教育模式而休学在家，父亲并没有强迫他返回学校，而是给他创造了更好的学习条件，请人在家教他。孩子的天分不同，个性不同，成才的道路也不同，有些孩子不太适合学校的教育模式。对此家长一定要尊重孩子，支持孩子的选择，积极为孩子创造良好的学习条件。

◆ 天才经历启示/告诉孩子

为了提高泰戈尔的文学修养，父亲经常给小泰戈尔朗诵诗歌。虽然对有些诗歌泰戈尔还不能理解其中的含义，但他用心聆听，心灵还是被深深地吸引了。由此我们知道，对什么事情我们都要用心去做，学习如此，生活也是如此。只有用心，我们才能真正投入其中，水平才能有质的提升，这一点对我们的成功来讲，非常重要。

趣味链接：

征得小狗的同意

一天，印度大诗人泰戈尔接到一个姑娘的来信，信中写道："尊敬的泰戈尔先生，您是我最仰慕的作家。为了表达我对您的敬仰之情，我想要用您的名字来命名我最喜欢的哈巴狗。"

对此，泰戈尔回信说道："我同意你的想法。不过，在命名之前，我建议你最好和哈巴狗商量一下，看它是否同意这么做。"

44. 法国著名批判现实主义作家——罗曼·罗兰

天才档案

全名：罗曼·罗兰

民族/国籍：法兰西

出生地：法国 克拉姆西镇

生卒年月：1866年1月29日~1944年12月30日

父母职业：父亲（律师）母亲（不详）

兴趣爱好：幻想、音乐、阅读

毕业院校：法国巴黎高等师范学校

成才之道：小时候的音乐启蒙教育和自己广泛的阅读

主要成就：

1.罗曼·罗兰是一个有广泛影响的作家，一生为争取人类自由、民主和光明进行了不屈不挠的斗争。

2.罗曼·罗兰是传记文学的创始人，写了很多英雄传记，比较著名的有《名人传》，即《贝多芬传》、《米开朗琪罗传》和《托尔斯泰传》。

此外，他也有很多戏剧作品，包括《群狼》、《丹东》、《七月十四日》等8部剧本，还有中篇小说《哥拉·布勒尼翁》。长篇小说《约翰·克利斯朵夫》是他最杰出的代表作，被誉为20世纪最伟大的小说之一。

天才的成长故事

1866年1月29日，罗曼·罗兰出生在法国中部的一个小镇。他出生在一个在当地颇受尊敬的律师世家，父亲希望他将来能像古罗马作家普鲁塔克笔下的罗马英雄那样具有超凡的天赋和坚强的意志，因此给他取名罗曼。

罗曼·罗兰从父亲那里得到了法国大革命以来的斗士精神，而母亲则给了他探索精神和对艺术特有的敏感性。

罗曼·罗兰小的时候体弱多病，一次，仆人抱着他到院子里玩，竟忘记抱回来，结果不到1岁的小罗曼差点儿被冻死。这件事让父母心有余悸，因此经常把

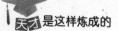

小罗曼关在屋子里。这样，孩子向往大自然的天性得不到满足，小罗曼也无法像其他孩子孩子那样经常到田野里散步、嬉闹。

罗曼5岁的时候，妹妹因为得病而死了，母亲在悲痛之余，对罗曼更加疼爱了。母亲知书达理，喜欢文学，弹得一手好钢琴，具有很高的艺术修养。这对罗曼的教育非常有帮助。

小时候的罗曼是一个性格非常敏感的孩子，他经常沉醉于一个人的遐想世界里。由于不能出去，他经常透过开着的窗户望着远处的运河出神。母亲是一个喜欢音乐、感情细腻的人，这一切当然逃不过她的眼睛。母亲发现了罗曼的音乐天赋，于是决定用音乐开启他的智慧。

于是，母亲经常手把手地教他弹琴，平时还教给他音乐方面的基础知识，这使得罗曼对音乐的兴趣更加强烈了。在罗曼儿时的记忆中，他经常陶醉在母亲优雅的指尖下流出来的音符中，思绪也经常随着琴声而自由地飞向远方。

母音的音乐教育打开了罗曼心灵的闸门，启蒙了罗曼的音乐天赋。以至于后来罗曼走上了文学之路，音乐在他的生命中仍然占据着重要的地位，不仅给他的创作带来灵感，而且还使他敏感的心灵得到安慰。

罗曼家里的阁楼上放着非常丰富的古旧藏书，那是12岁罗曼的"宝库"，他经常到阁楼上去寻找自己的"宝贝"。一次，他发现了一本装帧非常精美的《莎士比亚作品女主角群像》，打开书本，里面曲折离奇的故事，妙不可言的情节，以及一幅幅插图，把莎士比亚笔下的女主角朱丽叶、鲍西娅等都鲜活地展现在罗曼眼前。他读得非常认真，经常陶醉其中，以至于天已经黑了他还不知道。

罗曼14岁的时候，父母为了让他接受更好的教育，全家搬到了巴黎。在巴黎，他可以近距离地接触自己非常敬仰的文学大师，一次，他甚至遇到了雨果，这让他兴奋了很长时间。

在巴黎高师学习期间，罗曼阅读了斯宾诺莎和列夫·托尔斯泰的作品，后来还给托尔斯泰写信。托尔斯泰则非常友爱地给他回了信，这对他产生了很大的影响。

从此，罗曼·罗兰开始了文学创作的道路，成为西方当代最重要的作家之一。

天才炼成的秘诀

◆ 天才经历启示/告诉爸爸妈妈

1.罗曼·罗兰小时候体弱多病，因为仆人的疏忽而差点丢掉性命。于是母亲便把他"保护"起来，不让他出去。后来妹妹的意外去世，又加重了母亲对他的"保护"。其实，母亲的这种教育方法对孩子的成长是非常不好的，不仅不能满足孩子向往大自然的天性，而且对孩子身心健康也没有好处。因此，家长不能仅仅出于对孩子安全的考虑而把孩子禁闭起来，要适当地让孩子走出家门，走向大自然，这样才能更好地启迪孩子。

2.罗曼小时候是一个非常敏感的孩子，经常沉醉于遐想的世界里。母亲发现了罗曼的音乐天赋，因此用音乐开启他的智慧，打开了罗曼心灵的闸门，启蒙了罗曼的音乐天赋，对他的一生都产生了重要的影响。就像罗曼的母亲那样，家长都愿意把自己的才智无私地奉献给孩子。此外，家长还需要善于发现孩子的天赋，然后因材施教，这样才有助于把孩子培养成才。

◆ 天才经历启示/告诉孩子

罗曼家里的阁楼上放着非常丰富的古旧藏书，因此罗曼经常到阁楼上去读书，这为他日后走上文学之路积累了丰富的知识。不管怎样，小时候多读一些书对我们都是有好处的。阅读不仅可以丰富我们的精神世界，还让我们为日后的成功打下良好的基础。所以，从现在开始，让我们开始广泛阅读吧！

趣味链接：

罗曼·罗兰处女作的诞生

罗曼·罗兰在罗马上大学的时候，曾经认识一对非常漂亮的意大利姐妹。罗曼对姐妹俩都充满了爱慕，一时之间也不知应该选择哪一个，暗自品尝着恋爱的苦恼。

后来，当他终于鼓起勇气，试图表白的时候，才发现两姐妹对他根本就"不来电"。于是，罗曼的"初恋"也由此画上句号，而他的处女作——《罗马的春天》也由此诞生了。

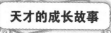

45. 以笔为枪的民主斗士——鲁迅

天才档案

全名：**周树人（原名）**

民族/国籍：**汉族**

出生地：**中国 浙江 绍兴府 会稽县 东昌坊口**

生卒年月：**1881年9月25日~1936年10月19日**

父母职业：**父亲（无业秀才）母亲（家庭主妇）**

兴趣爱好：**阅读、绘画、写作**

毕业院校：**南京路矿学堂、仙台医学院**

成才之道：**惜时、勤勉**

主要成就：

1.鲁迅是中国现代文学的奠基人之一，他领导了新文化运动，是中国文化革命的主将。

2.鲁迅的著作以小说和杂文为主，代表作品：小说集《呐喊》、《彷徨》、《故事新编》、《阿Q正传》，杂文集《坟》、《华盖集》、《南腔北调集》、《三闲集》、《二心集》、《而已集》、《花边文学》，散文集《朝花夕拾》，散文诗集《野草》，论文集《门外文谈》等。

天才的成长故事

鲁迅出生在浙江绍兴一个官僚地主的家庭里，后来家境败落。

鲁迅所在的大家庭中非常讲究读书，书香人家的气氛非常浓厚。鲁迅家有两只大书箱子，里面的书籍非常丰富，《四史》、《古文析义》、《王阳明全集》、《三国演义》、《封神榜》等，都堆在箱子里，给了小鲁迅良好的阅读环境。

不仅如此，鲁迅的亲戚本家中，不少人也都拥有非常丰富的藏书：不仅包括一些比较枯燥的经史典籍，而且也有很多小孩子喜欢读的书，如画着插图的《花镜》、《红楼梦》等，几乎什么种类的书都有。

鲁迅6岁的时候，就开始接受启蒙教育了，他先是跟着远方的叔祖父周玉田学习《鉴略》。叔祖父认为孩子上学，应该先了解古今发展的大概，因此让鲁迅先学《鉴略》。鲁迅的叔祖父藏书非常多，其中绘图本的《山海经》和《毛诗鸟兽草木虫鱼疏》等一些印着奇花异草、飞禽走兽的书，是鲁迅最喜欢的书。这些书也很好地启迪了鲁迅的智慧，大大地丰富了鲁迅的生活。

后来鲁迅又被送到绍兴城内最有名的一家三味书屋，跟着寿镜吾先生学习"四书五经"等传统文化。那时候，鲁迅不愁吃穿，自幼受到书香门第的熏陶，又有名师的指导，天天读书，这是那个时代的孩子最好的学习条件了。

鲁迅的祖父在教育鲁迅读书这件事情上，是非常开明的。祖父给鲁迅选了一些《诗经》、《西游记》、《水浒传》等小孩子都喜欢看的书，使鲁迅从小就对阅读产生了浓厚的兴趣。此外，祖父还教鲁迅正确地读诗词，先学白居易等人所作那些比较浅显易懂的诗，然后再学李白那些思致清逸的诗，这就大大地减少了学诗的难度，提高了他学诗的乐趣。

与祖父的教育方式截然不同，祖母非常疼爱鲁迅，给了鲁迅一个美好的童年。在夏天的夜晚，祖母便让鲁迅躺在大桂树下的小桌子上，然后祖母边摇着芭蕉扇帮他扇风驱蚊，边给他讲一些有趣的故事，如《白蛇传》等。直到晚年，鲁迅还能够清晰地回忆那时候的惬意和快乐。

在鲁迅的成长过程中，父亲对他的教育也是非常重要的。鲁迅的父亲是一个非常有才华的秀才，虽然对鲁迅的管教非常严厉，但对鲁迅读书却从不干涉。一次，鲁迅和弟弟偷偷地买回来一本《花经》，被父亲发现后，他非常害怕，因为一般大人都不许小孩子看这些闲书。谁知父亲翻了翻那本书，便还给了鲁迅。这让鲁迅感到非常兴奋，从那以后也开始大胆地买一些闲书来看，并且也不像以前那样提心吊胆了。

在祖父和父亲的严格教诲和宽松教育下，鲁迅从小就博览群书，培养了相当高的文学素养，为他日后走上文学艺术的高峰奠定了良好的基础。

鲁迅13岁的时候，家庭遭到变故，家境开始败落，由此，鲁迅也深刻地感受到了人生的艰难和世间的冷暖。这些经历在磨炼鲁迅意志的同时，也培养了他看问题时比较犀利、独到的眼光。

18岁的时候，鲁迅离开家乡，先后进了南京水师学堂和南京路矿学堂学习。期间他广泛阅读了外国文学和社会科学方面的著作，大大开阔了视野。由于学习成绩优异，鲁迅毕业后到日本留学，初步形成了自己的人生观和价值观。在当时的历史背景下，鲁迅想通过医学启发国人觉悟，但是严酷的现实让鲁迅顿悟，最终使他成为了一名以笔为枪的文学斗士，走上了文学创作的道路。

天才炼成的秘诀

◆ 天才经历启示/告诉爸爸妈妈

1.与祖父的教育方式不同，祖母给了鲁迅一个美好的童年。在夏天的夜晚，祖母便让鲁迅躺在大桂树下的小桌子上，然后祖母边摇着芭蕉扇帮他扇风驱蚊，边给他讲一些有趣的故事，如"许仙救白蛇"等。直到晚年，鲁迅还能够清晰地回忆起那时候的惬意和快乐。这一点对现在孩子的教育也是非常有借鉴意义的，我们知道现在的孩子学习压力比较大，他们的童年被作业和成绩单挤满了，因此失去了很多快乐。所以，家长不妨像鲁迅的祖母那样，让孩子多接触大自然，帮孩子减减压，给孩子一个快乐的童年。

2.在鲁迅的成长过程中，父亲对他的教育也是非常重要的。鲁迅的父亲对鲁迅读书从不干涉，即使发现鲁迅读一些"没用"的闲书也不加干涉，从而帮鲁迅打开了广泛阅读的大门，让他的视野开阔起来。父亲的这种教育方式对鲁迅日后在文学上的创作也是非常重要的。所以，当家长发现孩子做了一些超出常理范围的事情时，如果事情对社会、对别人不会造成危害，家长不妨像鲁迅的父亲那样，适当地"放"孩子一马，这对孩子的自由成长也是非常重要的。

◆ 天才经历启示/告诉孩子

18岁的时候，鲁迅离开家乡，先后进了南京水师学堂和南京路矿学堂学习，由于学习成绩优异，鲁迅又到日本留学。在历史背景下，他想通过医学启发国人觉悟，但是严酷的现实让鲁迅顿悟，最终成为了一名以笔为枪的斗士，走上了文学创作的道路。我们知道，鲁迅一直把写文章当做自己战斗的武器，以期唤醒国人，改变国人的精神面貌，他的爱国主义精神和无私奉献的精神，也是值得我们每一个人学习的。

 趣味链接：

"骂我的刊物销量都比较好！"

广州的一些进步青年创办"南中国"之初，想让鲁迅先生给他们的创刊号撰稿。鲁迅推辞说："还是由你们自己来写文章吧，我等以后再写，免得别人说我到广州就找青年来为自己捧场。"

那些青年说："可是，我们都是穷学生，如果第一期的刊物销路不好，可能就没有能力去出版第二期了。"对此，鲁迅风趣但不失严肃地说："想要提高刊物的销路也很容易，你们可以写文章骂我，一般骂我的刊物销路都是比较好的。"

46. 中国现代著名小说家、散文家、诗人
——郁达夫

天才档案

全名： 郁文（原名）

民族/国籍： 汉族

出生地： 中国 浙江 富阳 满洲弄（今达夫弄）

生卒年月： 1896年12月7日~1945年9月17日

父母职业： 父亲（私塾先生、中医、县衙文书）母亲（家庭主妇）

兴趣爱好： 写作

毕业院校： 东京帝国大学

成才之道： 艰难的生活是他不断努力以至获得成功的动力

主要成就：

1.郁达夫是中国左翼作家联盟的发起人，他的小说因为对传统道德观念提出了挑战，并且首创了自传体小说，对当时的一批青年作家产生了重要的影响，掀起了中国文坛一股浪漫主义的潮流。

2.代表作品：自传体小说代表《沉沦》、小说《迟桂花》等。

天才的成长故事

1896年，郁达夫出生在浙江富阳的一个知识分子家庭，他7岁的时候就进入私塾学习，9岁的时候就能写诗了。

然而，郁达夫很小的时候，他的父亲就去世了，因此一家6口人生活的重担都落在了母亲的肩上，家里变得越来越艰苦了。郁达夫的母亲是一个非常勤劳、善良的女人，虽然没多少知识，讲不出什么大道理，但是她勤勤恳恳地收拾家

务，用自己最无私的母爱抚养教育着孩子，激励孩子们好好学习。

郁达夫小的时候很有天赋，学习成绩也很好，因此经常受到老师的夸奖。虽然家里并不富裕，但是母亲省吃俭用，供他上学。郁达夫没有辜负母亲的期望，他13岁的时候考入了县立高小。入学后，郁达夫勤奋学习，成绩非常好，曾受到知县的嘉奖，一举成为了县城里的小名人。

在众多的荣誉和赞扬声中，郁达夫逐渐产生了虚荣心，开始注重自己的衣着打扮。第二年开学的时候，郁达夫对母亲说他想买一双皮鞋，母亲问他为什么要穿皮鞋，他说："我们学校发了黑色的制服，同学们大都穿着皮鞋，非常神气。可是我却总是穿着布鞋，这多土啊！"听了郁达夫的话，母亲并没说什么。

第二天，母亲便到处借钱，但是最终还是没能把钱借够。无奈之下，她只好带着郁达夫去鞋店赊账。可是，当鞋店的老板得知他们想要赊账的时候，不是翻起了白眼不理睬他们，就是说点风凉话，结果走了一上午，还是没有"买"到鞋。

母亲感到非常难过，眼里浸满了泪水。郁达夫打量着母亲，发现母亲的头发已经花白，双手因操持家务而变得粗糙，心里非常惭愧。最终，他拉着母亲的手，母子二人默默地回家了。

回到家后，郁达夫仍然想着买鞋的事情，心里不免有些失落。不一会儿，他见母亲拿着一包衣服下楼来，他好奇地问："娘，您拿这些衣服干什么啊？"母亲叹着气说："孩子，娘没有别的法子了，为了给你买鞋，只好把这些衣服去当掉。"听到这里，郁达夫再也控制不住自己的情绪了，泪水忍不住涌了出来。看着母亲苍老的面孔，难过、内疚、后悔等都涌上心头，他恨自己这么不懂事，让母亲这么为难。郁达夫紧紧地抱着母亲，百感交集地说："娘，您别去了，那皮鞋我不要了。"此时，母亲也情不自禁地掉下了辛酸的眼泪。

这件事使郁达夫的内心受到很大的触动，他不仅理解了母亲的艰辛，也深刻地体验到了贫富悬殊的不公平。他暗自决心，一定要好好读书，为穷人争口气！

最终，郁达夫15岁的时候以优异的成绩考进了著名的杭州府中学，并逐渐走上了文学创作的道路，成为杰出的文学家。

天才炼成的秘诀

◆ 天才经历启示/告诉爸爸妈妈

郁达夫的家庭条件并不好，但当他向母亲提出要买一双皮鞋的要求时，母亲虽然感到非常为难，但还是答应了他的要求。为了给郁达夫买新皮鞋，母亲先是借钱，后来又带着郁达夫去赊账，但最终还是没能赊到鞋。无奈之下，母亲只好狠狠心把家里的衣服去当掉。这时候，郁达夫已经非常内疚了，他看着母亲苍老的面孔，内心百感交集，对母亲说不要鞋了。而母亲也忍不住留下了辛酸的眼泪。

对于家境并不富裕的郁达夫而言，这次的经历就是一次很好的历练。如果一个人受不了委屈，经不起挫折，将来就不可能适应竞争激烈的社会。所以，家长一定要在孩子小的时候就培养孩子的抗挫折能力，让孩子学会把生活赋予我们的各种挫折变成前进的动力。

◆ 天才经历启示/告诉孩子

郁达夫在众多的荣誉和赞扬声中，逐渐产生了虚荣心，开始注重自己的衣着打扮，虽然家境并不富裕，但他还是向母亲提出了要买新皮鞋的要求。我们可以从中得到这样的启发：我们要学会和自己的比，要把更多的精力和时间用到学习中去，杜绝不良攀比，更要远离过度的虚荣心。

趣味链接：

压迫钱

一次，郁达夫邀请一位在军界做事的朋友到饭馆吃饭。饭局结束的时候，侍者过去收费。这时候，只见郁达夫从鞋垫底下抽出来几张钞票付账。

朋友非常诧异："郁兄，你怎么把钱放在鞋子里啊？"郁达夫笑了笑，说道："这东西以前一直在压迫我，现在我也要压迫它！"

47. 享誉文坛的著名作家——海明威

天才档案

全名：欧内斯特·米勒尔·海明威

民族/国籍：美国

出生地：美国 芝加哥郊区 奥克帕克村

生卒年月：1899年7月21日~1961年7月2日

父母职业：父亲（内科医生、硬币收集家、集邮家和业余标本家）母亲（从事音乐教学、语言与声音训练的工作）

兴趣爱好：酷爱打猎、钓鱼和拳击运动，对音乐、绘画也颇感兴趣

毕业院校：某中学毕业（不详）

成才之道：从小受到美丽的大自然环境的熏陶，小时候养成的良好习惯使他受益一生

主要成就：

1.海明威创立了"新闻体"小说，因"迷惘的一代"而著称，写作风格和文体独具一格，在欧美文坛产生了重要的影响。

2.代表作品：《老人与海》、《太阳照常升起》、《永别了，武器》、《丧钟为谁而鸣》等。

天才的成长故事

海明威是20世纪最伟大的作家之一，蜚声世界文坛，一向以文坛硬汉著称。他是诺贝尔文学奖的获得者，也是"新闻体"小说的创始人。

海明威的母亲是一位非常有艺术修养的人，她经常把家庭布置得如同文化沙龙一般。他的父亲是一个杰出的医生，还是一个热心运动的运动员，他的兴趣和爱好对海明威的成长产生了重要的影响。

父亲对海明威的前途和成长非常关心，并且为此花费了不少精力。为了激发海明威对户外运动的兴趣，父亲把家搬到了橡树园镇，那里北临密执安湖畔，是一个景色优美、气候宜人的地方。

美丽的大自然让小海明威流连忘返。夏天的时候，海明威就会和父亲一起居住在湖畔附近的房子里。有时候父亲会带着海明威一起出诊，他们穿过华隆湖，到印第安人居住的地区，经常在那里钓鱼、打猎。

海明威对外面的世界总是充满着好奇心，因此每当父亲准备出诊或者出去打猎的时候，海明威总是拉着父亲的衣角，央求父亲带着他一起去。父亲知道让孩子多接触外面的世界可以满足孩子的好奇心，对孩子的成长很有好处，因此每次都会答应海明威的要求，带着他穿越茂密的丛林和潺潺的流水，去拜访散落在各地的村庄。

这些经历大大开阔了海明威的眼界，使他增长了很多见识，使得海明威的童年充满了快乐和魅力。与此同时，在长途跋涉的过程中，海明威的意志和体质都得到了很好的锻炼。

久而久之，海明威成了父亲的"小跟屁虫"，只要父亲一出门，他总会跟上去，每天都是如此。父亲注意到这个问题后，觉得孩子整天跟着父母，会让孩子对父母产生严重的依赖心理，对孩子的成长非常不利，因此决定利用这个机会培养海明威的独立能力。

所以，当4岁的海明威又缠着父亲要和父亲一起出门的时候，父亲拒绝了他。海明威不明白其中的原因，伤心地问父亲："爸爸，是不是我做错了什么，你怎么不喜欢带着我出去了？"父亲轻轻地拍着海明威的肩膀，语重心长地对他说："孩子，你并没有做错什么，是爸爸觉得是时候让你自己去活动了。从今以后你不要总是跟着我，这样对你的成长才会有好处。"说完，父亲给了海明威一个钓竿，鼓励他大胆闯荡。

从那以后，海明威开始了独立的玩耍时代，渐渐习惯了一个人在山林和水边玩耍。海明威长大一点儿后，父亲又给了他一杆猎枪。在父亲的鼓励和引导下，海明威逐渐迷恋上了钓鱼、打猎、探险等，乐此不疲。

在父亲的培养下，海明威形成了独立、喜欢探索的性格，养成了钓鱼、打猎等爱好，这些爱好伴随了他一生，对他日后的文学创作非常有帮助。

天才炼成的秘诀

◆ 天才经历启示/告诉爸爸妈妈

1.为了激发海明威对户外运动的兴趣，父亲把家搬到了橡树园镇——一个景色优美、气候宜人的地方。海明威对外面的世界总是充满着好奇心，父亲每次出去就诊或者打猎的时候，都会带着他一起出去。

由此可见，让孩子走出户外，多接触大自然，不仅可以开阔孩子的眼界，让孩子增长见识，还能给孩子一个快乐的童年，这对孩子的成长非常有好处。所以，为了孩子的身心健康和长远发展，家长不妨经常带着孩子到大自然中去，引导孩子经常进行户外运动。

2.当父亲发现海明威成了自己的"跟屁虫"的时候，知道这样容易让孩子形成依赖心理，对孩子的成长非常不利。所以，父亲便有意识地锻炼海明威的独立能力，让他自己玩。事实证明，海明威父亲的做法是非常明智的。所以，家长也可以从中受到启发，一定要从小就培养孩子的独立意识，提高孩子的独立生活的能力，让孩子早日独立，早日成才。

◆ 天才经历启示/告诉孩子

从故事中可以看出，海明威开始了独立的玩耍时代，渐渐习惯了一个人在山林和水边玩耍，并形成了独立、喜欢探索的性格，养成了钓鱼、打猎等爱好，这些爱好伴随了他一生，对他日后的文学创作非常有帮助。所以，我们也要像海明威那样，要学会摆脱对家长的依赖心理，锻炼自己的独立能力，同时还要养成广泛的兴趣和爱好，这会让我们受益终生。

趣味链接：

7支铅笔

海明威长大以后，每天早上6点半开始，就会全神贯注地站着写作，他一直坚持写6个小时左右，有时候兴致未尽，还会延长两个小时。

为了便于修改，海明威一般都是用铅笔写作，有人说他写作投入的时候一天能够用20支铅笔，其实不然。海明威说他写作比较顺手的时候，一天最多只用了7支铅笔。

48. 近代著名文学家——钱鐘书

天才档案

全名：钱鐘书

民族/国籍：汉族

出生地：中国 江苏 无锡

生卒年月：1910年11月21日~1998年12月19日

父母职业：父亲（学者）母亲（不详）

兴趣爱好：读课外书

毕业院校：清华大学、牛津大学

成才之道：在伯父的慈爱教育下形成了自己的个性，在父亲的严厉教育下纠正了弱点

主要成就：

1.钱鐘书在文学、比较文学、文化批评等领域均有研究，对西方新旧文学、哲学、心理学等领域也有研究，著有很多享有盛誉的学术著作。

2.代表作品：《围城》、《人兽鬼》、《管锥编》、《旧文四篇》、《谈艺录》、《写在人生边上》、《也是集》、《七缀集》等。

天才的成长故事

　　钱鐘书出生在江苏无锡一个大家族中，由于伯父没有儿子，钱鐘书一出生便被伯父抱去抚养。

　　因此，钱鐘书有两个父亲，慈父般的伯父和严厉教育他的生父。钱鐘书的成功和两位父亲的教育是分不开的：在伯父的慈爱教育下，钱鐘书的个性得到了良好的发展，在生父的严厉教育下，钱鐘书的缺点得到了纠正。

　　由于出生在诗书世家，钱鐘书自幼就受到了传统文化（经史）方面的教育。他从小就比较聪明，尤其是在文学上，天赋非常高。

　　那时候孩子长到一岁有"抓周"的习惯，孩子抓到什么，就表示以后会在哪一方面有所成就。钱鐘书周岁抓周的时候，抓到了一本书，家里人非常高兴，父

亲因此给他正式取名为"鐘书"。

钱鐘书4岁的时候，伯父就开始教他认字。6岁的时候，钱鐘书被送入了秦氏小学，但因为钱鐘书入学不到半年就生了一场大病，伯父让他待在家里，没再让他上学。后来7岁的钱鐘书和堂弟进私塾学习，伯父又嫌附学不方便，于是干脆自己教他。

每天上午，伯父就会到茶馆喝茶，或者找人聊天，这时候钱鐘书总会跟着去。伯父总是给他一个铜板，让他去买酥饼吃，再给他两个铜板让他去看小人书或者小说。钱鐘书从书摊上租来一些《说唐》、《济公传》、《七侠五义》等家里没有，被认为难登大雅之堂的书。吃了酥饼之后，他就会孜孜不倦地看书，直到伯父喊他回家。

值得一提的是，钱鐘书能把书中兵器的斤两记得清清楚楚，却对阿拉伯数字没有兴趣，总也记不住。加上钱鐘书生性比较自由，不喜欢学习，经常贪玩，睡懒觉。钱鐘书的父亲非常生气，又不敢当着哥哥的面教训钱鐘书，只好趁着哥哥不在家的时候，偷偷地教钱中书学习数学，或者教训他。经过父亲的教育，钱鐘书对数学的兴趣虽然并没提高多少，但至少比较自大的钱鐘书在以后做事的时候有了一些顾忌。

钱鐘书14岁的时候考入了苏州桃坞中学，他的各科功课都还不错，就是算术不怎么样。后来，父亲到清华大学任教，寒假的时候没有回家，因此家里没有人来盘问钱鐘书的功课，钱鐘书生活得非常自由、快活——他借了很多小说、刊物，看得非常尽兴。

转眼暑假又到了，父亲还是没有回来，钱鐘书便像寒假那样贪婪地阅读小说、杂志。谁知暑假过了一半，父亲突然回家了，钱鐘书措手不及，非常狼狈。父亲让他和堂弟各作一篇文章，结果堂弟的文章条理清晰、措辞文雅，受到了父亲的称赞，而钱鐘书的文章不文不白，字迹潦草，让父亲非常生气。一气之下，父亲把钱鐘书狠狠地打了一顿，钱鐘书羞愧万分，独自哭了一场。

自那之后，钱鐘书开始变得用功读书，在父亲的督导下读了《古文辞类纂》、《骈体文钞》、《十八家诗钞》等书，作文也有了很大的进步。有时候，钱鐘书在写文章的时候并不按照父亲的方法，而是别出心裁，受到了父亲的称赞。

钱鐘书18岁的时候，开始帮父亲代笔写书信，这时候，他的文章已经写得非常出色了。最终，钱鐘书成了近代著名的文学家、作家。

天才炼成的秘诀

◆ **天才经历启示/告诉爸爸妈妈**

1.由于出生在诗书世家，钱鐘书自幼就受到了传统文化（经史）方面的教育。另外，钱鐘书从伯父和父亲那里得到了中国传统的治学门径和学识，培养了他深厚的国学根基。可以看出，钱鐘书日后能够成为一个文学研究家，和他小时候受到的国学教育是分不开的。所以，家长要在孩子小的时候就对孩子进行必要的国学教育，有选择地让孩子读一些"四书五经"，这对孩子的成长具有非常重要的作用。

2.伯父到茶馆喝茶或者找人聊天的时候，钱鐘书总会跟着去，伯父给他铜板让他去看小人书或者小说。期间，钱鐘书从书摊上租来一些《说唐》、《济公传》、《七侠五义》等家里没有、被认为难登大雅之堂的书。他孜孜不倦地看书，直到伯父喊他回家。从钱鐘书成长的过程中，我们可以发现这样一个道理：家长要给孩子创造一个宽松的生长环境，让孩子形成自由开放的个性，从而在一定的空间内自由成长，这对孩子的成长是非常有好处的。

◆ **天才经历启示/告诉孩子**

寒假的时候父亲没有回家，因此家里没有人盘问钱鐘书的功课，他趁此机会借了很多小说、刊物，看得非常尽兴。暑假的时候父亲依然没有回家，这时候钱鐘书便丢掉功课，尽情地读课外书。结果父亲的"突然袭击"让钱鐘书狼狈不堪，他写的文章太差劲了。由此可见，钱鐘书在中学的时候是一个自我控制能力比较差的人。正是后来在父亲的教导下，他提高了自制能力，最终取得了成就。因此，想要获得成功，我们一定要提高我们的自制能力。

趣味链接：

梦中情人

一次座谈会上，一名记者问钱鐘书："为什么《围城》中的唐晓芙下落不明呢？"

钱鐘书笑着回答："人生不总是有'下落不明'的情况吗？像我们今天在这里有机会见面，可是明天就各奔东西了。而我在你们脑海中也会逐渐淡出，这

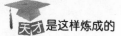
就是一个很好的例子。"记者追问道:"《围城》中的各个角色都被冷嘲热讽,唯有唐晓芙例外,偏偏她又是'淡出'的,这两者之间有什么关系吗?"

钱钟书忙不迭地说:"难道你是说唐晓芙是我的梦中情人吗?"一席话逗得现场笑声不断。

49. 上海文坛四大才女之一——张爱玲

天才档案

全名:张爱玲

民族/国籍:汉族

出生地:中国 上海 公共租界西区 麦根路313号

生卒年月:1920年9月30日~1995年9月8日

父母职业:父亲(英文秘书)母亲(不详)

兴趣爱好:读书、写作、绘画

毕业院校:香港大学

成才之道:成长环境赋予了张爱玲出众的天赋,爱情浇灌了她写作的灵感

主要成就:张爱玲是现代文学史上重要的作家,她一生创作了大量的文学作品,体裁丰富,如:小说《沉香屑第一炉香》、《沉香屑第二炉香》、《倾城之恋》、《红玫瑰与白玫瑰》、《色·戒》、《小团圆》、《半生缘》等,散文《流言》、《秋雨》、《天才梦》、《烬余录》、《童言无忌》等,此外,还有一些电影剧本,如《未了情》和学术论著《红楼梦魇》等。

天才的成长故事

张爱玲本名叫张瑛,系出名门,出生在一个家世显赫的大家庭中。她的祖父张佩纶是清末名臣,祖母李菊耦是清朝重臣李鸿章的长女。因此,张爱玲的父亲一身的遗少作风,使得夫妻关系不和,而张爱玲的母亲曾留过洋,是一位新女性,后来流浪欧洲。从那时起,张爱玲和弟弟在父亲和后母的监管下成长。

在这种环境下成长，在给了张爱玲得天独厚的中国传统文化和西方修养的同时，也赋予了她敏感、冷漠、孤僻的性格。事实上，这也是导致她的文学作品总是充满了苍凉、悲观和势利的主要原因。

张爱玲从小就表现出了超凡的作家天赋，她三四岁的时候，母亲就开始教她吟诗诵词。天资聪颖的张爱玲读古典诗词有着非常高的悟性，一首词她读不了几遍就能够背诵下来，而且读一首诗，总能模仿着写一首新的。

张爱玲7岁的时候，随家搬回了上海，这时候母亲回国，张爱玲便跟着母亲学习绘画、钢琴和英语，接受艺术教育。张爱玲对色彩、音符和文字都非常敏感，这对她艺术方面的学习是非常有好处的。这时候，张爱玲读了《红楼梦》和《三国演义》，而且也开始写小说了，她的信手涂鸦往往能让父母高兴得手舞足蹈。

在母亲的教育下，张爱玲的艺术细胞得到了很好的培养。张爱玲9岁的时候，曾经信手画了一幅漫画，得到了父母的称赞。父母的夸奖给了张爱玲很大的鼓舞，于是她就把那幅漫画投给了报社。结果，几天后，报社寄回了5元钱的稿费。张爱玲非常高兴，父母决定让张爱玲自己支配那5元钱。谁知张爱玲兴冲冲地跑进了商场，买回了一支丹琪唇膏，让父母哭笑不得。

张爱玲10岁的时候，母亲送张爱玲进新式学堂读书，后来她11岁的时候升入圣玛丽亚女校读中学。在学校她也曾立下宏志，但由于家庭环境的影响，她总给人一种郁郁寡欢、意志消沉的形象。这时候的张爱玲比较懒散，不喜欢和人交往，也不爱运动，房间里总是乱七八糟的。

在中学读书期间，张爱玲的文学天才表露无遗。这时候教张爱玲国文的是汪宏生先生，他一改以前死板的教育方法，鼓励学生广泛阅读，让张爱玲受益匪浅。一次，张爱玲写的作文《看云》语言华美、挥洒自如，汪老师当着全班同学的面表扬了她。这大大激发了张爱玲的写作热情，开始在校刊《国光》上发表文章，其中最具代表性的是《霸王别姬》。

张爱玲13岁的时候，一次，她在书摊上看到了一本张恨水的通俗小说，不禁被书里面曲折婉转的情节吸引了。读过几本书之后，张爱玲突发奇想，开始自己动笔写通俗小说了。她写的通俗小说中，人物都是《红楼梦》中比较现成的，贾宝玉、林黛玉、晴雯等，以现代人的手法来表现他们的生活。张爱玲每写好一个章节，都会拿给父亲看，父亲也非常高兴，拿起笔帮她写上回目。等张爱玲把小说写完了，父亲帮她装订成上下两册，并在上面写上书名《摩登红楼梦》。

渐渐地，张爱玲走上了文学创作的道路，成了上海文坛一颗璀璨夺目的新星。

天才炼成的秘诀

◆ **天才经历启示/告诉爸爸妈妈**

1.在中学读书期间，张爱玲的文学天才表露无遗，她的写作能力也有了很大的提高，这得益于她的国文老师的教育。一次，她写的作文受到了老师的表扬，张爱玲由此受到了很大的鼓舞，激发了她的写作热情。像张爱玲这样从小缺乏父爱和母爱的孩子，性格大都比较敏感，因此更需要家长的鼓励和表扬。所以，家长对于生性比较腼腆、内向和敏感的孩子一定要多加夸奖、鼓励，这样可以提高孩子学习的积极性，有利于孩子潜能的开发和良好性格的形成。

2.张爱玲13岁的时候，曾因张恨水的小说等书产生了写通俗小说的灵感，最后把小说写完了。在这个过程中，张爱玲的父亲给了很大的支持和引导。所以，当孩子因为兴致高昂而做一件事情的时候，家长不要觉得无聊而不予理会或者打击孩子，要积极引导孩子，适当配合孩子，帮孩子早日成才。

◆ **天才经历启示/告诉孩子**

天资聪颖的张爱玲读古典诗词有着非常高的悟性，读一首诗，她总能模仿着写一首新的。当看到张恨水写的小说后，突发奇想，开始动笔写通俗小说，最后得以实现。由此我们知道，当我们想要做一件事情的时候，一定要及时地动手去做，要把短暂的想法付诸行动，这也是我们获得成功的机会。

趣味链接：

"奇装炫人的张爱玲"

张爱玲在上海的时候，不仅人非常漂亮，而且很喜欢奇装异服。据说有一次她到印刷厂去校稿样，结果在印刷厂引起了很大的轰动，几乎使整个印刷厂都停工了。

当时，上海的漫画家文亭所画的"上海女作家三画像"中，给同期蜚声上海文坛的四大才女其中的三位画像，给她们的定义分别是："辑务繁忙的苏青"、"弄蛇者潘柳黛"和"奇装炫人的张爱玲"。

50. 武侠小说史上的"泰山北斗" ——金庸

天才档案

全名：查良镛（原名）

民族/国籍：汉族

出生地：中国 浙江省 海宁县 袁花镇

生卒年月：1924年3月10日～

父母职业：父亲（地主）母亲（不详）

兴趣爱好：阅读，看武侠小说，办报纸

毕业院校：剑桥大学

成才之道：厚重的文化修养，广博的文学底蕴以及对中国文学传统的坚持

主要成就：

1.金庸是中国当代武侠三大家之首，曾创办《明报》任主编兼社长达35年之久。

2.金庸创作了"飞雪连天射白鹿，笑书神侠倚碧鸳"以及《越女剑》等共15部武侠小说，还创作了10余部电影剧本。

天才的成长故事

金庸传奇的人生，可谓多姿多彩之至。

金庸是新派武侠小说最杰出的代表作家，也是香港著名的政论家、企业家，被人们誉为武侠小说史上的"绝代宗师"和"泰山北斗"，是"香港四大才子"之一。

金庸原名查良镛，出生在浙江海宁县袁花镇的一个富有家庭。金庸的家乡海宁以前隶属杭州，是浙江省的一个海滨小县，钟灵毓秀，出过不少的人才。

金庸家是当地数一数二的名门望族，金庸家的宗祠里面，有一副康熙帝亲笔所题的对联。他的祖父是光绪年间的进士，是一个刚正不阿的人。金庸刚出生的时候，家境非常富裕，家里有很多田地。

可以想象，出生在这样一个大家族中，家里从小就非常重视对孩子的教育。金庸家里藏书颇丰，新派、旧派书籍一应俱全，他从小就在书的海洋中成长。

金庸八九岁的时候，读到了新派小说家顾明道写的《荒江女侠》，于是就被这本书深深地迷上了。这本书讲述的是两个侠客闯荡江湖的故事，他觉得相比枯燥难懂的古书而言，这本书真是太有趣了，因此，这本书的内容给金庸留下了深刻的印象。同时，这也引起了金庸对武侠小说的兴趣，他开始搜集各种各样的武侠作品。不过，虽然非常喜欢武侠小说，但是金庸那时候并没有想到自己日后会写武侠小说，更没有想到自己将来能够成为武侠小说的宗师。这是因为在当时来看，武侠小说是不能登大雅之堂的。

后来，13岁的金庸在浙江省嘉兴中学读书。金庸读初三的时候，看到很多学生为了准备升学而苦苦努力读书，由此产生灵感，约了几个好友一起编写了自己的第一本书《给投考初中者》，主要内容是指导同学们在各科考试中取得高分。金庸没想到的是，这本书引起了巨大的反响，并且销到了福建等地，这是金庸人生中的"第一桶金"。

金庸是一个具有爱国主义情怀的才子。那个时期，中国的富家弟子非常热衷于出国留学，学成后再回国实现自己的抱负。金庸出国留学，也是家庭中计划之内的事情。然而，1937年日本发动侵华战争，金庸的家乡沦陷，金庸出国留学的计划被打乱了，他那时候的理想是做一名外交官，凭着自己的力量为国家挽回尊严。

最终，博学多才的金庸走上了创作武侠小说的道路。在武侠小说的创作历程中，他继承古典武侠小说的精华，并且大胆革新，开创了形式独特、情节曲折、描写细腻且充满江湖豪情侠义的新派武侠小说的先河。

天才炼成的秘诀

◆ 天才经历启示/告诉爸爸妈妈

1.金庸从小出生在一个名门望族的大家庭，家里从小就非常注重对他的教育。由于家里藏书丰富，内容涉及比较广泛，因此金庸从小就是在书的海洋中长大的。不可否认的是，金庸的成才和他成长的家庭环境有着很大的关系。所以，家长要给孩子创造一个良好的家庭环境，一个浓郁的读书氛围，督促孩子从小广泛阅读，这有助于孩子尽早成才。

2.金庸八九岁的时候，读到了新派小说家顾明道写的《荒江女侠》，这本书相比枯燥的古书对小金庸来说是非常有趣的，而且引起了金庸对武侠小说的兴趣。从那以后，金庸开始搜集各种各样的武侠作品。毫不夸张地说，这对金庸日后在武侠小说创作上所取得的成就具有深远的意义。由此可见，孩子小时候的爱好对他日后的成长具有重要的影响。所以，家长一定要善于从孩子的兴趣中发现孩子的闪光点，并且要加以正确的引导，这样可以让孩子在成功的道路上少走一些弯路。

◆ **天才经历启示/告诉孩子**

金庸在读初三的时候，看到很多学生为了准备升学而苦苦努力读书，由此产生灵感，约好友一起编写了自己的第一本书《给投考初中者》，结果引起了巨大的反响，金庸也由此得到了人生中的"第一桶金"。金庸之所以能够成功地掘到自己的第一桶金，和他及时地实现自己的想法是分不开的。显而易见，如果金庸产生编书的想法之后，并没有付诸实践，那么也许他当时就不能取得非常大的成功。所以，我们不妨从中吸取经验，平时有了什么好的想法一定要及时付诸实践，做思想的巨人，更应该做行动的巨人。

趣味链接：

不涨稿费的理由

20世纪80年代初，香港女作家亦舒、林燕妮都给金庸主编的《明报》写专栏。当时要求的是每天一篇稿件，因此非常辛苦。

一年之后，到了续约合同的时候，林燕妮向金庸提出涨稿费的要求，金庸却一本正经地说："你那么爱花钱，给你再多的钱也是会花光的，不给！"

过了几天，亦舒也跑去要求涨稿费，金庸依然一口回绝："你那么节俭，给你再多的钱，你也是不舍得花，不给！"

第三章
艺术巨匠

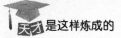

51. "书圣"——王羲之

全名：王羲之

民族/国籍：汉族

出生地：中国 东晋 琅琊 临沂人（今属山东）

生卒年月：公元303年~公元361年

父母职业：父亲（淮南太守）母亲（不详）

兴趣爱好：书法

毕业院校：师承卫夫人、钟繇

成才之道：博采众长，精研体势，兼撮众法，自成一家

主要成就：

1.王羲之是中国东晋著名的书法家，擅长楷书、行书、草书、隶书以及飞白等各种字体。

2.王羲之的代表作品主要有：《兰亭集序》、《乐毅论》、《黄庭经》、《十七帖》等。

天才的成长故事

王羲之出身于两晋的名门望族，他从小就酷爱书法，经过几十年锲而不舍的努力与大胆革新，终于把书法艺术达到了超逸绝伦的巅峰，被人们誉为"书圣"。

王羲之小的时候是一个呆头呆脑的孩子，他每天都会带着自己心爱的小鹅到处逛。王羲之练习书法非常刻苦，有时甚至在吃饭、走路的时候也会练习，真是到了无时无刻不在练习的境界。有时候，身边没有纸和笔，王羲之就在衣服上比划着习字，久而久之，衣服都被划破了。

大约六七岁的时候，王羲之在老师卫夫人的指导下学习钟繇的楷书。他每天都刻苦练字，可是卫夫人却称他写的字是死字，对此，王羲之深感苦恼，因此练字就更加刻苦了，甚至达到了忘我的程度。

一次，王羲之专心致志地练字，他写了很多"之"字，可就是写不好。于是他停下来，联想到自己最喜欢的小白鹅，突然想到白鹅引颈高歌的姿势就是一个充满灵气的"之"字。于是，他兴奋地拿起笔，神采飞扬地在纸上写下了一个个漂亮的"之"字。这时候，王羲之才感到有些饿了，于是他一边继续研究字，一边津津有味地吃馒头。王羲之写字太入迷了，他拿着馒头蘸着墨汁吃，自己却没有发觉。直到母亲走进书房，看到满嘴乌黑的王羲之后，不禁发出了惊叫声，王羲之这才知道，不过他仍然很高兴，因为他终于把"之"字写好了。

王羲之坚持勤学苦练，十年如一日，临帖不辍，练就了非常扎实的基本功，为后来成为"书圣"奠定了基础。

王羲之的书法进步很快，他7岁的时候就在当地小有名气了。11岁的时候，王羲之读了当时大人才能读懂的《笔说》，并按照书中所讲的方法天天起早贪黑地练习书法。久而久之，王羲之的书法有了明显的进步，就连老师卫夫人都夸奖他的字写得好。但是，王羲之并没因此而沾沾自喜，练字更加认真了。

为了练好书法，王羲之在书房里、院子里、大门边等到处都摆满了凳子，放着笔、墨、纸、砚，经常一想到结构好的字就马上写下来。刻苦练字之后，他就到池子里去洗砚台，时间长了以至于池子里的水都呈了墨色，后人称为"墨池"，也称为"洗砚池"。现在的绍兴兰亭、庐山归宗寺等地都有被称为"墨池"的名胜。

功夫不负有心人，一次王羲之给人写"祝版"，写好之后请人去雕刻。结果工人发现王羲之写字笔力强健，苍劲有力，字迹渗入木板竟然达到三分厚度，由此而有了"入木三分"的成语。

后来，王羲之游览名山，广泛临帖，博采众长，达到了很高的水平，并确立了行书与篆、隶、楷、草并列的地位。

天才炼成的秘诀

◆ 天才经历启示/告诉爸爸妈妈

1.王羲之练字非常认真，十年如一日，临帖不辍，有时甚至在吃饭、走路的时候也会练习，真是到了无时无刻不在练习的境界。有时候，身边没有纸和笔，王羲之就在衣服上比划着习字，久而久之，衣服都被划破了，这让王羲之练就了非常扎实的基本功。由此我们知道，练字乃至学习并不是一朝一夕的事，而在于

长期的积累。因此，家长一定要培养孩子认真求学的精神，避免孩子浮躁或者半途而废。这样才能让孩子打好坚实的基础，早日成才。

2.为了练好书法，王羲之苦学练字，甚至达到了忘我的境界，拿馒头蘸墨水吃。虽然弄得满嘴的墨汁，但他终于把"之"字写好了，因此心里非常高兴。由此可知，想要有所收获，不管是学习，还是在其他领域，都需要有王羲之这种忘我的精神。因此，家长也要培养孩子专心致志做事的习惯，让孩子全身心地投入到学习中去，这样，孩子才能真正学到东西。

◆ 天才经历启示/告诉孩子

王羲之自幼酷爱书法，在卫夫人的辅导下进步很快，7岁的时候他就在当地小有名气了。但他并没有因此而沾沾自喜，反而练字更加认真刻苦了。这也是导致王羲之成为书圣的一个重要原因。我们在学习中也要这样，学习贵在坚持，当我们有了好成就的时候不要骄傲，没有取得理想成绩的时候也不要气馁，避免不良情绪对学习产生的消极影响，这样才能取得最后的成功。

趣味链接：

以字换鹅

在山阴这个地方有一个道士，他想让王羲之给他写一卷《道德经》，可是他知道王羲之不会轻易给别人抄写经书的。后来，他得知王羲之非常喜欢白鹅，便特地养了几只品种比较好的白鹅。

后来，王羲之听说道士家有好鹅，就跑去观看。他在道士家附近看到河里有几只白鹅悠闲地浮在水里，雪白的羽毛映衬着高高的红顶，实在是喜欢，就跟道士说想买下这些白鹅。

道士答应只要王羲之帮他写一卷经就可以把白鹅送给他。于是，王羲之毫不犹豫地帮道士抄写了一卷经，然后心满意足地把鹅带回家了。

52. 文艺复兴时期杰出的艺术家和科学家
——达·芬奇

天才档案

全名：列奥纳多·达·芬奇

民族/国籍：意大利和中东

出生地：意大利 佛罗伦萨 芬奇镇 安奇亚诺

生卒年月：1452年4月15日~1519年5月2日

父母职业：父亲（律师兼公证人）母亲（中东女奴）

兴趣爱好：兴趣广泛，尤其喜欢画画

毕业院校：不详

成才之道：熟能生巧

主要成就：

1. 文艺复兴时期欧洲最杰出的代表人物之一，推动了文艺复兴进程。

2. 创作出世界上最著名的肖像画《蒙娜丽莎》及世界最著名的宗教画《最后的晚餐》等传世名画。

3. 最大的艺术贡献是：运用明暗法，使平的画面呈现出空间感和立体感。

4. 进一步归纳整理了解剖、透视、明暗和构图等零碎的技法知识，并从科学的角度进行审视。

5. 深入研究自然科学各学科，在绘画、天文、物理、水利等方面作出重要贡献。

天才的成长故事

达·芬奇是意大利著名的画家和科学家。

达·芬奇生性活泼好动，自幼聪颖好学，好奇心比较强，总爱问为什么，是一个惹人喜爱的孩子。他的父亲是佛罗伦萨有名的律师兼公证人，家境非常富有。因此达·芬奇年幼时是在浓厚的知识环境下健康成长起来的。

孩提时代的达·芬奇兴趣非常广泛。他不仅歌唱得很好，还很早就学会了弹七弦琴和吹奏长笛，而且在即兴演唱方面也有很好的天赋。但是，画画在达·芬奇心中的位置是无法替代的：每天放学回到家，他扔下书包便会拿起画笔，专心致志地画画，完全沉醉其中。达·芬奇很小就具有超凡的绘画天赋，5岁的时候，他能凭着记忆在沙滩上画出母亲的肖像。此外，年幼的达·芬奇经常为邻居们作画，被邻居们誉为"绘画神童"。

6岁左右的时候，达·芬奇进入学校接受系统的教育。聪明的达·芬奇的各门功课成绩都很优秀，并且对数学有着浓厚的兴趣，他在数学课上经常向老师提出一些疑难问题，让老师瞠目结舌，十分窘迫。但达·芬奇最喜欢的还是画画，他经常在木板上画一些小动物，如蝴蝶、蚱蜢、蝙蝠等。

在当时，绘画还是一项比较低贱的职业，达·芬奇的父亲是有名的望族，希望达·芬奇能够子承父业、学习法律，以将来成为一名公证人。但是，后来的一件事改变了父亲的看法。

一次，父亲受一位农民的委托，要在盾牌上画一幅画。父亲便把这个任务交给了达·芬奇，想试一试儿子的画艺。达·芬奇决定画一幅令人望而生畏的盾面画，以达到出奇的效果。于是，达·芬奇读了一些有关妖魔鬼怪的书籍，开始构思。为了完满地完成任务，达·芬奇仔细地收集了很多标本，并观察了很多小动物，最后才开始动笔画起来。凭着自己丰富的想象力与创造力，达·芬奇花了一个月的时间，终于画出了一个两眼冒火，鼻孔生烟的妖怪，样子十分恐怖。

为了达到预想的效果，达·芬奇把窗户关上，拉上窗帘，只留一道缝隙，正好使阳光照到盾牌上。父亲一进屋便看到了这个面目狰狞的妖怪，吓得转身便逃。达·芬奇则笑着对父亲说那就是自己画好的盾牌画。

这时，达·芬奇的父亲察觉到儿子的确很有绘画天赋，于是转变了以前的观念，转而尊重达·芬奇的兴趣爱好，支持他学习绘画。并且，父亲还有意识地在这一方面培养达·芬奇，把达·芬奇的画拿给著名的画家、雕塑家维罗其奥看，维罗其奥高兴地收下了达·芬奇这个徒弟。从此以后，14岁的达·芬奇便开始随着老师系统地学习绘画和雕塑。

维罗其奥是一位学识渊博、经验丰富的老师，他的画舫当时是佛罗伦萨一个著名的艺术中心，经常有人文主义者聚集在这里，讨论学术问题。这为达·芬奇提供了很有利的学习氛围，对他以后在绘画等领域的发展奠定了基础。

天才炼成的秘诀

◆ 天才启示/告诉爸爸妈妈

1.虽然达·芬奇的父亲希望达·芬奇能够成为一名律师，但是后来父亲感受到了达·芬奇的绘画天赋，便选择了尊重孩子的兴趣爱好，鼓励达·芬奇学画画。在日常生活中，父母一定要尊重孩子的兴趣，不要把自己的意愿强加给孩子，这一点对孩子的成才非常重要。

2.父亲觉得达·芬奇很有绘画方面的天赋，便有意在这方面培养他，让他拜名师学习绘画，这也是达·芬奇成才的一个客观因素。因此，父母一定要善于发现孩子的兴趣、爱好和天赋，并且加以积极地引导和精心地培养，达·芬奇就是一个很好的例子。

◆ 天才启示/告诉孩子

达·芬奇从小就有不同寻常的绘画天赋，这也使得他非常专注于画画，以至于达到废寝忘食的境地。这也是促使他成为绘画天才的一个重要原因。如果想早点儿成功，那么我们也要像达·芬奇那样，以高度的注意力投入到自己的兴趣爱好之中。

趣味链接：

达·芬奇画鸡蛋

达·芬奇拜著名的画家和雕塑家维罗其奥为师，向他学习画画。维罗其奥是一位非常严格的老师，第一堂课，老师便让达·芬奇画了一天的鸡蛋，并告诉他要从不同的角度画。一连几天，达·芬奇都是在画鸡蛋中度过的。为此，达·芬奇心里有些犯嘀咕：天天画鸡蛋能学到什么？老师太小瞧我了吧。

老师仿佛看出了他的心思，并意味深长地对他说："孩子，别以为画鸡蛋很简单，世界上没有两只形状完全相同的鸡蛋，同一个鸡蛋从不同的角度看，形状也是不一样的。让你画鸡蛋，其实为师是在锻炼你的观察能力和把握形象的能力呀！"此时，达·芬奇才明白老师的良苦用心。于是，他潜心画鸡蛋，逐渐掌握了绘画技巧，为以后在绘画方面取得成就练好了基本功。

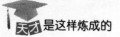

53. 文艺复兴时期的雕塑家——米开朗琪罗

全名：米开朗琪罗·博纳罗蒂

民族/国籍：意大利

出生地：意大利 卡普莱斯

生卒年月：1475年3月6日~1564年2月18日

父母职业：父亲（行政官员）母亲（不详）

兴趣爱好：画画、雕塑

毕业院校：圣马可修道院的美第奇学院

成才之道：对兴趣的执著，对理想的追求

主要成就：

1.米开朗琪罗的雕塑作品以"健美"著称，他的雕塑作品主要有《大卫》、《摩西》、《哀悼基督》，其绘画作品主要有天顶画《创世纪》和壁画《最后的审判》。此外，他还设计并督建了圣彼得大教堂和罗马市政厅建筑群。

2.米开朗琪罗还是一位杰出的诗人，他的诗歌同样丰富了人类艺术宝库。

天才的成长故事

米开朗琪罗出生在文艺复兴胜地佛罗伦萨附近的一个小镇，他很小的时候，母亲便去世了，后来被寄养在奶妈家里。

奶妈居住在一个林地环绕、青石蓝天的小山区，到处都是大理石。在这里，小米开朗琪罗度过了无忧无虑的童年。奶妈的丈夫是一个石匠，整天拿着工具敲敲打打。小米开朗琪罗对此非常感兴趣，他经常跟在石匠的身后，看他在石头上雕花，观看他砸石头。有时候，小米开朗琪罗也学着石匠的样子，拿着工具在废弃的石头上刻刻划划。

奶妈见小米开朗琪罗这么喜欢雕刻，便让石匠给他弄了一套小的刀具。这样一来，米开朗琪罗对雕刻更加着迷了。在石匠的指点下，他开始学习雕刻。后来，米开朗琪罗曾回忆说，正是由于奶妈，他才有机会接触到雕刻，并学会了用凿子和锤头来制作雕像。

米开朗琪罗10岁的时候，随着再婚的父亲搬到佛罗伦萨居住，开始接受正规的教育。此时的佛罗伦萨正是全欧洲的艺术活动中心，并且在文艺复兴这样一个特殊的时代，米开朗琪罗被这种艺术气氛所感染，更加坚定了要成为一名艺术家的决心。

米开朗琪罗深深地喜欢上了雕刻这门艺术，他在学校的时候也时刻惦记着画画，有时候还会找一些小石头，把自己的画雕刻在石头上。这触怒了在市政府任职的父亲，父亲认为一个官员的家庭出了一个画家是很卑贱的事情，因此开始用皮鞭"开导"他。然而这并没有打消米开朗琪罗想要做一名艺术家的决心，反而促使他更顽强地学下去。

无奈之下，父亲只好接受了这一事实，并把13岁的米开朗琪罗送到佛罗伦萨最受尊敬的艺术家吉兰达约那里学艺。

在老师的指点下，米开朗琪罗的画艺进步很快，他临摹的作品有时甚至可以超过老师的水平。一天，几个学生正在欣赏老师做的一幅肖像画，米开朗琪罗看了一会儿便拿起铅笔在上面改了几笔。老师看到改动后的作品，不禁在心中赞叹这位有些鲁莽的学生改得好，同时又无法容忍这样有才能的学生超过自己，便给他写了几封推荐信，让他离开了画室。

一年之后，米开朗琪罗师从伯特尔多，继续学习画画。伯特尔多是当时的雕塑艺术大师，在增长米开朗琪罗的艺术才干方面起了举足轻重的作用，使米开朗琪罗的技艺很快变得成熟起来。

米开朗琪罗14岁的时候正式尝试雕塑作品，他在几天之内就成功地完成了牧神头像的雕塑。他的才华得到了佛罗伦萨当时最具权势的人物——劳伦佐的欣赏。劳伦佐把米开朗琪罗带到自己的宫殿，让他有机会从来自世界各地的学者、作家和艺术家身上获得了丰富的精神食粮，使他打开了眼界。

长大之后，米开朗琪罗最终取得了辉煌的成就，成为文艺复兴时期最伟大的艺术家之一。

天才炼成的秘诀

◆ 天才经历启示/告诉爸爸妈妈

1.在由奶妈抚养期间，小米开朗琪罗受到了良好的艺术熏陶，对雕刻也产生了浓厚的兴趣，这正是他雕塑事业的萌芽，奶妈以及石匠对米开朗琪罗的启蒙对他的艺术生涯起到了不可估量的推动作用。因此，家长应该有意识地为培养孩子创造机会，如果想让你的孩子将来成为一名作家，那么在孩子小的时候就要让他在充满书香的家庭环境中成长。这个方法对于孩子的成才是非常重要的，我国古代的"孟母三迁"正是说明了这个道理。

2.虽然对米开朗琪罗喜欢画画的事实感到失望和无奈，但父亲随后还是把他送到艺术中心——佛罗伦萨拜师学艺，仅从这点来讲，米开朗琪罗的父亲还是比较开明的。正是父亲为米开朗琪罗提供了艺术进修的条件，才让他的才能得到了进一步的发挥，加之受到良师的指点，米开朗琪罗最终获得了成功。读完米开朗琪罗成功的故事，我们应该明白，培养孩子要顺从孩子的天性，这样孩子才更容易成才。

◆ 天才经历启示/告诉孩子

米开朗琪罗的父亲得知他想要学习画画，认为很丢人，便用皮鞭"开导"他。然而，这并没有打消米开朗琪罗想要成为一名艺术家的决心，反而促使他坚定地继续沿着艺术之路走下去。米开朗琪罗没有因为父亲的反对而放弃自己的兴趣爱好，我们也应如此，即使在实现自己理想的道路上遇到了困难和阻力，也不能放弃，要像米开朗琪罗那样坚持到底。最终，成功一定会属于我们。

趣味链接：

米开朗琪罗机智"改"雕像

众所周知，《大卫》雕塑是米开朗琪罗最伟大的作品之一。

当米开朗琪罗刚雕塑完大卫像的时候，主管的官员跑去审查，觉得不满意："这座雕像的鼻子太大了。""是吗？"米开朗琪罗站在雕像前看了看，说道："可不是吗，鼻子是有点儿大了，我现在马上就改。"米开朗琪罗知道官员根本就不懂雕塑，如果按照他的意见修改，那么雕塑肯定会被修改得面目全非，于是，他想到一个好办法。米开朗琪罗偷偷地抓了一小块大理石和一小把石粉，拿起工具爬上架子"修改"起石像来。

不一会儿，从上面掉下来很多大理石粉，那位官员只好躲开。过了一会儿，米开朗琪罗把雕像"修"好了，请官员再次检查。这时候，官员仔细地看了看，赞赏地点了点头："嗯，真是好极了，就应该这样子！"

其实，从头到尾，聪明的米开朗琪罗根本就没有改动雕塑。

54. 西方音乐之父——巴赫

全名：约翰·塞巴斯蒂安·巴赫

民族/国籍：德意志

出生地：德国 爱森纳赫

生卒年月：1714年3月8日~1788年12月14日

父母职业：父亲（小提琴手、音乐家）母亲（不详）

兴趣爱好：音乐

毕业院校：圣·米歇尔学校

成才之道：聪明善思、勤于练习

主要成就：

1.巴赫将西欧不同民族的音乐风格融为一体，奠定了现代西洋音乐几乎所有作品样式的体例基础，是近代奏鸣曲式创始人和钢琴协奏曲的奠基者，把复调音乐的技巧发展到登峰造极的程度。

2.巴赫确立了键盘乐器十二平均律原则，《平均律钢琴曲集》首次将十二平均律全面系统地运用到音乐创作实践中，开辟了欧洲音乐的新天地。

3. 巴赫使巴洛克时期的器乐发展到巅峰，如古钢琴作品《法国组曲》、《英国组曲》、《帕蒂塔》，小提琴作品《六首无伴奏小提琴奏鸣曲和帕蒂塔》，乐队作品《勃兰登堡协奏曲》等。

天才的成长故事

巴赫自幼出生在一个音乐世家，祖父和父亲都是音乐家，因此巴赫从小就生活在良好的音乐环境之中。

巴赫的成功，和父亲的教育是分不开的。他的父亲是位小提琴手，也是宫廷乐师及乐队的指挥。巴赫三四岁的时候，父亲就有把他培养成自己接班人的想法。

经过一段时间的认真观察，父亲认为小巴赫对音乐具有浓厚的兴趣，并且确实具有音乐天分。父亲觉得小巴赫是一个学音乐的料。同时，他也明白，想要成

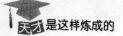

为一个音乐方面的天才，在漫长的学习过程中不仅需要专心致志的学习态度，还需要有持久的耐心。

于是，父亲问小巴赫说："孩子，爸爸看你的学习条件还不错，要是能够坚持练习，你将来很可能会成为一个比爸爸还要有成就的音乐家。不过，这需要有很强的耐力，还要学会经受挫折与失败。你能学好音乐吗？"巴赫认真地点点头："爸爸，您放心吧。"

从那以后，父亲就开始教巴赫学习音乐，从最基本的认识乐器开始。父亲把小巴赫带到乐器间，边拨弄小提琴上的弦边告诉他："通过弦鸣响的乐器就是弦乐器，像小提琴、竖琴、吉他等，都是弦乐器。"

小巴赫点点头，然后也学着父亲的样子拨弄了一下小提琴，他听到小提琴的声音非常好听，就问爸爸小提琴好不好学。父亲告诉他："倒是不难学，但是想要学好就必须坚持不懈地练习才行。当然，还需要掌握一些要领与技巧，这些爸爸可以教给你，关键看你是否有耐心练习了。"

在父亲的循循善诱下，小巴赫学习小提琴非常认真，也非常刻苦。他天天都要练习很长时间的指法，握弓、顶弦、平行推拉、悬肘、运力等。练得久了，不仅肩酸、背痛，甚至有时候连手都不停地发抖。这时候，小巴赫停下来擦擦手上的汗，看到手指肚上被弦勒出的一道深沟，忍不住流下了眼泪。但是，一想到父亲的话："要坚持，要有耐心。"他便会受到鼓舞，又继续练习。

刚开始，巴赫拉出来的声音非常单调，也不好听。他知道这是自己的基本功不到位，因此坚持练习，从没放松对自己的要求。后来，他渐渐悟出了一些技巧：拉琴的时候用力不能过大，关键在于用手控制好琴弦，这样声音才会变得柔和、悦耳。

经过一段时间的不懈努力，小巴赫的小提琴拉得越来越好了。由于聪明善思，小巴赫很快就掌握了父亲教的拉琴技巧，能够独立照谱演奏了。由于练习小提琴的时候打下了良好的基础，巴赫在后来拉中提琴时也能够得心应手。

看巴赫学习音乐这么刻苦，父亲感到非常欣慰，他认为长此以往，小巴赫将来在音乐领域一定会有所作为。

弦乐器的基础打好之后，巴赫又开始向堂叔学习管风琴。从此，他的音乐才华进一步得到了培养和发展，最终成为了赫赫有名的大音乐家。

天才炼成的秘诀

◆ 天才经历启示/告诉爸爸妈妈

1.经过一段时间的观察，父亲认为小巴赫具有很高的音乐天赋，并且是一个学习音乐的料。但是父亲也知道，想要把巴赫培养成为一个音乐天才，就必须让他学会坚持。因此，父亲在教巴赫学习音乐的时候，也是按照这个原则教育他的。事实上，正是具有较强的意志力与耐力，巴赫最终才会成为音乐天才。家长教育孩子做事，也要持之以恒、坚持不懈，这样才能获得成功。

2.巴赫在学习音乐的过程中，认真练习，非常刻苦。虽然吃了很多苦，但是一想到父亲的话，小巴赫就会受到鼓舞，又会继续练习。由此可见，家长的鼓励对孩子的成长具有非常重要的作用。因此，鼓励能把孩子培养成天才，家长一定要多鼓励孩子，虽然有时可能只需要家长一句简单的话，但对孩子的影响却是非常深远的。

◆ 天才经历启示/告诉孩子

在父亲的循循善诱下，小巴赫学习小提琴非常认真，也非常刻苦。他天天都要练习很长时间的基本功，虽然非常辛苦，但是出于对音乐的喜爱，巴赫还是坚持下来了，最终成为了音乐家。"吃得苦中苦，方为人上人。"所以，我们也要向巴赫学习，要肯吃苦，肯下功夫才能取得最后的成功。

趣味链接：

刻苦学习音乐的巴赫

"巴赫"在德文中是"小溪"的意思。巴赫家族中几代人都是宫廷乐师，但他们家境并不富裕。巴赫从小酷爱音乐，由于家庭贫困，他无法得到系统正规的音乐教育，只能靠自己刻苦自学。

小巴赫的哥哥曾保存有一叠名家乐谱，巴赫也很想学习这本乐谱。于是他决心花费半年的时间把这本乐谱抄下来。一次，在家人睡熟后，巴赫伏在窗前的桌子上，继续抄谱。谁知哥哥发现后，粗暴地烧掉了乐谱。小巴赫为此难过好了几天，但他并没有灰心丧气。不久，他独自离家来到汉堡附近的一个市镇上，向一位当地有名的风琴师求教。风琴师借给他许多珍贵的乐谱，让他学习。后来，巴赫终成一位出色的风琴演奏家。

55. 交响乐之父——海顿

全名：弗朗茨·约瑟夫·海顿

民族/国籍：奥地利

出生地：奥地利 镇罗劳村

生卒年月：1732年3月31日～1809年5月31日

父母职业：父亲（车匠）母亲（厨工）

兴趣爱好：音乐

毕业院校：海恩堡教会合唱团

成才之道：自幼受到音乐的熏陶与出众的音乐天赋

主要成就：

1.海顿是维也纳古典乐派的奠基人和第一位代表人物，他还是德国国歌的曲作者。

2.海顿把交响乐固定为4个乐章的形式，确立了乐队的双管编制和近代配器法原则，为现代交响乐的发展奠定了基础。

3.海顿的音乐以交响乐和弦乐四重奏最为杰出，作品范围非常广泛，如交响曲、歌剧、清唱剧等。代表作品主要有：交响曲《伦敦交响曲》、《牛津交响曲》、《军队交响曲》、《时钟交响曲》、《惊愕交响曲》等，清唱剧《创世纪》和《四季》等。

天才的成长故事

海顿生于奥地利东部边境坐落于莱塔河边的罗劳村，他家经常遭遇洪水，还曾遭遇过一次火灾。虽然家里有些简陋，但是却被收拾得整洁干净。海顿在狭小的房间里能够听到莱塔河潺潺的水声，他一生中最快乐的时光就是在这里度过的。

海顿的父亲是世代相传的车匠，以修造马车为生，母亲是贵族府中的厨工。虽然出身贫寒，但海顿家中总是充满了快乐和温情。

　　海顿从小就是在民间音乐和教堂音乐的熏陶中长大的。海顿的父亲天生就热爱音乐，虽然是一个文盲，却不乏艺术品位。他不识音符，却能把一只竖琴弹得名扬远近。此外，海顿的父亲还有一副好嗓子，唱歌非常有魅力。经过一天的辛勤劳动，海顿的父亲总是把家人召集在一起唱歌放松，他自己就边唱边伴奏，一家人总是沉浸在快乐的家庭氛围之中。

　　有时候，父亲还会像富贵人家那样，经常在家里举行家庭音乐晚会。小海顿非常喜欢这种气氛，他经常站在父亲的身边，用一根木棍假装拉小提琴，总是在不知不觉中陶醉其中。

　　在这种家庭环境的影响下，小海顿拥有了超凡的音乐天赋。他有非常好听的童声高音，不仅能够模仿及唱出他所听到的歌曲，而且还能在自制的小提琴上拉出这些旋律来。对此，父亲感到非常高兴。

　　虽然在当时来说，音乐难入大雅之堂，但是父亲却从不认为音乐是不体面的东西，也从未因此而阻止小海顿发展在这一方面的兴趣。相反，父亲觉得音乐是快乐生活的源泉，因此经常鼓励小海顿要好好学习音乐。

　　父亲知道，在罗劳这个小地方，对一个有着较高音乐天赋的孩子来说，没有任何可以学习音乐的机会。为了让海顿受到更好的教育，父亲把他送到了几英里外的海恩堡向法郎克学习音乐。

　　法郎克精心栽培小海顿，除了上课之外，还经常带着他参加当地的音乐活动。这段时间，小海顿收获颇多，他学习了乐理知识，以及常用乐器，如钢琴、小提琴等的弹奏。海顿超人的音乐才华使他在音乐学习生活中游刃有余。两年后，海顿以歌声打动维也纳圣史蒂芬教堂唱诗班的指挥，被选入唱诗班接受进一步的音乐教育。

　　自此，小海顿的命运发生了巨大的转折。教会的课程非常严厉，指挥对孩子的要求也非常苛刻。尽管海顿开始尝试着作曲，但由于教堂活动比较多，指挥忙得没有时间给海顿提出音乐方面的任何建议。因此，海顿只好靠自己的天赋去挖掘音乐技巧。

　　后来，海顿嗓子变声，被合唱队赶了出来。从此，海顿流落街头，尝遍了艰难困苦。这个时期是海顿一生最为艰辛的时期，值得一提的是，在此期间海顿从未动摇过热爱音乐的信念，依然刻苦研究音乐。

　　最终，海顿得到匈牙利贵族保尔艾斯特哈齐的帮助，成为这位侯爵的宫廷乐师。自此，他又重新走上了音乐之路。

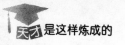
天才炼成的秘诀

◆ **天才经历启示/告诉爸爸妈妈**

1.海顿从小就是在音乐的熏陶下长大的，他的父亲热爱音乐，并且从未阻止海顿在音乐上的兴趣，而是经常鼓励他要好好学习音乐。在这种家庭环境的影响下，小海顿幼小的心灵中埋下了音乐的种子，他的音乐天赋得以显现。可见一个人的兴趣的培养和志向的确定和家庭环境以及家庭教育有着很大的关系。因此，为了培养孩子成才，家长一定要注重为孩子营造一个良好的成长环境，这将对孩子产生潜移默化和持久深远的影响。

2.父亲知道在罗劳这个小地方，对像海顿这样具有较高音乐天赋的孩子来说是没有学习和提高的机会的。因此，为了让海顿受到更好的教育，父亲把他送到了海恩堡向法郎克学习音乐。最后，在父母的全力支持下，海顿终于如愿以偿，成为杰出的音乐家。海顿的例子告诉家长：再穷也不能穷孩子，一定要给孩子提供比较好的学习机会，这样孩子的天赋和才能才会得到良好的开发与发展。

◆ **天才经历启示/告诉孩子**

海顿因为嗓子变声而被合唱队赶了出来。从此他流落街头，尝遍了艰难困苦。但他并没有放弃对音乐的追求，最终熬过了一生最艰辛的时期，成为了大音乐家。由此我们知道，面对生活中的挫折，我们一定要坚强面对，对自己的兴趣要不抛弃，不放弃，这样我们才能登上成功的顶峰。

趣味链接：

"第三只手"才能弹出来的曲子

莫扎特是海顿的学生。一次，莫扎特和老师打赌，说他能写一段曲子，老师弹不了。海顿自然不相信，于是莫扎特伏案疾书，用了不到5分钟就把刚完成的乐谱稿子送到海顿面前，海顿来不及细看便照着乐谱弹奏起来。

过了一会儿，海顿弹不下去了，"这是什么呀？两只手分别弹奏钢琴的两端时，键盘中间怎么会有一个音符呢？真是活见鬼，这样的曲子任何人都弹不了。"海顿惊叫起来。

只见莫扎特微笑着坐到钢琴前，胸有成竹地弹奏起来。当弹到需要"第三只手"才能弹出来的音符时，莫扎特弯下身来，用鼻子弹了出来。

对此，海顿不禁对自己的高徒称赞不已。

56. 杰出的音乐大师——莫扎特

天才档案

全名：沃尔夫冈·阿玛多伊斯·莫扎特

民族/国籍：奥地利

出生地：奥地利 萨尔茨堡

生卒年月：1756年1月27日~1791年12月5日

父母职业：父亲（作曲家、小提琴师）母亲(不详)

兴趣爱好：音乐

毕业院校：受到父亲的良好教育，后从师海顿

成才之道：超凡的音乐天赋

主要成就：

1.莫扎特不仅是古典主义音乐的杰出大师，更是人类历史上极为罕见的音乐天才，他是欧洲维也纳古典乐派的代表人物之一，也是古典乐派最典型的作曲家。

2.莫扎特是钢琴协奏曲的奠基人，对欧洲协奏曲的发展作出了杰出的贡献。

3.莫扎特创作的主流是歌剧，在德国歌剧艺术的开拓史上立下了不朽业绩。主要代表作品有：《费加罗的婚礼》、《唐璜》、《魔笛》等。

4.莫扎特一共创作了歌剧、交响乐、协奏曲及室内乐等多种体裁的音乐，对欧洲音乐的发展作出了巨大的贡献，在世界艺术史上树立了永久的丰碑。

天才的成长故事

1756年1月27日，在奥地利的萨尔茨堡的一个普通家庭里出生了一个小男孩，他就是莫扎特。

莫扎特的父亲是一位作曲家，也是宫廷乐团里的小提琴手，他的母亲也非常喜欢音乐，姐姐更是从小就跟着父亲学音乐。因此，莫扎特从小就在音乐的良好氛围中熏陶成长。

莫扎特从小就表现出了超凡的音乐天赋，他3岁的时候就能够听懂音乐。一天，父亲在琴房里教姐姐弹琴，小莫扎特被"叮叮咚咚"的琴声征服了，他就搬了一只小凳子坐到旁边，认真地听。

从那以后，每当父亲教姐姐弹琴的时候，小莫扎特都会放下玩具，跑过去认真地听。凡是听过的曲子，莫扎特都能记住，有时姐姐弹错的时候他也能准确无误地指出来。父亲看莫扎特这么小，就没打算教他弹琴，于是小莫扎特就自己敲打琴键玩儿。姐姐练完琴离开后，小莫扎特就会在键盘上尝试着弹奏。

父亲非常重视对小莫扎特的培养，他看出莫扎特具有不一般的音乐天赋，同时他也明白如果不严加训练，莫扎特是很难成才的。所以，在莫扎特4岁的时候，父亲就开始教他弹钢琴、拉小提琴。父亲把全部的希望寄托到莫扎特身上，殚精竭虑，精心培养。父亲对莫扎特的要求非常严格，不仅让他掌握音乐理论与演奏技能，而且对他进行拉丁文、意大利文、法文等文化方面的教育，以提高他的文化、艺术修养。

父亲教莫扎特学音乐，遵循着循序渐进的原则，开始时只教给他一些简单的曲子。但是莫扎特自幼聪明好学，接受能力非常强，一般的曲子他弹过就能记住了，到5岁的时候莫扎特就能自己作曲了。更可贵的是，莫扎特作曲不仅速度快，而且质量也很高。

平时，父亲经常和乐团的两位小提琴手一起在家演奏三重奏。一天，莫扎特听到父亲他们又在客厅里演奏小提琴曲，便拿起自己的小提琴来到客厅，向父亲提出拉第二小提琴的要求。

父亲平时让莫扎特把主要精力放在练钢琴上，只是偶尔教他拉小提琴，因此开始并没答应莫扎特的要求。于是莫扎特对父亲说他可以看着曲谱拉，"就让我们的'小天才'试一试吧。"拉第二小提琴的叔叔给了莫扎特宝贵的机会。

就这样，莫扎特才得以和父亲以及另外的一位叔叔一起演奏了小提琴三重奏。演奏结束后，三个大人一动不动地看着小莫扎特，情不自禁地为他的音乐才华所折服，一致认为他是一个音乐天才。

父亲为莫扎特的音乐天赋感到震惊，从此以后开始教他一些难度较大的曲子。为了让莫扎特开阔眼界，父亲就带着6岁的莫扎特和姐姐到欧洲各国进行旅行演出。莫扎特在父亲的带领下到过慕尼黑、巴黎、伦敦、佛罗伦萨等许多地方，所到之处总是引起巨大的轰动，小莫扎特从此也被人们誉为"音乐神童"。

在父亲的严格要求下，加上莫扎特自己的音乐天赋与刻苦努力，他最后终于成为闻名世界的音乐家，成为维也纳古典乐派的代表人物。

天才炼成的秘诀

◆ 天才经历启示/告诉爸爸妈妈

1.莫扎特的成功和他小时候所接受的音乐启蒙教育是分不开的。出生在一个音乐世家，使莫扎特继承了优秀的音乐基因。他3岁的时候就能听得懂音乐，受到家庭环境的良好的熏陶，他的音乐天赋得以发展。由此我们知道，想要培养孩子在音乐或者其他方面的兴趣，家长就要给孩子一个相应的成长环境，让孩子受到潜移默化的影响。这种影响对孩子的成才是非常必要的。

2.爸爸非常重视对小莫扎特的培养，他看出莫扎特的音乐天赋，同时也明白如果不严加训练，莫扎特是很难成才的。所以，在莫扎特4岁的时候，爸爸就开始教他弹钢琴、拉小提琴。爸爸在教小莫扎特掌握音乐理论与演奏技能的同时，还注意对莫扎特进行拉丁文、意大利文等文化方面的教育，以提高他的文化、艺术修养。

对家长而言，想要把孩子培养成艺术方面的人才，也要注重提高孩子的文化、艺术修养，加强对孩子的训练要求，这样孩子才能更容易成才。

◆ 天才经历启示/告诉孩子

我们知道，莫扎特之所以能够成为音乐神童，除了小时候受到父亲的严格教育外，还和他自己的刻苦与勤奋有着很大的关系。莫扎特曾说过："人们以为我的艺术得来全不费工夫。实际上没有人会像我一样花这么多时间和思考来从事作曲；没有一位名家的作品我不是辛勤地研究了许多次。"可见，想要在某一方面取得卓越的成就，除了具有良好的天赋，我们还要刻苦钻研，勤奋学习，这也是成功的一个重要因素。

戴着眼镜睡觉的莫扎特

莫扎特有一个习惯，就是每天晚上睡觉的时候总要戴着眼镜。有人曾经问他：“莫扎特，你为什么每天睡觉都要戴着眼镜呢？”

莫扎特回答：“我经常在梦里想到一些乐曲的旋律，要是不戴眼镜，那么就无法看清楚那些音符，醒来之后就什么也记不得了。”

57. 交响乐之王——贝多芬

天才档案

全名： 路德维希·凡·贝多芬

民族/国籍： 波兰（另一说荷兰，有待考证）

出生地： 德国 波恩

生卒年月： 1770年12月16日~1827年3月26日

父母职业： 父亲约翰（宫廷乐师） 母亲（厨娘）

兴趣爱好： 接近大自然，音乐（尤其是弹钢琴）

毕业院校： 无，曾向莫扎特和海顿学习

成才之道： 父母良好的教育，有坚强的毅力和执著的精神

主要成就：

1.集古典音乐的大成，同时开辟了浪漫音乐的道路，对世界音乐的发展有着举足轻重的作用，被世人尊称为“乐圣”。

2.维也纳古典乐派代表人物之一，与莫扎特、海顿一起被称为“维也纳三杰”。

3.凭着顽强的毅力创作出大量的交响乐与钢琴曲，音乐题材比较广泛，代表作主要有：《命运》、《英雄》、《悲怆》、《月光》，等等。

天才的成长故事

"乐圣"贝多芬出生于德国的一个音乐世家。他的父亲是一位宫廷男高音歌手，对自己的处境非常不满意，感到有些怀才不遇，因此性情比较暴躁，喜怒无常，经常借酒消愁，整天醉醺醺的。与之形成很大反差的是，贝多芬的母亲却非常慈祥，善解人意。

贝多芬自幼跟着父亲学习音乐，很小就表现出很高的音乐天赋，这让郁郁不得志的父亲感到非常骄傲。神童莫扎特的成功典范让贝多芬的父亲深受刺激，为了弥补自己事业上的失败，父亲把所有的希望都寄托在了贝多芬身上。

然而，父亲也知道，孩子的天才在于挖掘和培养。因此，在贝多芬只有4岁的时候，父亲就开始对他进行强制性教育：父亲把小贝多芬"锁"在钢琴旁，让他整天没完没了地练习弹钢琴、小提琴以及其他的一些乐器。父亲从不允许贝多芬有一丝一毫的懈怠，即使在寒冬，贝多芬的手指都冻僵了，父亲仍然强迫他练琴。父亲每天总是拿着棍子守在贝多芬旁边，只要贝多芬弹错一个音符，父亲就会用棍棒教训他。有时候，父亲从外面喝完酒回来，也会把睡梦中的贝多芬拉下床，让他弹琴。如果贝多芬动作稍慢了一点儿，喝醉酒的父亲就会不依不饶，甚至会痛打贝多芬一顿。可想而知，在这样的环境下成长，贝多芬的童年生活一直像琴弦一样紧绷着，毫无乐趣可言。

比较幸运的是，贝多芬有位善良的母亲。虽然母亲也希望小贝多芬能够像莫扎特那样成为著名的音乐家，但母亲更注重用母爱启迪贝多芬幼小的心灵，激发他的音乐灵感。

贝多芬小的时候对大自然非常痴迷，于是，母亲便经常带着他去郊外散步。贝多芬经常陶醉在大自然秀丽的景色之中，茂密的树林、潺潺的河流等，总能让贝多芬深深地感动。一次，母亲带着贝多芬来到郊外，夕阳西下，太阳的余晖洒到大地上，近处的宽阔的河水欢腾地流过，远处的燕子上下翻飞，嬉戏打闹着。贝多芬被这景象迷住了，他专注地看着大自然，听着大自然，连打雷的声音都没有听到。

母亲喊他回家，可是贝多芬却对母亲说自己听着风吹过树叶的声音，听着水流过的声音，感觉就像雄浑有力的交响乐。贝多芬的话让母亲感到很高兴，她知道这是贝多芬敏锐的音乐细胞发生了作用。母亲看到贝多芬凝望着树林深处，仿佛在思索着什么。于是，母亲不失时机地引导贝多芬，鼓励他回到家用钢琴表达出自己的感受。

后来，父亲知道，只让孩子在屋子里练弹钢琴是不够的。为了让贝多芬见见世面，开开眼界，父亲便经常带着他到大剧院去看歌剧。这让贝多芬深受感动，他的心灵受到强烈的震撼，甚至进了剧院都不想出来了。贝多芬11岁的时候，父亲在乐队里给他谋了一个位置，为他进一步深造创造了有利的条件。

如果说，贝多芬的父亲严厉地教育使他在钢琴弹奏方面得到了很大的进步，那么贝多芬的母亲用自己的慈爱，打开了贝多芬智慧的大门，使他的音乐灵感得以充分地发挥。贝多芬在父母的精心教育下，最终走向了音乐的殿堂。

天才炼成的秘诀

◆ 天才经历启示/告诉爸爸妈妈

1.贝多芬的父亲知道，孩子的天才在于挖掘和培养，因此在贝多芬很小的时候就强制他每天练习钢琴。后来，父亲经常带着小贝多芬去大剧院，使他增长了见识。这些条件对于贝多芬的成才有着重要的影响。虽然说为了挖掘孩子的天才，强迫孩子练习钢琴这种教育方式并不可取（棍棒底下未必出人才），但是家长也要学习贝多芬父亲的可取之处，积极为孩子的成长、成才创造有利条件。

2.贝多芬的母亲一直都在用慈爱来引导贝多芬，启迪贝多芬年幼的心灵，这有效地激发了小贝多芬的音乐灵感，对他以后成为音乐天才有着举足轻重的影响。所以家长也应该像贝多芬的母亲那样，多给孩子一些自由成长的空间，用慈母的胸怀、悉心的教导来启发引导自己的孩子。

◆ 天才经历启示/告诉孩子

贝多芬自小便有着卓越的音乐天赋，虽然童年生活非常不幸，一直都是在父亲的棍棒教育下成长。但是这并没有让贝多芬放弃对音乐的爱好，反而练就了他坚强的意志，最终使他走向了音乐的圣殿，成为音乐天才。想要成为贝多芬那样的天才，除了具有一定的天赋之外，我们也需要有坚强的毅力与执著的精神。

趣味链接：　　　　　　　　　**"对猪弹琴"**

贝多芬性格比较激进，一贯蔑视权贵。

贝多芬成名后，一次，几个贵族邀请到贝多芬，要一起欣赏他的钢琴演奏。刚开始的时候，贝多芬的兴致高昂，积极地进行弹奏。可是，他发现这些贵族并不在意他的演奏，他们的注意力根本不在欣赏他的演奏上。贝多芬明白了他们之所以邀请自己，只不过是想"装点装点门面"而已。

贝多芬非常生气，他盖上钢琴盖，对贵族们说："我没有兴趣对猪弹琴。"说完，贝多芬便怒气冲冲地离开了。

58. 7岁作曲的音乐天才——肖邦

天才档案

全名： 弗里德里克·肖邦

民族/国籍： 法兰西和波兰

出生地： 波兰 华沙 热里亚佐瓦·沃利亚

生卒年月： 1810年3月1日~1849年10月17日

父母职业： 父亲（家庭教师） 母亲（曾任女管家）

兴趣爱好： 听音乐、弹钢琴

毕业院校： 华沙音乐学院

成才之道： 非凡的音乐天赋+刻苦的练习+真挚的情感

主要成就：

1.肖邦是伟大的波兰音乐家，创作了很多具有爱国主义思想的钢琴作品，被称为"浪漫主义钢琴诗人"。

2.肖邦的音乐具有浓厚的波兰民族风格，挖掘和丰富了多种音乐体裁的潜在艺术表现力，并赋予新的内容，形成了独特的"肖邦风格"。

3.肖邦在音乐领域内，写下了大量杰出的作品，如《夜曲》、《圆舞曲》、《革命练习曲》等，对钢琴音乐乃至整个音乐创作的历史发展，作出了重大的贡献。

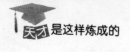

天才的成长故事

　　肖邦是7岁就会作曲的音乐天才，可以说父母的教育在一定程度上让肖邦的音乐天赋得到了培养及开发。

　　肖邦的母亲特别喜欢唱歌，在肖邦还没有出生的时候，母亲就十分注重对肖邦进行音乐方面的胎教，经常唱波兰民歌，希望肚子里的小宝宝能够听到她的歌声。肖邦出生后，母亲也会一首接着一首地给小肖邦唱波兰民歌。虽然那时候小肖邦还只是一个喜欢哭闹的婴儿，但只要一听到母亲的歌声，小肖邦立刻就会停止哭闹，安静下来。

　　肖邦4岁的时候，家里添置了一架钢琴。这样一来，一有空，肖邦就会缠着母亲给他弹琴唱歌，母亲经常是一边弹琴一边唱波兰民歌。

　　一天，肖邦自己爬到琴凳上，在钢琴的键盘上敲打着，试着寻找母亲平时给他弹奏的旋律。虽然旋律弹得不太连贯，但是对于5岁的肖邦来说已经很了不起了。恰巧这时候，在隔壁的房间里肖邦的父母正在商量着给他找一位钢琴老师，听到断断续续的琴声，他们感到很吃惊。

　　肖邦的父母急忙赶到琴房，看到肖邦正在用小手指头兴奋地弹奏平时母亲给他弹的曲子呢。他弹得非常专注，就连父母进屋都没有听见。等肖邦弹奏完，父亲忍不住一把抱住了肖邦："孩子，你真是一位音乐小天才呀！"

　　看到小肖邦的音乐才华之后，父亲意识到即使再伟大的音乐天才，如果不经过专业教育也是不行的。因此，父亲决定让肖邦接受系统的专业教育。于是，父亲毫不犹豫地给肖邦请了一位钢琴教师，对他进行严格训练。

　　在钢琴老师的严格训练下，肖邦刻苦地练习，7岁就学会了自己作曲，创作了《波罗乃兹舞曲》。8岁的时候，肖邦就登台演出了，当看到流水般的乐曲从一个8岁的孩子手中流淌出来，人们都惊讶不已。一时之间，肖邦的名字传遍了华沙市，邀请他演奏的请柬像雪花般飞来。

　　这时候，父亲试探地问肖邦："孩子，大家都说你是音乐神童，都请你去演出。那么，你是怎么想的呢？"肖邦想了想，低声回答父亲："我认为如果演出多了，练琴的时间就少了。""对啊，你若想成为一名真正的钢琴家，还有很多需要学习的地方呢。"父亲循循善诱，引导肖邦不要放弃练习。

　　在父母的教导下，肖邦更加刻苦地练习钢琴，从不放松对自己的要求。

　　随着肖邦的逐渐长大，他对波兰民歌越来越痴迷。14岁那年，他随着父母一起去乡下度暑假。于是，肖邦便利用这个机会，去乡村搜集民歌。经常都是太阳一出来，肖邦便会爬到山坡上，去听牧民唱民歌。夜晚的时候，肖邦也会跟着村民一起围着火堆跳民间舞蹈。夜深人静的时候，肖邦就会把一首首波兰民歌记录下来。

20岁的时候，肖邦到了世界艺术中心——法国巴黎。在这里，肖邦的音乐创作取得了惊人的成就，他最终步入了音乐的光辉殿堂，成为了一代音乐天才。

天才炼成的秘诀

◆ 天才经历启示/告诉爸爸妈妈

1.在肖邦还没有出生的时候，肖邦的母亲就经常给他唱波兰民歌，使他受到良好的胎教。后来，肖邦出生后，母亲也经常给他唱歌。家里有了钢琴之后，肖邦更是缠着母亲给自己弹琴唱歌。可以说，母亲为肖邦营造了良好的音乐氛围，为肖邦的成才奠定了良好的基础。家长要像肖邦的母亲那样，为了让孩子早日成才，给孩子营造良好的家庭氛围。

2.看到小肖邦的音乐天赋，父亲意识到应该让他接受专业的教育。于是，父亲毫不迟疑地给他请了一位钢琴教师。实际上，这也是肖邦得以成才的一个重要的客观原因。如果家长发现了自己的孩子在某一方面有着非凡的天赋，那么一定要像肖邦的父亲那样，给孩子提供机会，让孩子接受专业系统的教育，这会促使孩子早日成才，尽快走向成功之路。

◆ 天才经历启示/告诉孩子

肖邦自小便有较高的音乐天赋，7岁能够作曲，8岁登台演出。这时候，肖邦没有被眼前的荣誉冲昏头脑，而是继续刻苦练习钢琴，继续坚定地走自己的音乐之路，最终成为音乐天才，对音乐的发展作出了重要的贡献。在物欲横流、思想浮躁的当今社会，我们也需要具有肖邦那样对艺术的执著追求与刻苦训练的精神，这样才更容易走向成功。

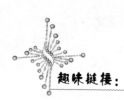

趣味链接：

李斯特巧荐肖邦

肖邦初到巴黎的时候，尚未成名，而且经济十分困难。当时李斯特已经是举世闻名的大钢琴家。李斯特对肖邦的才艺十分欣赏，他想向大家介绍肖邦，经过苦思冥想，终于想出一个办法。

一天晚上，李斯特进行公演，大厅里积满了听众。当大厅的灯一熄灭，李斯特便悄悄让肖邦代替自己演奏。琴声深沉忧郁，让听众听得如痴如醉。在雷鸣般的掌声中，听众发现弹钢琴的并不是李斯特，而是肖邦。于是，一阵热烈的掌声再次响起，从那以后，肖邦一鸣惊人，成为著名的音乐家。

59. 钢琴王子——李斯特

天才档案

全名： 弗朗兹·李斯特

民族/国籍： 匈牙利和日耳曼

出生地： 匈牙利 赖丁镇

生卒年月： 1811年~1886年7月31日

父母职业： 父亲（羊圈的圈头）母亲（不详）

兴趣爱好： 音乐、即兴演奏

毕业院校： 未受学校教育[曾先后师从萨里埃里（或译萨列里）、车尔尼、雷哈、巴埃尔]

成才之道： 自幼对音乐非常敏感，受到良好的教育，最终成才。

主要成就：

1. 李斯特是浪漫主义前期最杰出的代表人物之一，首创了背谱演奏法，发明了交响诗这一体裁，是现代钢琴技术的创造者之一。

2. 代表作品：《浮士德交响曲》、《但丁交响曲》、《匈牙利狂想曲》、交响诗《前奏曲》、《马捷帕》、《B小调钢琴奏鸣曲》、《12首超技练习曲》和《旅行岁月》等。

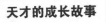

天才的成长故事

李斯特出生在距离奥利地的边境不远的匈牙利赖丁镇。

李斯特的父亲最初做的是低下、粗笨的体力活，他后来在一个公爵家做了一个村羊圈的圈头。父亲的收入微薄，全家只能过足以果腹的生活。

李斯特的童年过得非常艰难。他们没有自己的房子，住在公爵家里，只有一间又小又矮的房子。屋子里的布置也非常简陋，一张床，一个小桌子，一条长凳，几把椅子和一些简单的生活用品。后来，家里添置了一台斯频耐琴（古代一种长方形的小型羽管键琴），李斯特小时候曾弹了两年，这对他走上音乐之路产生了重要作用。

或许和贫穷的家境有关系，李斯特童年的时候体弱多病，有些先天性的营养不良。虽然父母没有足够的钱给李斯特补养身体，但是他们给了他充分的关爱和悉心的照料。

日常生活中，父母经常带着李斯特到大自然中去，呼吸新鲜空气，倾听大自然的声音，用运动来锻炼他的体魄，用大自然来启迪他的智慧、熏陶他的心灵。渐渐地，李斯特的体质得到了改善，他的身体越来越好，一直到晚年都格外健康。

李斯特的家乡在匈牙利的西部，婀娜多姿的多瑙河流经这里，河流的东边是广阔无垠的大草原，西边是风景如画的丘陵。童年的乡村生活给李斯特留下了深刻的印象，使他从小对大自然的季节轮回格外敏感。生活在这样的环境中，李斯特身心得到了很好的放松，心情非常愉悦。

值得一提的是，童年时期匈牙利的民间音乐在李斯特的心里也产生了不可磨灭的印象。尤其是每当游泳的吉卜赛人路过的时候，李斯特总是喜出望外，因为他们的到来总是伴随着音乐。小李斯特经常一连好几个小时耐心地倾听吉卜赛小提琴手的演奏，父亲见他这么喜欢音乐，告诉他吉卜赛人演奏的音乐都是民间自然产生的，这为李斯特日后成为举世闻名的音乐家打下了良好的基础。

李斯特6岁的时候，开始学弹钢琴，先后向多位著名的音乐家学习弹钢琴和作曲，11岁的时候就开始了辉煌的钢琴演奏生涯，最终成为了伟大的"钢琴王子"。可以说，父母的关爱，家乡山水的熏陶，给李斯特的音乐创作提供了很好的灵感和激情。

天才炼成的秘诀

◆ 天才经历启示/告诉爸爸妈妈

1.从故事中我们知道，李斯特小时候体弱多病，虽然父母没有足够的钱给他补养身体，可是却给了他充分的关爱和悉心的照料。父亲经常带着李斯特到大自然中去，引导他倾听大自然的声音，并用运动来锻炼他的体魄，用大自然来启迪他的智慧、熏陶他的心灵。渐渐地，李斯特的体质逐渐得到改善，身心得到了很好的放松，心情非常愉悦。这些经历给李斯特日后的音乐创作提供了丰富的灵感和激情。

或许，家长无法给孩子一个富裕的成长环境，但可以给孩子更多感情上的关爱和精神上的支持。那么，家长不妨像李斯特父亲那样，经常带着孩子到大自然中去，这样不仅能够净化孩子的心灵，熏陶孩子的情操，增益孩子的智慧，还能让孩子强身健体，让孩子受益终生。

2.童年时期匈牙利的民间音乐在李斯特的心里也产生了不可磨灭的印象，尤其是吉卜赛人带来的音乐，能够让小李斯特连续听好长时间。可贵的是，父亲从中发现了李斯特对音乐的兴趣，并且告诉他一些相关的知识，这为他日后成为举世闻名的音乐家打下了良好的基础。所以，对与孩子比较感兴趣的事情，家长要有意识地引导，这有助于让孩子的兴趣深入发展为人生的事业，更利于孩子的成才和成功。

◆ 天才经历启示/告诉孩子

我们知道李斯特出生在一个贫寒的家庭中，童年过得非常艰辛，但这并不影响李斯特成为伟大的"钢琴王子"，重要的是李斯特对音乐的敏感以及自己的刻苦练习。所以，当我们在生活中遇到挫折，或者对因生活状况不满而抱怨的时候，不妨以李斯特为自己的榜样，激励自己努力前进。

趣味链接：

停止演奏的理由

一天，"钢琴王子"李斯特到克里姆林宫演奏。

然而，李斯特都已经开始演奏了，可是沙皇仍然在说着闲话。李斯特看到沙皇仍在说话，便停止了演奏。这时候沙皇问他原因，他谦卑却不乏骄傲地欠身说道：“陛下说话，别人理应保持缄默。”

60. 俄罗斯最伟大的作曲家——柴可夫斯基

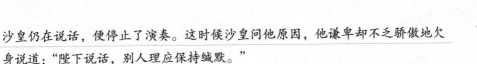

全名： 彼德·伊里奇·柴可夫斯基

民族/国籍： 俄罗斯

出生地： 俄罗斯 乌拉尔 沃特金斯克

生卒年月： 1840年5月7日~1893年11月6日

父母职业： 父亲（采矿工程师、矿厂厂长）母亲（不详）

兴趣爱好： 音乐、弹钢琴

毕业院校： 圣彼得堡音乐学院

成才之道： 从小对音乐的执著追求

主要成就：

1. 柴可夫斯基是俄罗斯伟大的浪漫乐派作曲家，也是俄罗斯民族乐派的代表人物，其音乐风格影响了很多后人。

2. 代表作主要有：歌剧《叶普盖尼·奥涅金》、《黑桃皇后》等，芭蕾舞剧《天鹅湖》、《胡桃夹子》、《睡美人》，交响曲《第四交响曲》、《第五交响曲》、《D大调小提琴协奏曲》，交响序曲《罗密欧与朱丽叶幻想序曲》，等等。

天才的成长故事

1840年5月7日，在采矿工程师家里传出了一阵阵欢笑：一个小男孩降生了。他就是后来伟大的作曲家——柴可夫斯基。

柴可夫斯基的母亲多才多艺，不仅讲得一口流利的法语和德语，而且会唱歌、善弹琴。童年的柴可夫斯基最喜欢牵着母亲的手，陶醉在安谧的大自然中。母亲经常给他唱浪漫曲或者流行歌曲，虽然母亲并不是一个音乐家，但是小柴可夫斯基经常陶醉在母亲甜美的歌声中，这是他最早的音乐启蒙教育。

虽然柴可夫斯基并不像莫扎特那样拥有一个被音乐氛围包围的家庭环境，但毫无疑问，他也是一个音乐天才，是有史以来最伟大的作曲家之一。

小的时候，柴可夫斯基就表现出了极为敏感的天性和怪诞的性格。柴可夫斯基非常敏感，一些微不足道的小事都有可能伤害到他。同时他对音乐也非常敏感，母亲经常嗔怪他是个酷爱音乐的"小疯子"。

一天，家庭晚会结束后，孩子们都回了自己的房间。家庭教师看到小柴可夫斯基坐在床上，两眼放着奇异的光芒，嘴里不停地喊着："听听这音乐，它在我的头脑里，我无法摆脱，不能安静下来！"其实，这里面也蕴含着柴可夫斯基对音乐的敏感，也只有一个分外敏感的人才能把握内心深处的渴望与细微的变动，并且恰到好处地用音乐表达出来。这时候的柴可夫斯基就能凭着自己灵敏的听觉，在钢琴上准确地弹出自己听到的曲调。

在柴可夫斯基5岁生日的那天，父亲送给他一个八音盒作为生日礼物。看到父亲把八音上满发条，八音盒就响起一阵悦耳的音乐，柴可夫斯基高兴极了，他深深地被这个八音盒迷住了，对他而言，这是最有意义的生日礼物。八音盒中还储存着一些作曲家（如莫扎特等名人）的曲子。从此之后，小八音盒就成了柴可夫斯基最好的朋友，他反复地听莫扎特的曲子，由此萌发了对莫扎特的崇敬及对莫扎特音乐的喜爱。

见他对音乐这么敏感，父母感受到了柴可夫斯基的音乐天赋。于是，父亲便给他请了一位音乐教师，让他接受系统的音乐训练。从那以后，柴可夫斯基对音乐更加痴迷了，他练琴很刻苦，甚至有时候在睡梦中也在练琴。在音乐的海洋中，柴可夫斯基如鱼得水，不到三年的工夫就可以弹得像年轻的音乐教师那样好了。

后来，柴可夫斯基全家搬到了彼得堡。虽然希望柴可夫斯基将来能当一名律师，但是善解人意的父亲放纵了儿子对音乐的热爱，并为他找了一名知名钢琴师。在钢琴师的指导下，柴可夫斯基懂得了如何去理解音乐、品味音乐，有时柴可夫斯基还会即兴给老师演奏一首曲子，师生二人经常陶醉在优美的旋律里。

后来，柴可夫斯基进入法律学校学习。此时的他并没有放弃追求自己的理想，他依然经常练琴，刻苦钻研乐理知识。最终，柴可夫斯基心想事成地考上了圣彼得堡音乐学院。从此，他的音乐才华被唤醒了，他才思敏捷，"乐如泉涌"，步入了辉煌的音乐殿堂。

天才炼成的秘诀

◆ **天才经历启示/告诉爸爸妈妈**

1.母亲的催眠曲，父亲的"八音盒"，培养了柴可夫斯基良好的乐感，形成了他最初的音乐记忆，这就是父母对他进行的启蒙教育。对孩子进行启蒙教育是家长义不容辞的责任，否则孩子的大脑就像一张白纸，很难有所突破。

因此，家长在生活中要加强对孩子进行启蒙教育的认识，要像柴可夫斯基的父亲那样，多给孩子一些有益于开发智力的玩具，这关系着孩子的成长和成才。

2.从故事中可以看出，小柴可夫斯基从小就是一个性格敏感的孩子，当然其中也蕴含着他对音乐的敏感。柴可夫斯基得到了父母的良好引导，最终登上了音乐事业的巅峰。家长可以从中得到这样的启示：孩子敏感有利有弊，家长一定要善于观察，从中挖掘出利于孩子成长的积极因素，积极引导，让孩子早日成才。

◆ **天才经历启示/告诉孩子**

柴可夫斯基的成功源于他从小对音乐的执著追求。我们小的时候可能也曾痴迷地追求过某些东西，如唱歌、画画、读书、下棋等。但是，随着时间的推移，很多人都在学习的压力下，在环境的影响下，放弃了自己最初的兴趣爱好。也许，这也是很多人无法成为天才的重要原因。

趣味链接：

"柴可夫斯基不在家"

为了全神贯注地进行音乐创作，柴可夫斯基一直是一个"无情"的人，客人来访，他连门也不让进。

一次，柴可夫斯基正在伏案创作，门铃响了起来。不一会儿，仆人进来通报，说是有位绅士来访。柴可夫斯基头也不抬，就对仆人说自己正在工作，不想见任何人。但是，今天的客人非常执著，门铃仍然响个不停。于是，柴可夫斯基放下手中的工作，皱着眉头去开门。

门口站着一位衣着体面的绅士，他说已经多次拜访都没有遇见主人。柴可夫斯基得知客人并不认识自己，便回答说："先生，柴可夫斯基不在家，您请回吧。"说完就关上门继续创作了。

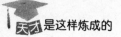

61. 雕塑界的摩西——罗丹

天才档案

全名：奥古斯特·罗丹

民族/国籍：法兰西

出生地：法国 巴黎

生卒年月：1840年11月12日~1917年11月17日

父母职业：父亲（警务信使）母亲（家庭主妇）

兴趣爱好：绘画

毕业院校：巴黎美术工艺学校

成才之道：智慧、专注、真诚、意志

主要成就：

1.罗丹是19世纪法国最有影响力的雕塑家，其作品构成了西方近代雕塑与现代雕塑之间的桥梁，被认为是19世纪到20世纪初最伟大的现实主义雕塑艺术家，是西方雕塑史上一位划时代的人物。

2.罗丹一生致力于艺术创作，终于继米开朗琪罗之后登上了又一个高峰。罗丹和他的学生马约尔和布德尔被誉为欧洲雕刻"三大支柱"。

3.罗丹的《思想者》、《巴尔扎克》、《青铜时代》等作品对欧洲近代雕塑的发展产生了巨大的影响。

天才的成长故事

罗丹生于法国巴黎，幼年时就显示出不凡的聪明才智。罗丹5岁的时候，"望子成龙"的父亲就把他送到了一所教会学校上学，希望他认真读书，长大后能够改变家里的境况。

可是，小罗丹对学校里的宗教课程一点儿兴趣也没有，各门功课成绩都很差，唯一的爱好就是画画。家里能找到的纸，甚至废报纸上都画满了人物、房屋和动物等。每当画画的时候，他就沉浸其中，感到非常地幸福。

一次，母亲在做家务的时候收拾出来一堆废纸。小罗丹把这些皱皱巴巴的纸一张一张抚平，在上面画了很多他喜欢的图案。罗丹的邻居是做小百货生意的，因此经常用一些有图案的纸张来包装东西。罗丹最早接触的艺术作品就是这些包装纸上的图案，他经常照着上面的图案样子画画。后来，罗丹回忆说，这些包装纸上的图案就是他最早的模特。

然而，对于小罗丹的这一兴趣父母并不支持，一致认为他这是不务正业，经常责怪他不好好读书。一次，全家正围着餐桌吃饭，小罗丹发现父亲脚边有一张纸。他便不声不响地钻到了桌子底下，趴在地上画了起来。

很长时间，小罗丹都一动不动地趴在地上画。父亲开始的时候只顾着自己吃饭，也没有注意到小罗丹"不见了"。后来，父亲一抬头，突然发现罗丹不在餐桌上了，不禁问道："罗丹呢？"正当大家想要出去寻找罗丹的时候，罗丹的哥哥看到了趴在地上的罗丹，忍不住叫了起来："罗丹，你不好好吃饭，趴在地上干什么？"父亲也很生气："你这家伙，不好好学习，整天就干这些没用的玩意儿！快点儿起来，今天我要好好收拾收拾你。""好了，马上就画完了。"说着，小罗丹在纸上画完了最后的一笔，然后才站起来。父亲一看，原来小罗丹刚才在画他的皮鞋，于是父亲不由分说便把小罗丹训斥了一顿，并让他保证以后要专心学习，不再画画了。

然而，小罗丹对画画更加痴迷了。他在家的时候不敢明目张胆地画画了，但是只要一离开家，马路上、墙上都是他的画，他每天都要画上几笔。

后来，在姐姐的劝说下，父亲终于把罗丹送到了免费的巴黎美术工艺学校。姐姐靠自己挣来的钱供他食宿，因此罗丹从小就很敬重自己的姐姐。在美术工艺学校，罗丹遇到了启蒙老师勒克。勒考克一直教育罗丹要忠于对艺术的感觉，不要循规蹈矩，这种教导影响了罗丹一生。

尽管有了学习美术的教育条件，可是罗丹还是买不起颜料和画布，无奈之下，他只好改学不花钱的雕塑。为了减轻家里的负担，罗丹一面学习，一面做杂工，做模型，搞装修等，这为他日后的艺术生涯积累了丰富的创作素材。

罗丹曾踌躇满志地报考巴黎美术学院，但是报考了三次，都被拒之门外，这对渴望成为雕塑家的罗丹来说是一个不小的打击。然而，更大的打击接踵而来：罗丹的姐姐因失恋进入了修道院，两年后因病去世了。在双重打击之下，罗丹也走上了姐姐的道路——成了一名修道士。

但他怎舍得放弃对艺术的追求。几经周折，罗丹又回到勒考克的身边，并且在他的帮助下开始了边工作边自学的生活，在不懈地努力下，罗丹终成一代雕塑大师。

天才炼成的秘诀

◆ 天才经历启示/告诉爸爸妈妈

1.从罗丹的故事中可以看出，他成功的秘诀就是专注，雕塑的时候（做其他的事情也是如此）总能做到专心致志，注意力非常集中，这也使得他雕刻出来的作品独具魅力。可见，教育孩子，一个非常重要的方面就是要培养孩子的注意力。家长一定要在日常生活中加强培养孩子的注意力，这不仅是孩子学习知识的必要条件之一，也是孩子成才的一个重要因素。

2.虽然从始至终小罗丹对画画一直痴迷，但是对他的这一兴趣父母并不支持，认为他这是不务正业，而经常责怪、制止他画画，罗丹的父亲在这方面做得不妥当。对于孩子的兴趣，尤其是孩子特别喜欢的事情，家长一定要充分尊重孩子，即使不能给予指导帮助，也不能横加阻拦，这对孩子的成长是没有好处的。

当然，在罗丹姐姐的劝说和支持下，父亲最终还是把小罗丹送到了艺术学校去学习，这对罗丹来说是一个不可多得的学习机会。在姐姐和老师勒考克的支持下，罗丹终成一代雕塑大师。由此可见，孩子的成功和成才离不开家庭的有力支持，离不开老师的精心指导。

◆ 天才经历启示/告诉孩子

众所周知，罗丹的成功和他小时候画画的投入和专心是分不开的，投入更容易让人获得成功。想要在任何一个领域有所成就，我们现在就要提高自己的注意力，做什么事情都要专心致志，一丝不苟，这样才能深入其中，才能有所收获。那么，当你上课想要走神的时候一定不要放松自己，当你学习想要懈怠的时候更应该严格要求自己，专心致志，才能成功。

趣味链接：

伪造的邮票

巴黎某一广告公司招聘美术设计师，并要求应聘者寄上3件近期的得意之作：一幅素描、一幅写生和一幅图案设计。

不久之后，广告公司收到了罗丹的应聘书。工作人员打开信封，发现里面只有一幅素描和一幅写生。工作人员感到很纳闷：怎么会少一幅图案呢？这时候，有人发现信封里面还有一张小纸条，只见上面写着：我的图案设计是信封上的伪造邮票。

62. 享誉世界的天才画家——凡·高

天才档案

全名：文森特·威廉·凡·高

民族/国籍：荷兰

出生地：荷兰 布拉邦特 格鲁特·曾德特

生卒年月：1853年3月30日~1890年7月29日

父母职业：父亲（牧师）母亲（业余画家）

兴趣爱好：热爱大自然，绘画

毕业院校：安特卫普美术学院

成才之道：献身艺术、善于创新

主要成就：

1.凡·高拥有自己独特的艺术风格，创作出很多洋溢着生活激情、富有人道主义精神的作品，《加歇医生画像》曾创世界艺术品拍卖的最高纪录。

2.凡·高的艺术风格直接影响了法国的野兽主义、德国的表现主义，以至于20世纪初出现的抒情抽象肖像。

3.凡·高早期作品受印象主义和新印象主义画派的影响，代表作有《吃马铃薯的人》、《塞纳河滨》等。后期主要代表作品主要有：《向日葵》、《星月夜》、《自画像》、《夜间咖啡座》等，对西方20世纪的艺术有着深远的影响。

天才的成长故事

凡·高出生于荷兰南部的一个美丽的小乡村，父亲是一个善良的牧师，母亲是一个性格开朗、有一定绘画技巧的业余画家。

凡·高的母亲非常喜欢大自然，在温风习习的夏日，她经常带着小凡·高到田野里去写生。看到经母亲手中的一支画笔，身边的花草树木都跃然纸上，小凡·高既感到惊奇，又有一种对艺术无以名状的冲动。即使在寒冬季节，伴着温暖的烛光，父亲埋头写着下周末的布道词，母亲则会聚精会神地描绘风信子或者其他的花草。在这种家庭环境的影响下，凡·高自小便潜移默化地接受着宗教信仰和艺术的熏陶，这些记忆对他后来的艺术创作有着重要的影响。

凡·高小的时候喜欢独自一个人去田野里，收集植物和昆虫标本，或者躲在一旁发呆。凡·高不喜欢学习，但是具有很高的语言天赋，不仅会说英语、德语、法语，还能用这些语言写信。他小的时候经常跑去木工房，看木工们干活。有时候木工外出干活，他就饶有兴致地跟着一起去。渐渐地，小凡·高就拿起工具自己做一些小东西，这些小作品独具创意，深得木工师傅的称赞。

凡·高13岁的时候，为了让他受到更好的教育，父母把他送到了一所公立学校读书。这所学校虽然离家比较远，但是学校的校长特别注重对学生的艺术素质教育。学校每周安排了4节美术课，并且专门聘请了绘画造诣很高的老师来授课。此外，学校还购买了很多绘画大师的名画复制品，让学生们观赏、临摹。

优越的学习条件为凡·高打开了通往艺术的大门，加上凡·高本来就有一定的绘画基础，他在这里如虎添翼，学习非常顺利。上课的时候凡·高总是认真地聆听老师的讲解，课后用心地完成习作，学习非常努力。他最喜欢在风和日丽的日子里，在老师的带领下，和同学们一起走到大自然中，尽情地欣赏着大自然的馈赠，徜徉在百花盛开的花园，随意地写生作画。

后来，由于生活所迫，16岁的凡·高只好外出谋生。他来到一家在荷兰乃至欧洲都非常著名的画廊——高比尔画廊做店员。画廊里收藏非常丰富，并且有很多著名画家的真迹和复制品。这让凡·高的眼界大开，为他日后的创作打下了基础。

令凡·高更为惊喜的是，北欧艺术中心莫里斯富皇家艺术陈列馆就在附近，他可以经常去欣赏、浏览。在浓厚的艺术氛围中，凡·高潜心学习绘画，丰富了相关的知识，并且还阅读了大量的文学作品。久而久之，他的艺术鉴赏能力得到了很大的提高，最终成为一代绘画巨匠。

天才炼成的秘诀

◆ **天才经历启示/告诉爸爸妈妈**

1.由于母亲是一位业余画家，非常喜欢画画，并且经常带着小凡·高到大自然中去写生。这无形之中培养了凡·高对画画的兴趣，这对他日后的创作有着非常重要的影响。而且，在这种家庭环境的影响下，凡·高自幼便接受着艺术的熏陶，对他日后的艺术创作有着重要的影响。由此我们知道，家庭环境对孩子的影响是非常重要的，因此家长一定要重视家庭环境对孩子潜移默化的教育，要有意识地为孩子营造良好的学习氛围。

2.凡·高13岁的时候，父母为了让他受到更好的教育而把他送到了一所公立学校读书。这所学校的校长特别注重对学生的艺术素质教育，每周都给学生安排美术课，并且聘请绘画造诣很高的老师来授课。从故事中我们可以看出，正是在这所学校的学习，使得凡·高打开了艺术的大门。所以，想要孩子早点儿成才，家长要尽量给孩子创造良好的学习条件。

◆ 天才经历启示/告诉孩子

凡·高小的时候喜欢一个人去田野里，或者搜集动植物的标本，或者躲到一旁发呆。他还经常跑到木工房，看工人们干活，有时还会饶有兴致地跟着木工一起外出。可以说，凡·高小时候的这些经历为他日后的绘画创作提供了丰富的素材与无限的灵感。由此，我们可以从凡·高身上得到这样的启示：小时候丰富的经历有可能对我们今后的成功产生重要的作用。因此，我们一定要多接触大自然，多走出户外，这对我们的身心健康以及成才都有好处。

趣味链接：

被赶出校门的凡·高

1885年的时候，凡·高有机会进入渴望已久的安特卫普美术学院。然而，这所美术最高学府并不像凡·高想的那样名副其实，他对此非常失望，因此上课的时候也经常随意地吸烟，有时还会大声讲话。

一次，在为维纳斯雕像画画的时候，凡·高突破陈规，给这位女神画了两条荷兰猪似的肥腿。这让老师感到非常不可理解，并且生气地把凡·高的画笔夺走了。凡·高不服气地对老师说："女人必须要有大腿、臀部和骨盆才能生孩子，您根本就不知道女人长什么样子！"结果，凡·高被赶出了学院的大门。

63. 世界著名的音乐家、指挥家——马勒

天才档案

全名：古斯塔夫·马勒

民族/国籍：犹太

出生地：奥匈帝国 波希米亚 卡里什特（现属捷克）

生卒年月：1860年7月7日~1911年5月18日

父母职业：父亲（小商人）母亲（不详）

兴趣爱好：音乐

毕业院校：维也纳音乐院

成才之道：继承前人的音乐传统，大胆创新，形成自己的风格

主要成就：

1. 马勒的音乐成就主要表现在：在交响乐方面发展了由贝多芬首创的声乐交响曲形式，并将这种形式发展到一个高峰；在艺术歌曲方面采用管弦乐队伴奏，创造出了具有交响风格的艺术歌曲形式；在音乐风格方面体现了19世纪末的音乐风格。

2. 代表作品：声乐套曲《儿童奇异号角》、《流浪少年之歌》、《忆亡儿之歌》，交响乐共十部（其中以第二《复活交响曲》、第八《千人交响曲》尤为著名）和一部交响声乐套曲《大地之歌》。

天才的成长故事

马勒出生在一个犹太人家庭。他的家乡群山环绕，风景秀美，有很多优美动听的民间音乐广为流传。在这种成长环境中，耳濡目染，对马勒日后的音乐创作提供了丰富的素材和灵感。

马勒的父亲出身卑微，经过很多年的奋斗，成为一个小商人。马勒很小的时候就流露出不凡的音乐才能，他6岁的时候就参加了钢琴比赛，8岁的时候就能教别的孩子学习钢琴了。父亲发现了马勒不凡的音乐才能，决定好好培养他。

值得一提的是，马勒的父亲非常注重对马勒的教育，尤其是注重在日常生活中教给马勒做事的方法。马勒小时候，经常跟着父母到山区去度假。那里绿木葱

茏，草丛里有很多蚂蚱。

一天，马勒突然眼前一亮，他发现草丛里有一只很大的蚂蚱，他连忙跑过去抓。可是，他又扑又追，累得满头大汗，就是不能把蚂蚱捉到手。他只好向父亲求助，希望父亲能帮自己把蚂蚱捉回家。

可是，当父亲得知小马勒捉蚂蚱，只是想要把它弄回家好好喂养的时候，他和蔼地对小马勒说："孩子，我只告诉你捉蚂蚱的方法，然后你自己去捉，好吗？"小马勒高兴地答应了。于是，父亲耐心地教给他捉蚂蚱的方法及注意事项，并且还亲自给小马勒做示范，让他学着去做。

小马勒若有所悟，后来，他又看到了一只蚂蚱。这次他没有急于捉蚂蚱，而是按照父亲教给的方法，轻轻地绕到蚂蚱的后面，然后逐渐接近蚂蚱，猛地一扑，把蚂蚱捉到手里了。

有了成功的经验，马勒非常高兴，他乘胜追击，用同样的方法又捉了很多蚂蚱。然后，他用草把这些小蚂蚱拴在一起，带回家认真饲养了。

在父亲的教育下，马勒不仅学会了捉蚂蚱，还学会了做很多事情。而且，经常沐浴在大自然的抚爱之中，马勒有更多的机会聆听大自然的声音，对他日后走上音乐之路有很大的好处。

马勒15岁的时候，进入了维也纳音乐学院接受正规的音乐教育。在那里，他在学习弹钢琴的同时，还学习和声、作曲等其他的课程，丰富自己的音乐生活。更为可贵的是，当时在学院学习作曲的同学有机会去指挥学校学生乐队的排练，有时候还能指挥一些公开演出的乐队，马勒便是其中之一。这对他后来的音乐创作和指挥生涯具有重要的意义。

为了扩大自己的眼界，马勒18岁的时候到维也纳大学学习历史、哲学和音乐史。期间，马勒广泛地学习了包括贝多芬、舒伯特等很多音乐前辈的音乐作品，并且虚心地向同时代作曲家理查·施特劳斯学习，还和作曲家沃尔夫结下了深深的友谊。

渐渐地，马勒羽翼渐丰，最终在21岁的时候离开了维也纳，开始了他的指挥生涯。

天才炼成的秘诀

◆ **天才经历启示/告诉爸爸妈妈**

1.马勒的成功和父亲的教育有着很大的关系。从故事中我们知道，父亲非常注重对马勒的教育，尤其是在生活中经常教给他一些做事的方法，培养他的动手能力。当马勒逮不住蚂蚱而向父亲求救的时候，父亲并没有直接帮他捉蚂蚱，而是告诉他逮蚂蚱的方法。在父亲的精心教育下，马勒不仅学会了捉蚂蚱，而且还学会了做很多事情。

所以，授之以鱼不如授之以渔，家长在教育孩子的时候，一定要从小就培养孩子的动手能力，让孩子掌握生活的技巧，这样孩子才能在成长的过程中独自勇敢地面对生活的考验。

2.马勒15岁的时候进入了维也纳音乐学院接受正规的音乐教育。在那里他不仅学习弹钢琴，而且还学习和声、作曲等其他的课程，丰富了自己的音乐生活。而且，当时他还有机会去参与指挥的实践活动，这对他日后的音乐创作和指挥生涯具有非常重要的作用。马勒的故事告诉家长，孩子接受大自然的教育十分重要，而接受系统的、正规的学校教育也非常有必要。

◆ 天才经历启示/告诉孩子

马勒小时候非常喜欢到大自然中去，他经常沐浴在大自然的爱抚之中，更有很多机会聆听大自然的声音，这对他日后走上音乐之路产生了重要的影响。我们现在的生活中，有很多孩子逐渐养成了懒散的性格，经常待在家里看电视或者玩电脑，很少接触大自然，这对自身的成长非常不利。

所以，我们应该克服自己懒惰、散漫的个性，经常到大自然中去陶冶自己的情操，锻炼自己的观察力、动手能力和思考能力，这对自己将来的人生发展非常有好处。

趣味链接：

第九交响曲之殇

《大地之歌》这一部交响曲，是马勒最为重要的作品之一。这部交响曲完成三年后才在慕尼黑首次演出，当时马勒已经去世了。

这部交响曲是马勒在完成第八部交响曲之后所作的，但并没有马勒交响曲的编号，据说是因为贝多芬、舒伯特等都是在写完自己的第九交响曲之后去世的。所以，马勒最后把这部作品命名为"大地之歌"，然而，这也没有躲过命运的安排，成为了马勒的绝笔之作。

64. 从木匠到书画巨匠——齐白石

天才档案

全名：齐白石

民族/国籍：汉族

出生地：中国 湖南 湘潭县 白石铺杏子坞

生卒年月：1864年1月1日~1957年9月16日

父母职业：父亲（农民）母亲（不详）

兴趣爱好：读书、画画、雕花

毕业院校：拜师学画（未受高等教育）

成才之道：聪明+勤奋+执著

主要成就：

1.齐白石将中国画的精神与时代精神统一得完美无瑕，使中国画得到国际的重视。

2.齐白石师法徐渭、朱耷、石涛、吴昌硕等，形成自己独特的写意风格，把民间艺术风格与文人画风相融合，达到了现代花鸟画最高峰。

3.齐白石的主要代表作品有：《蛙声十里出山泉》、《古树归鸦》、《遗蝶》、《罗浮觅句图》、《借山吟馆诗草》、《白石诗草》、《白石印草》、《白石老人自传》、《齐白石全集》。

天才的成长故事

　　齐白石是近现代一位享誉中外的艺术家，是一位集诗、书、画、印于一身的艺术巨匠。

　　齐白石出生在一个贫苦农民家庭，父亲是一个老实本分、胆小怕事的农民，性格有些懦弱。他的母亲却正好相反，是一个能干刚强、勤俭持家的人，通情达理，人缘和名声都非常好。

　　齐白石一家五口人，仅有一亩水田来维持生存，家境非常艰难。因此，齐白石自幼就因为先天性的营养不良而体弱多病。3岁的时候，齐白石的病才渐渐好转起来。那时候，祖父有了空闲时间，就开始教齐白石认字。齐白石天资聪慧，祖父教的字他认识一个就能记住一个。

齐白石7岁的时候，就能把祖父教的《三字经》背得滚瓜烂熟了，并且对其中的每个字的意义都能讲得清清楚楚。祖父认为自己再也没有能力教育齐白石了，便唉声叹气，担心齐白石过人的天分因为家庭贫困而耽误。

好在天无绝人之路，齐白石的外祖父周雨若在枫林亭附近的王爷殿开设了一所蒙馆。于是，7岁的齐白石开始在蒙馆寄学，跟着外祖父读书。

齐白石在蒙馆读书，显示出了超凡的资质，他读《百家姓》、《千家诗》等，一读便熟。外祖父也非常喜欢他，就把自己珍藏的"文房四宝"中的两件——一块断墨、一方裂缝的砚台，给了齐白石，并给他买了毛笔和描红纸。

这样，笔、墨、纸、砚样样俱全，齐白石非常高兴，天天在描红纸上描个没完。在勤奋学习之余，聪明的齐白石私下里开始在描红纸上涂鸦起来。凡是眼睛里能够看到的东西，花、鸟、鱼、虫等，齐白石都会画，并且画的东西与实物非常相像。这使得齐白石在同学中小有名气。

正当齐白石沉浸在读书、绘画乐趣中的时候，学校放秋假了。这时齐白石又生了一场病，加上天公不作美，田里歉收，青黄不接的时候，家里连饭都没的吃。无奈之下，齐白石只好辍学了。

齐白石辍学在家后，帮家里做一些力所能及的家务活，如挑水、打柴、种菜、放牛等。一有空，他就读从外祖父那里借来的《论语》。这时候，齐白石也没有忘记自己的爱好，家里能找到的纸片，齐白石也都能充分地利用起来，在上面画上了自己喜欢的画。

齐白石十五六岁的时候，经人介绍，到当地的一个名雕花匠周之美那里学习雕花技艺。齐白石非常佩服周师傅的技艺，加上他自己对这门手艺也非常感兴趣，因此学得特别用心。周师傅见齐白石非常聪明，也非常好学，因此非常喜欢这个徒弟，把齐白石当亲儿子一样看待。由于师傅的好心提携，齐白石在白石铺渐渐也有了名气。

19岁的时候，齐白石终于出师了。从那以后，他就开始依靠自己的手艺挣钱了。他非常喜欢自己的工作，逐渐把长期积累的绘画感悟运用在雕花的式样上。创新之后的雕花别有风味，深得大家的喜爱和称赞，大大地鼓舞了齐白石的创作热情。

后来，齐白石偶然发现了一部残缺不全的《芥子园画谱》，他如获至宝，从主人家借来这本书，用了半年的时间临摹下来。从此，齐白石的绘画有了长足的进步，他把这些绘画技法运用到雕花工艺上，名气也渐渐超过了师傅。

后来，27岁的齐白石先后拜师于颇有才学的胡沁园和陈少蕃，这是他正式涉足画坛的重要开端。从此，齐白石逐渐走上了一生为之奋斗的绘画艺术之路。

天才炼成的秘诀

◆ 天才经历启示/告诉爸爸妈妈

1.从故事中可以看出，齐白石天资聪明，祖父认为自己没有能力教育齐白石了，担心齐白石过人的天分因为家庭贫困而耽误。幸运的是，齐白石后来得以到外祖父的蒙馆中读书。外祖父见齐白石资质不凡，在喜欢之余，非常重视对齐白石的教育。可以说，齐白石的成才和祖父、外祖父的教育是分不开的。由此我们知道，家长，一定要重视对孩子的教育，尤其在孩子小的时候。这不仅会促进孩子智力的开发、才能的展现，还对孩子的成才有重要的影响。

2.外祖父非常重视对齐白石的教育，不仅把自己珍藏的"文房四宝"送给了他，而且还给他买了毛笔和描红纸。于是在勤奋学习之余，齐白石开始在描红纸上涂鸦起来。由此可见，给孩子一个有益的学习环境是非常有必要的。在物质生活充裕的今天，家长一定要给孩子提供一个有利于他兴趣发展的学习环境。

◆ 天才经历启示/告诉孩子

齐白石辍学后，在帮家里做家务活之余，经常抽时间读书。他也没有忘记他的爱好，家里凡是能找到的纸片，他都在上面画上了画。由此我们可以看出促使齐白石成功的重要原因就是：勤奋、执著。因此，我们也要学习齐白石这种精神，不管是学习还是做其他的事情，都要勤奋、执著，永不言弃。

趣味链接：

免费赠"虾"

齐白石早年卖画，是按照画中物体的数量来计算价格的。

一次，有个人要了一幅以虾为题材的画。齐白石画完之后，那个人却像在菜市场买菜似的，要求齐白石多添一只虾。

善良的齐白石虽然有些不高兴，但还是拿起了画笔，给他多画了一只虾。那个人仔细端详，总觉得后来画的这只虾有些走样，不像其他的那些虾那么鲜活。这时，齐白石对他说："你要的这只虾不在价格范围内，所以我替你画了一只死虾，算是免费赠送的。"

65. 现代舞蹈之母——邓肯

天才档案

全名：艾莎道拉·邓肯
民族/国籍：美国
出生地：美国 加利福尼亚州 旧金山
生卒年月：1877年5月26日~1927年9月14日
父母职业：父亲（诗人）母亲（音乐教师）
兴趣爱好：音乐、朗诵、舞蹈
毕业院校：自学成才（未受过高等教育）
成才之道：自由的成长空间与母亲的引导
主要成就：
1.邓肯是当代最伟大的舞蹈家，是舞蹈艺术的伟大革新者，是把理论性的舞蹈提高到创造性艺术地位的先驱之一。
2.邓肯是现代舞的创始人，自然的动作和自由的形式，强调了人体的解放，打破了传统舞蹈的束缚，塑造了与其截然不同的舞蹈典范。

天才的成长故事

在20世纪初的欧美舞台上，一个身披舞衣、赤脚跳舞的女舞蹈家逐渐走进人们的视野。她的舞蹈与传统的芭蕾舞大相径庭，极具创造性，在当时引起了很大的轰动。她，就是现代舞蹈之母——邓肯。

邓肯出生于美国的旧金山，父亲是一位诗人，母亲是一位音乐教师。邓肯自幼随着母亲一起长大，因此从小受到了良好的艺术熏陶。此外，母亲还给了她良好的音乐教育，培养了她浓厚的舞蹈兴趣。

由于家里的4个孩子都要母亲一个人抚养，并且家里没有别的生活来源，没有钱给她请家庭教师。因此，小邓肯从小就过着无拘无束的生活。在这种生活环境下，她逐渐形成了开朗、活泼的性格。

由于要外出奔波，没有时间照顾孩子，母亲在邓肯5岁的时候把她送到了学校。

邓肯小的时候性格比较倔强。她的母亲相信无神论，在邓肯很小的时候就曾经告诉她世界上没有圣诞老人。一次圣诞节，老师边向学生发放糖果边说："孩子们，你们瞧瞧圣诞老人给你们带来了什么啊？"这时候邓肯立刻站了起来，认真地对老师说："您说的话不正确，世上根本就没什么圣诞老人。"

老师感到自己的权威受到了威胁，便生气地说："只有相信圣诞老人的孩子才有糖果吃。"结果，小邓肯的倔劲儿上来了，她不但没有吃到老师发的糖果，还被老师罚站墙角。

回到家后，邓肯把这件事告诉了妈妈。妈妈告诉她："世界上没有圣诞老人，也没有万能的上帝，自己的生活只有自己去创造。"这件事给邓肯留下了深刻的印象。

虽然天天在学校上课，但邓肯真正感兴趣的却是每天晚上在家里受到的教育。每晚，母亲都会给她弹一些贝多芬、莫扎特等大音乐家的曲子，或者给她朗诵莎士比亚、雪莱等人的作品。渐渐地，邓肯的朗诵水平也大有提高。一天，在学校晚会上，邓肯模仿母亲给大家背诵了一首诗，结果她的朗诵引起了全场的震惊。

6岁的时候，小邓肯就尝试着当老师，教小伙伴跳舞了。虽然刚上了一年的学，但她已经对于舞蹈有了自己的想法，她反对古典芭蕾那种僵化、刻板的模式，并且她想用自由的动作、自然的节奏表现音乐，演绎音乐。

一天，母亲回家看到小邓肯正站在几个孩子中间，挥舞着手臂，做出各种姿势。原来她在教小伙伴舞蹈。母亲感到小邓肯的想法很有趣，便为她弹钢琴伴奏。后来，邓肯教舞蹈还真教出来一点儿名声，不仅附近的女孩子都来跟她学习舞蹈，而且很多家长还会交学费请她教自己的孩子学习舞蹈。

就这样，邓肯作为一名舞蹈教师的名声逐渐传开了。这时候，她的舞蹈大都是随着自己的幻想即兴表演的。一到晚上，母亲就为她们弹琴，她就即兴表演舞蹈。虽然这时候她也说不清自己新创的舞蹈是什么样子，但是她依然在梦想的道路上探索着，一旦找到了钥匙，她便能打开这扇门，走入新的世界。

在母亲的肯定和支持下，小邓肯的舞蹈天分得到了充分地发挥，经过不懈的努力，她终于获得了累累硕果，开创了现代舞的先河。16岁的时候，邓肯在芝加哥和纽约的晚会上演出，用自己即兴创造的自由舞表演，使得整个舞坛为之震惊。

成名之后，邓肯回忆往事，仍然非常感谢自己的母亲。她深知母亲在自己成功路上的重要性，因此对母亲非常尊敬，为有一位这样的母亲而骄傲。

天才炼成的秘诀

◆ 天才经历启示/告诉爸爸妈妈

1.因为性格比较倔强，敢于发表自己的主见，不肯屈从于权威，结果邓肯在圣诞节的时候没能吃上糖果。对此，母亲并没有让她随波逐流，而是鼓励、支持邓肯的主张，并且把其中的道理讲给邓肯听。现实生活中，很多家长要求孩子要和大家一样，结果教育出来的孩子越来越平庸，没有自己的见解，这对孩子的成才是非常不利的。家长一定要培养孩子的主见性，让孩子大胆对权威说不，敢于表达自己的不同意见。

2.看到小邓肯对舞蹈这么痴迷，刚上了一年学便教小伙伴跳舞，母亲并没有指责她"不好好学习"，而是坐下来为她弹琴伴奏。在邓肯的舞蹈之路上，母亲一直都在支持她。事实上，正是母亲的力量促使着邓肯最终走向了成功。因此，对于孩子的兴趣爱好，家长一定要支持，不要整天只想着让孩子提高学习成绩而束缚孩子的成长。

◆ 天才经历启示/告诉孩子

邓肯能够打破传统舞蹈思想的束缚，创立现代舞，和她的独立自由的思想与大胆创新的精神是分不开的。想要有所突破、有所成就，这是必不可少的条件。因此，我们也要像邓肯那样，对事情一定要有自己的见解，要敢于打破传统，敢于创新。这样的话，我们也有机会成功。

趣味链接：

有趣的"遗传"

萧伯纳年轻的时候，声名远扬。开创现代舞先河的"现代舞之母"邓肯曾经热烈地追求萧伯纳。在给萧伯纳的信中，邓肯曾写道："如果我们两个结为夫妇，生下的孩子有我美丽的仪表，继承你睿智的头脑，那该有多好啊！"

萧伯纳收到信后，笑了笑，幽默地回信写道："但是，如果生下来的孩子仪表像我，可是头脑却像你，那岂不是很糟糕啊！"

66. 现代艺术的创始人——毕加索

天才档案

全名： 巴勃罗·鲁伊斯·毕加索
民族/国籍： 巴斯克和犹太
出生地： 西班牙 安达鲁西亚 马拉加
生卒年月： 1881年10月25日~1973年4月8日
父母职业： 父亲（美术教师）母亲（不详）
兴趣爱好： 画画、雕塑
毕业院校： 马德里圣斐尔南多美术学院
成才之道： 天赋高，集百家之长，独成风格
主要成就：

1.毕加索是20世纪现代艺术的主要代表人物。

2.毕加索一生曾几度改变绘画风格，毕生致力于绘画革新，创造出了很有表现感的艺术语言，对现代西方艺术流派有着很大的影响。

3.毕加索是一位多产的画家，作品近37000件。代表作主要有：油画《亚维农的少女》、《卡思维勒像》、布面油画《格尔尼卡》等，现成品雕塑《公牛头》等。

天才的成长故事

毕加索从小在母亲的辛勤抚育下成长，母亲把自己的优点都毫无保留地传给他，如乐观向上的精神面貌，而做美术教师的父亲，则在潜移默化中把艺术细胞传给了毕加索。

事实上，正是父亲手中的画笔，给童年的毕加索留下了太深刻的印象，以至于影响了他整整一生。

童年的毕加索非常惹人喜欢，有两只又黑又亮的大眼睛，聪明、顽皮，是父

母的掌上明珠。毕加索从小就特别喜欢画画，他第一次"说话"发出的音节就是"匹兹"（西班牙语"铅笔"）。就连父母也很惊讶小毕加索从小便与画笔结缘。毕加索小的时候经常盯着父亲作画，久而久之，自己也会模仿父亲的样子，在家门前的沙坑里全神贯注地画画，有时候连父母喊他他都听不见。

毕加索刚能走路的时候，便经常趁着父亲不在而偷偷地玩弄父亲的画笔。一次，还不太会说话的毕加索用笔画了一个螺旋形状的小甜饼，表达自己的意愿。看到小毕加索有着很高的绘画天赋，父亲决心把他培养成画家。

事实证明，毕加索之所以能够走上绘画之路，和父亲的教育有着十分重要的关系。当父亲发现小毕加索喜欢玩画笔时，父亲总是耐心地告诉他画笔有什么用途，并且还任由小毕加索随意摆弄绘画工具，以培养他的兴趣。后来，随着年龄的增大，毕加索有了作画的冲动，开始自己画画，这时候父亲也从不给他修改，总是任由毕加索发挥自己的想象力。

在父亲的悉心教育下，小毕加索的绘画能力得到了突飞猛进的发展，他逐渐形成了自己不同寻常的思维模式。

虽然自幼便是一个绘画天才，但毕加索生性好动，不愿受学校规章制度的束缚，因此从小就不喜欢学校，尤其不喜欢学习数学。上课的时候毕加索也总因在自己幻想的世界里遨游而无法集中注意力，因此学习成绩非常差。渐渐地，老师认为他是一个智力低下的孩子，左邻右舍也私下议论，认为毕加索是一个傻瓜。

然而，毕加索的父亲仍然坚信自己的儿子有着极高的绘画天赋，因此经常鼓励毕加索，相信他是一个绘画天才。父亲知道如果勉强孩子，有可能会扼杀孩子的绘画天赋，因此并没有强迫毕加索好好学习，仍然支持他画画，甚至允许毕加索把画笔带到学校去。

在父亲的鼓励下，毕加索找回了一些自信，并且经常毫不费力地画出一些才华横溢的图画来。这时候，父亲是毕加索强有力的精神支柱，父亲用博大的父爱为小毕加索撑起了一片蓝天。

后来，父亲做了当地博物馆的馆长，有了自己的画室。从那之后，毕加索经常到画室去看父亲作画，对父亲笔下的飞禽走兽、花草树木非常感兴趣，甚至忍不住把手伸到画布后面，想要弄明白其中的奥妙。在父亲的鼓励下，毕加索开始观察鸽子的动作，画出了形态逼真的鸽子。此外，父亲还经常带着毕加索去看斗牛，引导他怎样注意斗牛的细节。

8岁时，毕加索开始创作油画，他的第一幅画《马背上的斗牛士》，画面明快、协调，打破了传统构图的模式，显示出了过人的创造力，开创出一个新的绘画天地。后来，在艺术上初试锋芒的毕加索在父亲的支持下，前往全国最有名的美术学府深造，最终走进了辉煌的艺术殿堂。

天才炼成的秘诀

◆ 天才经历启示/告诉爸爸妈妈

1.父亲的艺术熏染对小毕加索的艺术思想起到了非常重要的启蒙作用，家长要充分利用自身的优势和条件来教育孩子、引导孩子，这是孩子成才的一条捷径。另外，艺术的生命在于创造，想要孩子在艺术方面有所造诣，家长还要向毕加索的父亲学习，在生活中注重引导，给孩子足够的空间与自由，着重培养孩子的想象力与创作力，提高孩子的艺术修养。

2.毕加索经常遨游在幻想的世界而无法集中精力听课，结果导致他成为了老师和同学眼中的"低能儿"。实际上，天才有时候也是偏才。这时候是父亲给了毕加索强有力的精神支柱，为他撑起了一片蓝天。现在的家长也要如此，既然孩子不能像自己期望的那样成为一个全才，那么不妨让孩子扬长避短，在某一方面发挥自己的特长，也许孩子在另一方面是一个意想不到的天才。

◆ 天才经历启示/告诉孩子

毕加索上课时因不能专心听课而导致成绩非常差，由此遭到了老师和同学们的嘲笑。虽然这对毕加索的身心造成了很大的伤害，但是在父亲的帮助下，他又找回了自信，坚持绘画，最终成功了。我们也应该这样，在成长的过程中，不管遇到了什么困难，都要相信自己，坚信自己一定能行，并且要持之以恒，最后我们也会成功。

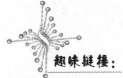

趣味链接：

我并没有吃亏

毕加索是一个画家，也是一个心胸宽广的人。

毕加索成名后，有很多人用假画来冒充他的作品卖钱，甚至有些老朋友也伪造他的画。对此，毕加索毫不在乎，也从不追究，最多只是把伪造的签名涂掉。

有些人为他愤愤不平，可是毕加索却平和地说："作假画的人不是穷人就是我的老朋友，我又何必小题大做呢？再说了，那些鉴赏家需要吃饭，我并没吃亏。"

67. 天才的喜剧表演大师——卓别林

全名：查尔斯·斯宾塞·卓别林

民族/国籍：日耳曼

出生地：英国 伦敦

生卒年月：1889年4月16日~1977年12月25日

父母职业：父母都是喜剧演员

兴趣爱好：表演

毕业院校：不详（未受过高等教育）

成才之道：母亲的喜剧因素影响

主要成就：

1.卓别林是众所周知的喜剧大师，奠定了现代喜剧电影的基础。

2.在无声电影时代，他是最有才能和影响最大的人物之一，从无声片时代过渡到有声片时代，留下了不可估量的精神财富。

3.卓别林成了一个文化偶像，获得奥斯卡终身成就奖。

4.主要作品有：《淘金记》、《城市之光》、《摩登时代》、《大独裁者》。

天才的成长故事

著名的喜剧大师卓别林出生在英国伦敦，他的父母都是喜剧演员。从小耳濡目染，受到父母潜移默化的影响，卓别林学到了不少歌曲杂耍的知识。

卓别林小的时候，父母就离异了。幸运的是，卓别林有一位好妈妈，她在日常生活中经常教育卓别林怎样做人。妈妈在给小卓别林讲道理的同时，还注重用自己的实际行动去感化小卓别林，为小卓别林做出了一个自强、自立的好榜样。在妈妈的教育下，卓别林从小就懂得了一个人想要获得成功，就必须靠自己的努力去争取。

妈妈演出的时候，小卓别林就在后台玩耍。由于他非常聪明可爱，深得大人的喜欢，很多人经常教给他一些表演的绝活。不知不觉中，卓别林就积累了不少经验。

一天，妈妈在台上演出的时候，突然甜美的嗓子变得嘶哑，声音非常难听，台下一片嘘声。剧院的经理为此急得满头大汗，他看到了小卓别林，就像看到了救星，一把抓住小卓别林，把他带上了台。

卓别林虽然没有登过台，但他一点儿也不怯场。他在台上又唱又跳，即兴的表演获得了大家的认可，观众纷纷掏出硬币，向舞台上抛去。这时，卓别林连忙趴在地上捡起硬币，并对观众说自己必须把钱先捡起来才能继续唱下去。结果，卓别林质朴的表演又引起了哄堂大笑。这一年卓别林才5岁。

妈妈不能登台了，便把主要精力放在了对卓别林的教育上。平时，妈妈经常教给卓别林一些演出的技能。一天，妈妈看到了一段台词，写得朗朗上口，感染力非常强，便抄了下来，教放学回家的小卓别林朗诵。第二天，小卓别林便主动要求给老师和同学们朗诵。听完小卓别林声情并茂的朗诵，老师和同学们都很惊奇——他表演得太好了！后来，小卓别林到各班轮流朗诵，一下子就成了学校里的小明星。

后来，由于妈妈得病住进了医院，卓别林只好自己照顾自己。7岁的卓别林就成了一名流浪儿，为了生计，他当过报童、小伙计、小贩、小佣人等。童年的贫困生活启发了卓别林后来创作的灵感，他对人生的体验要比别人深刻而丰富。

即使这样，卓别林也没有忘记自己想要做一个好演员的梦想。他经常到一些文艺团体打听消息，几经周折，终于鼓起勇气，赢得了一个小仆人的角色。从此之后，卓别林就开始了自己的演艺生涯。

天才炼成的秘诀

◆ 天才经历启示/告诉爸爸妈妈

1.我们知道卓别林的父母都是喜剧演员，从小受到潜移默化的影响，他从小就学到了不少歌曲杂耍的知识。而且，当妈妈演出的时候卓别林在后台玩儿，也能学到不少表演的绝活，无形之中为他日后的登台表演积累了很多经验。可见，生活处处皆教育，家长一定要注重成长环境在孩子成才过程中的重要作用。

2.卓别林的母亲非常注重对孩子的教育，在日常生活中不仅教给卓别林表演的知识，而且还教育他应该怎样做人。并且，妈妈为卓别林做了一个自强、自立的好榜样。由此，家长应该注重自己对孩子的榜样作用，身教重于言传，想要孩子成为一个怎样的人，家长首先就要为孩子做一个什么样的榜样。

此外，家长还要走出教育孩子的误区，不要溺爱孩子，更不要包办代替，从小就要培养孩子自强、自立的好品质，让孩子明白应该凭实力得到自己想要的。这样的教育方式更有利于孩子早日成才。

◆ 天才经历启示/告诉孩子

我们知道小卓别林5岁的时候就登台演出，他登台后并不怯场，并且表演自然，敢于表现自己。当妈妈教自己朗诵台词后，他第二天就主动要求给同学们和老师表演。而且，自始至终，卓别林都没有忘记自己想要做一个好演员的梦想，他一直都在孜孜不倦地追求自己的梦想。我们也应像卓别林那样，无论在生活中，还是在学习中，都要勇敢地表现自己。此外，对于现在的孩子来说，有自己的理想并且为之而努力奋斗，是我们获得成功必不可少的良好品质。

趣味链接：

机智的卓别林

一天夜里，卓别林带着一笔钱回家。在经过一段小路的时候，突然从树后面跳出一个彪形大汉，拿着枪让卓别林交出身上所有的财物。

这时候，卓别林故意装作非常害怕的样子，他颤声说道："我这里是有点儿钱，但这些钱都是老板的。请你帮个忙吧，在我的帽子上打两枪，让我回去也好有个交代。"这时候，强盗便朝着他的帽子上放了两枪。可是，卓别林又请求强盗在他的裤脚打两枪，他说这样就更真实了。于是，强盗便不耐烦地朝着他的两只裤脚放了两枪。没想到卓别林又让强盗在他的衣襟上打几枪，这时候强盗失去耐心了，边骂着边开枪。可是，枪并没有响——子弹用完了。

这时候，卓别林抓住时机，飞快地逃跑了。

68. 中国现代美术的奠基者——徐悲鸿

全名：徐寿康（原名）

民族/国籍：汉族

出生地：中国 江苏 宜兴 屺亭桥镇

生卒年月：1895年7月15日~1953年9月26日

父母职业：父亲（私塾先生、民间画师）母亲（劳动妇女）

兴趣爱好：画画、读书，欣赏大自然

毕业院校：上海复旦大学

成才之道：对艺术浓厚的兴趣和对梦想执著的追求

主要成就：

1.徐悲鸿是杰出的画家和美术教育家，是中国现代美术的奠基者。

2.徐悲鸿的作品融古今中外技法于一炉，是古为今用、洋为中用的典范。他的创作题材十分广泛，尤其是他画的奔马，驰誉世界，几乎成了现代中国画的象征和标志。

3.徐悲鸿的主要代表作品有：油画《田横五百士》、《徯我后》，中国画《九方皋》、《愚公移山》、《奔马图》、《负伤之狮》等。

天才的成长故事

1895年7月19日，在江苏省宜兴县屺亭桥镇，一间临水的简陋茅屋里，一个男婴呱呱坠地。孩子的父亲祈望这个小男孩将来能够健康长寿，给他取名寿康，他就是后来闻名中外的大画家徐悲鸿。

徐悲鸿的父亲徐达章是一位私塾先生，能诗善书；也是一位民间画师，经常应乡人之邀作画，在当地小有名气。徐悲鸿的母亲鲁氏是位淳朴的劳动妇女。

徐悲鸿6岁的时候，就开始跟着父亲读书了。家里到处都挂满了父亲的字画，年幼的徐悲鸿受到潜移默化的影响，对书画产生了浓厚的兴趣。可是，当他向父亲提出要学画的要求时，父亲却拒绝了。父亲认为绘画是一门非常高的艺术，而孩子的意志力和耐力都有限，基本功并不扎实，想让孩子学好绘画应该循

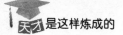

序渐进，逐步引导。

一次，父亲给徐悲鸿讲了《论语》中勇士卞庄子一人擒住两只老虎的故事。听了这个故事，徐悲鸿萌发了画老虎的想法。于是，他请当地能画画的人画了一只老虎，回到家后自己照着画上的样子仔细地描绘了下来，然后拿给父亲看。

徐悲鸿自豪地告诉父亲自己画的是老虎，可是父亲却故作惊讶，说徐悲鸿的画看上去像一条狗。这让徐悲鸿难受极了。父亲又语重心长地教育他："孩子，画画必须要用自己的眼睛去观察。你现在还小，应该好好读书，为画画打好扎实的文化基础。"

从那以后，徐悲鸿就更加勤奋地读书了。他9岁的时候就已经读完了"四书"等启蒙读物，然后才如愿以偿，开始跟着父亲学习画画。自此，徐悲鸿与书画结下了不解之缘。

在父亲的要求下，徐悲鸿每天都要临摹一幅吴友如的界画、人物，并且学习调色、设色等绘画技能。每次随父亲进城时，徐悲鸿一定会去画店观赏石涛、任伯年等人之作，回到家后再凭着记忆绘画。在父亲的殷切教导下，徐悲鸿打下了良好的绘画基本功。

由于家境贫寒，父亲无力送徐悲鸿到学校读书，但他总是尽自己最大的努力教育孩子。在父亲的教育下，小徐悲鸿的文化知识和绘画技能得到了很大的提高。

父亲教育徐悲鸿，画是生活的再现和浓缩，要想学好画画就必须以生活为基础。因此，父亲经常带着徐悲鸿去观察、欣赏大自然。徐悲鸿深深地感受到了大自然的美，迫切渴望用自己的画笔把大自然的美好表现出来。

徐悲鸿13岁的时候，家乡发大水，他就跟着父亲去外地以卖画为生，接济家用。这对徐悲鸿来说是一种非常大的考验，对他以后在绘画方面的卓越成就具有重要的影响。当然，这种卖艺生涯除了磨炼了徐悲鸿的艺术功底，还激发了他忧国忧民的情怀。

背井离乡的日子虽然艰苦，却使徐悲鸿有了丰富的阅历，开拓了艺术视野。虽然后来几经周折，但徐悲鸿始终没有放弃对绘画的追求，最终成为赫赫有名的艺术大师。

天才炼成的秘诀

◆ 天才经历启示/告诉爸爸妈妈

1.我们知道年幼的徐悲鸿受到父亲潜移默化的影响，对绘画产生了浓厚的兴趣。但是当他向父亲提出想要学画画的要求时，父亲认为时机还不成熟，于是拒绝了。后来，在父亲的引导下，徐悲鸿广泛阅读，为画画打好了基础，然后再跟着父亲学画，最终取得了巨大的成就。

由此可见，孩子在学习之初，容易犯"浅尝辄止"的毛病，因为孩子的兴趣多是出于一时的冲动和好奇，加上意志力有限，因此很容易放弃。所以，家长不妨像徐悲鸿的父亲那样，欲擒故纵，循序渐进，逐步引导，这样的教育效果比较好。

2.徐悲鸿学画之后，每天都会按照父亲的要求临摹，随父亲进城的时候也一定会到画店欣赏名人名作，回到家后再凭着记忆画下来。可以说，徐悲鸿的成功来自于他对艺术浓厚的兴趣和对梦想执著的追求。因此，家长在教育孩子的时候，要以兴趣为先导，有目的地引导、培养孩子，让孩子做自己喜欢做的事情，孩子才更容易成功。

◆ 天才经历启示/告诉孩子

徐悲鸿13岁的时候，家乡发大水，他跟着父亲到外地去卖画谋生，经受了很多挫折。最终，他经受住了生活对他的考验，从一个贫穷家庭的孩子成为世界闻名的画家。由此我们知道，想要获得成功，一定要像徐悲鸿那样，不管遇到什么样的挫折，一定要有恒心和毅力坚持下去，不能轻易放弃自己的梦想。

趣味链接：

借斧子砍枯枝朽木

1929年，徐悲鸿经蔡元培引荐，到北平大学艺术学院担任院长一职。徐悲鸿转而聘请齐白石为教授。

在当时，北平画坛死气沉沉，以临摹模仿古人为佳。木匠出身的齐白石敢于创新，大胆变革画法，但却得不到多少响应，并且受到保守势力的冷语冰人。因此，当徐悲鸿乘着马车来到齐白石家的时候，齐白石为其诚心而感动，并且谦虚地说："我一个拿斧子的木匠，怎敢到高等学府去当教授呢？"

徐悲鸿却说："你岂止能教我的学生，也能教我本人啊！齐先生，我正要借您这把斧子，砍砍北平画坛上的枯枝朽木！"

69. 一代泼彩大师——张大千

天才档案

全名：张大千

民族/国籍：汉族

出生地：中国 四川 内江县

生卒年月：1899年5月10日~1983年4月2日

父母职业：父亲（教育、从政、盐业小贩）母亲（刺绣、画花鸟补贴家用）

兴趣爱好：画画、旅游

毕业院校：日本京都公平学校

成才之道：遍游名山大川，结交海内文坛画界名宿，最终形成了自己的风格

主要成就：

1.张大千是大风堂画派主要创始人，创立了泼彩技法，其绘画创作"包众体之长，兼南北二宗之富丽。"集文人画、作家画、宫廷画和民间艺术为一体。

2.代表作品：《张大千临摹敦煌壁画展览特集》、《敦煌临摹白描画》、《四屏大荷花》、《八屏西园雅集》、《爱痕湖》等。

天才的成长故事

张大千是20世纪中国画坛最具传奇色彩的国画大师，他不仅擅长绘画，而且在书法、篆刻、诗词等领域无所不知。张大千早期在山水画方面卓有成就，后来旅居海外，吸取西方艺术特色，开创了泼墨和泼彩的艺术风格。

张大千出生在四川内江一个书香门第。

张大千的父亲从事小贩生意，他的母亲是一个聪慧、善良的人，不仅操持家务，而且还非常擅长绘画、绣花，曾以刺绣和画花鸟为业。张大千母亲所画的工笔花鸟画远近闻名，被人称作"张画花"。 在母亲的教育下，他们兄弟几人后来都有非常高的文化修养。张大千能够走上绘画的道路，和母亲的教育是分不开的。

张大千自幼就受到了母亲的良好教育和哥哥张善于的熏陶指引，如果说母亲是张大千学习绘画的启蒙老师，那么他的哥哥张善于则给了他非常大的帮助。

张大千6岁的时候就开始跟着哥哥姐姐读书认字，9岁的时候在母亲和姐姐的督导下，正式开始学习绘画和书法。张大千的姐姐非常擅长画花卉和小鸟，这对幼年的张大千也有很大的影响。

张大千的四哥张文修在资中教私塾，曾送给他一本《芥子园画谱》，这大大地增加了张大千对绘画的兴趣。平时，四哥也教张大千背一些古书，有时候还会带着他到资中游览山水名胜，无形之中就培养了张大千的审美意识，也让他打下了良好的绘画基础。

张大千自幼就非常聪明，对绘画十分有兴趣，因此绘画进步非常快，10岁的时候就能帮助母亲描绘花样，并且能够画一些比较复杂的花卉、人物，而且字也写得非常工整。

良好的家庭环境，不仅培养了张大千的绘画兴趣，也让他从小就养成了良好的阅读习惯。张大千日后能够成为一个学识渊博的大画家，和他小时候养成的读书习惯是分不开的。张大千把画画和读书当成了自己日常生活中的一部分，他朝夕诵读，手不释卷，即使在外出旅游的船上，也能够静心阅读。值得一提的是，张大千涉猎的范围非常广泛，并不仅仅局限于绘画方面的书，经、史、子、集等无所不包。

后来，张大千在17岁的时候告别故乡，到日本京都学习染织。期间，张大千仍然坚持自学绘画，这时候二哥不仅经常给他买一些参考资料，还经常在书画方面给予相应的指点。在日本期间，张大千也会到当地的博物馆去参观中国画。这些经历对张大千后来的艺术生涯也产生了不可低估的影响力。

21岁的时候，张大千回到中国，不久便到上海，先后拜师著名的书法家曾熙和李瑞清，学习书法诗词、临摹和书画收藏鉴赏。这是张大千一生艺术事业的起点和转折点。在两位老师的影响下，张大千经过不断的钻研、学习，终于确定了他的艺术风格，真正踏上了艺术人生之路。

天才炼成的秘诀

◆ 天才经历启示/告诉爸爸妈妈

1.张大千从小就是在充满艺术的家庭环境中成长的，自幼受到良好的家庭教育。他6岁的时候就开始跟着哥哥姐姐读书认字，9岁的时候在母亲和姐姐的督导下，正式开始学习绘画和书法。在哥哥姐姐的影响下，张大千对绘画产生了浓厚的兴趣，也因此打下了良好的基础。张大千能在绘画领域取得巨大的成就，和哥哥姐姐的教育、培养也是分不开的。由此可见，一个天才也许受到过很多人的教育和培养。所以，教育孩子的重担不仅在于家长，也在于家庭中的每个人。

2.张大千在17岁的时候告别故乡，到日本京都学习染织。期间，他仍然坚持自学绘画，在日本期间，张大千也会到当地的博物馆去参观中国画。这些经历对张大千后来的艺术生涯也产生了不可低估的影响。所以，家长有责任和义务为孩子提供机会，让孩子多接触外面的世界，这样孩子的视野才能变得开阔，孩子才更容易成才。

◆ 天才经历启示/告诉孩子

良好的家庭环境，不仅培养了张大千的绘画兴趣，也让他从小就养成了良好的阅读习惯。张大千日后能够成为一个学识渊博的大画家，和他小时候养成的读书习惯是分不开的。他把画画和读书当成了自己日常生活中的一部分，经常是朝夕诵读，手不释卷，即使在外出旅游的船上，也能够静心阅读，广泛阅读。由此可见，阅读对画家的艺术生涯也具有非常重要的作用，只有在探索艺术的道路上不断阅读，勤奋学习，勇于攀登，才能有所收获。所以，我们也要静下心来，认真阅读，为我们日后的成功奠定基础。

趣味链接：

君子动口，小人动手

抗战胜利后，张大千要从上海返回四川老家，一些好友专门为他设饯行宴道别。

在饯行宴上，张大千举起酒杯，向梅兰芳敬酒，说道："梅先生，你是君子，我是小人，我先敬你一杯酒。"张大千的话让众人摸不着头脑。

看到众人不解地看着自己，张大千解释道："唱戏动口，所以你是君子；画画动手，所以我是小人。"听完张大千的话，众人都大笑不已。

70. 中国无产阶级革命音乐先驱——聂耳

全名：聂耳

民族/国籍：汉族

出生地：中国 云南 昆明 玉溪甬道街72号

生卒年月：1912年2月12日~1935年7月17日

父母职业：父亲（中医）母亲（家庭主妇、协助丈夫经营医务）

兴趣爱好：从小喜欢音乐，擅长二胡、三弦、月琴等各种乐器

毕业院校：云南省立第一师范学校

成才之道：深入社会生活的最底层，从而拥有丰富的创作灵感

主要成就：

1.聂耳开辟了中国新音乐的道路，是中国无产阶级革命音乐先驱。

2.聂耳还是中华人民共和国国歌《义勇军进行曲》的作曲者。

3.代表作品：《义勇军进行曲》、《卖报歌》、《码头工人歌》、《毕业歌》、《大路歌》、《新女性》等。

天才的成长故事

聂耳的父亲是当地的一位中医，兼营着一家小药铺"成春堂"，聂耳就出生在这个小药铺里。

聂耳4岁的时候，父亲就病故了，那时候家境变得艰难起来。在聂耳幼年的记忆里，母亲经常坐在灯下，拨拉着算盘算账。每当母亲算完账后，总会叹气。那时候聂耳就暗自下决心：长大后一定要让母亲过上好日子。

聂耳的母亲没有上过一天的学，却是一个非常聪明的大能人。她非常注重学习，以前跟着丈夫，能够读医书，后来丈夫死后也能够独自把脉问诊，养家糊口。毫无疑问，母亲的智慧也遗传给了最小的儿子聂耳，聂耳能把竹笛吹得"五彩缤纷"，深得母亲的疼爱。

聂耳的母亲含辛茹苦，承担着家里的劳动，也从未放松过对聂耳的要求。几乎每天晚上，母亲都要给聂耳讲一些流传于民间的故事，如《岳飞传》、《孟姜女》等。聂耳的母亲还是一个能歌会唱的人，她能唱各种民歌，包括在当地民间广泛流行的洞经调、花灯调等。这些低回哀婉的歌声以及歌曲里面的故事，总能让小聂耳着迷。这些音乐艺术的启蒙教育很好地启迪了聂耳的心智，为他走上音乐之路奠定了基础。

聂耳家附近，有一个邱木匠，他擅长吹笛子，悠扬的笛声经常让聂耳入迷。后来，聂耳逐渐和邱木匠熟悉了，他就利用课余的时间向邱木匠学习吹笛子。由于对音乐非常感兴趣，因此聂耳不仅学得非常认真，而且学得非常快。不久，聂耳又学会了拉二胡，弹三弦和月琴。音乐不仅启迪了他的智慧，也丰富了他的生活。

在聂耳的影响下，他的两个哥哥也过来一起学习音乐。后来，聂耳和哥哥一起用压岁钱买了一支竹笛和一把二胡。从此，聂耳家里乐声不断，经常引得路人停下脚步聆听。

由于在音乐方面的出色表现，聂耳在学校里被选为"儿童乐队"的小指挥。在家里，聂耳和哥哥一起成立了"家庭小乐队"，课余时间他们经常结伴到西山等风光秀美、环境幽静的地方练习合奏。有时候，吃过晚饭后聂耳也会和哥哥坐在翠湖堤上，或是合奏，或是独奏，或是歌唱，总是尽兴而回。

一次，聂耳经过一家庙堂的时候，遇到庙里的乐师们正在演奏洞经调，那曲调时而高昂，时而低沉，并且有节奏明快的打击乐穿插其间，引人入胜。聂耳感到非常震撼，被深深地吸引了，很长时间都不愿意离开。

或许是上天在帮助这个痴迷音乐的少年，聂耳惊喜地发现乐师中有一位吹笛子的人是他以前的老邻居。于是，聂耳便带上纸和笔，找到那位吹笛子的老邻居，恭恭敬敬地请他把洞经调一段段地叙述下来，聂耳趁机把洞经调的曲谱记了下来。

后来，在创作器乐曲《翠湖春晓》的时候，聂耳把小时候在翠湖上的演奏神韵与洞经调的某些曲子引入其中。

1927年，聂耳考进了省立第一师范学校，在这里他受到了一些革命思想的影响，经常参加学校组织的文艺宣传活动。三年后，聂耳顺利从这里毕业走上了工作岗位。工作期间，他刻苦自学，一直没有放松对音乐的追求。1931年4月，聂耳以优异的成绩考入了"明月歌舞剧团"。从此，正式开始了他的艺术生涯。

天才炼成的秘诀

◆ **天才经历启示/告诉爸爸妈妈**

1.聂耳小时候父亲病故了，家境一下子变得艰难起来。看到母亲每天算完账后愁眉苦脸，聂耳那时候就下定决心，将来要让母亲过上好日子。由此可见，在孩子小的时候适当地对孩子进行一些逆境教育是非常有必要的。对孩子进行一些必要的逆境教育，不仅可以激发孩子的潜能，还能培养孩子的意志品质，加强孩子的自我控制能力、承受能力和解决问题的能力。那么，从现在开始，家长就要对孩子进行必要的挫折教育。

2.聂耳的母亲是一个非常聪明的大能人，虽然没有上过一天的学，但是会读医书，甚至能够独自把脉问诊。毫无疑问，母亲的聪慧也深深地影响了聂耳。正是在不断的学习中，聂耳的母亲才会取得这样的成就。也正是由于母亲的影响，聂耳才能积极学习，最终成为音乐天才。所以，家长要注重营造学习型家庭，用自己的行为为孩子做一个学习的好榜样，让孩子在潜移默化中养成学习的好习惯，这会让孩子受益终生。

◆ **天才经历启示/告诉孩子**

出于对音乐的热爱，聂耳和哥哥一起成立了"家庭小乐队"，课余时间他们经常结伴到西山等风光秀美、环境幽静的地方练习合奏。有时候，吃过晚饭后聂耳也会和哥哥坐在翠湖堤上，或是合奏，或是独奏，或是歌唱，总是尽兴而回。由此可见，聂耳的成功除了母亲的教育，还和他自己的努力有关。如果聂耳只对音乐有兴趣，但不下工夫练习，他也不可能会有后来的成就。因此，对于自己比较感兴趣的事情，我们一定要孜孜不倦，认真学习，刻苦练习。

趣味链接：

聂耳名字的来历

聂耳的原名叫聂守信，他小时候对音乐特别敏感，只要从他耳朵进去的音乐，都能从他嘴里唱出来。久而久之，大家都喊他"耳朵"。

一次，在联欢会上，聂耳不仅表演舞蹈，而且还模仿别人讲话的声音。他最精彩的节目就是两只耳朵会动，这一举动把大家逗得哈哈大笑。剧社的总经理笑称他为"聂耳博士"。他笑着说："大家硬要再送给我1只耳朵，也好，这样我就有了4只耳朵（'聂耳'的繁体字为'聶耳'）。4只耳朵连成一串，不像一个炮弹吗？"

从那以后，聂守信就改名为聂耳了。

71. 5岁从影的天才童星——秀兰·邓波儿

天才档案

全名： 秀兰·邓波儿

民族/国籍： 美国

出生地： 美国 加利福尼亚 圣莫尼卡

生卒年月： 1928年04月23日～

父母职业： 父亲（出纳员）母亲（不祥）

兴趣爱好： 音乐、舞蹈

毕业院校： 米格林幼儿舞蹈学校（3岁时）

成才之道： 超凡的禀赋，良好的机遇，个人的努力

主要成就：

1.邓波儿是美国著名的童星之一，4岁踏足银幕，6岁风靡世界影坛，7岁获得奥斯卡金像特别奖，10岁已经称霸好莱坞票房，成为最具号召力的电影明星。她是美国历史上第一位女礼宾司司长。

2.邓波儿的代表作主要有：《起立欢呼》、《小安琪》、《新群芳大会》、《小上校》、《海蒂》、《阳光溪农场的丽贝卡》、《青鸟》，等等。

天才的成长故事

秀兰·邓波儿是全世界人们钟爱的"小宝贝儿"，她在童年时的才华和成就至今无人能够望其项背，是美国20世纪30年代的"天才童星"。

邓波儿从小就有一头金黄色的卷发，圆脸蛋上一对小酒窝，加上清澈见底的

双眸，让她变得十分迷人，招人喜欢。邓波儿的母亲年轻时曾有一个当电影明星的愿望，但一直都没能如愿，看到小邓波儿这么可爱，她便把全部的心血都倾注在培养邓波儿身上。

邓波儿从小记忆力就很好，天赋非常高。她2岁的时候，就对音乐产生了浓厚的兴趣，3岁的时候在明智母亲的安排下，进入了米格林幼儿舞蹈学校接受训练，好莱坞星探经常出入此地。一天，邓波儿正在一家影院的台阶上蹦蹦跳跳地等妈妈，她被当时著名的词作家贾伊·戈尼看中。贾伊·戈尼当即决定让小邓波儿出演爱国影片《起立欢呼》。结果这部影片获得成功，于是5岁的邓波儿当即得到一份长达7年的演出合同。

这一年，是邓波儿最辉煌的一年，她先后出演了《新群芳大会》、《小安琪》、《小情人》等8部电影。由于在电影中的出色表演，邓波儿跻身于十大明星之列，与此同时还获得了第七届奥斯卡特别金像奖。一时之间，世界各地的银幕上刮起了邓波儿旋风。

在电影中，邓波儿的童趣和天真就像一汪清泉，她纯真的笑脸就像清晨的百合那般清新，她明亮的双眸和迷人的小酒窝，仿佛能使人疲倦的心灵得到安慰，变得平静。尤其是在经济大萧条的背景下，邓波儿用她善解人意的方式，驱走人们弥漫在心头的阴云，为人们——无论是大人还是小孩，是穷人还是富人，都带来了无数的欢笑，引起他们对希望的憧憬。

由于在识字以前就当了电影明星演电影，因此幼小的邓波儿无法自己看剧本。她只好在每天晚上睡觉之前，让妈妈给自己朗读剧本，然后自己再花费时间背台词。邓波儿对自己要求非常高，虽然具有很高的舞蹈天赋，但她仍然要求自己每天练习跳舞。在5岁到11之间，小邓波儿每天都要跟着家庭教师学习3个小时左右的文化课，然后还要工作5个小时。周末别人都休息的时候，小邓波儿就更加辛苦了，她一般要工作8个小时。

拍了40多部电影之后，邓波儿在21岁的时候息影了。在60年代末期，邓波儿开始步入政界。1974年，邓波儿任驻加纳大使，成为美国第一任女大使。两年后，邓波儿担任国务院礼宾司司长，成为美国历史上第一位担任此职的女性。

邓波儿的一生堪称传奇，她不仅是一个5岁从影的天才童星，也创造了一个70年不衰的神话。

 天才炼成的秘诀

◆ 天才经历启示/告诉爸爸妈妈

1.邓波儿从小就是一个禀赋超人的孩子，她从小记忆力比较好，2岁的时候就对音乐产生了浓厚的兴趣。她的母亲很明智，在发现孩子的这种天赋之后，把她送进舞蹈学校接受训练，这使她的潜能得到了很好地发挥。现在的很多家长也经常给孩子报兴趣班，如果孩子真的对此类兴趣班感兴趣，那么家长不妨让孩子像邓波儿那样严格要求自己。这样，孩子才能不断进步，从而获得成功。但需要注意的是，家长不能凭借自己的主观意愿不加选择地给孩子报兴趣班，如果违背孩子的意志和天赋，那么结果就会适得其反。

2. 正是因为被著名的词作家贾伊·戈尼看中，邓波儿才有机会出演《起立欢呼》，才有可能获得成功的。而这种机遇看似偶然，实则是必然的。正是因为邓波儿的妈妈经常有意无意地带孩子出入这些演艺场所，才让她有了参演电影的机会。由此可见，邓波儿的成功和良好的机遇也是分不开的。因此，家长要多带孩子接触他感兴趣的人和事，不要让获得成功的机会从身边溜走。

◆ 天才经历启示/告诉孩子

从故事中我们知道，秀兰·邓波儿在识字以前就当了电影明星，因此她无法看剧本，只能在每天睡觉之前让妈妈给自己朗读剧本，然后她再花费时间去背台词。对于像邓波儿这样的天才童星，如果没有坚强的意志与毅力，是不可能坚持下来的，也不可能会取得这么大的成就。因此，我们从小就要培养坚强的意志，为自己的理想和目标不懈努力。

趣味链接：

"我爱你们大家！"

秀兰·邓波儿7岁的时候，凭借在《亮眼睛》这一影片中的出色表现，获得了第七届奥斯卡特别金像奖，她也因此成了电影史上获得奥斯卡金像奖唯一的孩子。与此同时，她也被美国电影科学学会授予"1934年最杰出个人"的称号。

当时，7岁的邓波儿走在好莱坞的星光大道上，不仅留下了自己的手、足印记，还说了一句非常有明星范儿的话："我爱你们大家！"

72. 20世纪音乐指挥史上的奇才——小泽征尔

全名：小泽征尔

民族/国籍：日本

出生地：中国沈阳（后加入美国国籍）

生卒年月：1935年9月1日~

父母职业：父亲（牙科医生）母亲（不详）

兴趣爱好：钢琴、音乐、指挥

毕业院校：东京桐朋学园高等学校

成才之道：父母的启蒙教育，名师的指导点拨

主要成就：

1.小泽征尔创办了每年一度的松元斋藤纪念音乐节，他的指挥风格明快热情，挥洒遒劲，为日本的音乐注入了活力，受到西方的普遍认可。

2.小泽征尔一生曾指挥过贝多芬、莫扎特、柴可夫斯等名家的多部音乐作品，且获得巨大成功，曾指挥中国音乐或音乐家作品主要有：《草原小姐妹》、《二泉映月》、《白毛女》等。

天才的成长故事

小泽征尔是世界著名的音乐指挥家，他和印度指挥家祖宾·梅塔和新加坡指挥家朱晖一起誉为"世界三大东方指挥家"。

小泽征尔出生在中国沈阳，他的父亲是一名牙科医生。小泽征尔出生的第二年，他们全家便搬到了北京，一直居住到1941年，6岁的小泽征尔才随全家搬回了日本。因此，小泽征尔的童年是在中国度过的，他曾说过，在上小学之前，大脑中所有的记忆都是对北京的印象。

小时候，小泽征尔的梦想是做一名钢琴家。回到日本后，他很快就开始了自己的音乐学习生涯，7岁的时候就开始学钢琴了。虽然当时正处于战争时期，家

里的生活非常困难。即使在这样的条件下，父亲为了给小泽征尔更好的教育，仍然咬牙为小泽征尔买了一架钢琴，并把他送到了著名的钢琴教育家丰增升那里学习钢琴。

值得一提的是，小泽征尔从小就是一个具有较高音乐天赋的孩子，这主要得益于母亲的遗传和熏陶。小泽征尔很小的时候，母亲就开始对他进行音乐方面的启蒙教育，教他唱了很多弥撒曲。小泽征尔大一点之后，母亲便因材施教，教小泽征尔等几个孩子一起练习合唱。母亲的教育激发了小泽征尔对音乐的敏感，启迪了他的心智，使他很早就感觉到了音乐的美妙，从而诱发了他的音乐细胞迅速生长、发展。

16岁的时候，小泽征尔以优秀的成绩考进了东京桐朋学院音乐系学习音乐，主修作曲。当时，正好赶上明希率领波士顿交响乐团到日本巡演，小泽征尔前去观看，内心受到了很大的触动，他立志要做一个指挥家，便开始改学指挥，并投在了日本著名的指挥教育家斋藤秀雄的门下潜心学习。

斋藤秀雄是一个非常出色的教育家，有自己独特的教育学生的方法。在名师的指点下，小泽征尔通过专门的训练，不仅打下了牢固的指挥专业基础，而且还掌握了很多指挥技巧，这使他受益匪浅。

经过几年的勤奋学习，小泽征尔以优异的成绩从桐朋学院毕业了。这时候，他已经成为了一个颇具才华的指挥家了。但是，志存高远的小泽征尔并不满足现状，他渴望到更广阔的领域去深造，实现自己的才华。于是，1959年小泽征尔踏上了奔赴欧洲留学的道路，到达音乐事业相当发达的巴黎。

在那里，小泽征尔被获准参加贝藏松世界指挥大赛，并一举获得了冠军，轰动了整个乐坛，他因此成为欧洲家喻户晓的知名人物，这为他日后的深造以及音乐创作铺平了道路。

天才炼成的秘诀

◆ 天才经历启示/告诉爸爸妈妈

1.母亲在小泽征尔很小的时候就开始对他进行音乐方面的启蒙教育，教他唱歌，练习合唱等。在母亲的精心教育下，小泽征尔的音乐细胞得到了迅速的成长与发展，这对他日后走上音乐的殿堂产生了重要的作用。由此可见，孩子能否成才，和家长的教育有非常大的关系。所以，在孩子小的时候，家长就应该对孩子进行及时的启蒙教育，让孩子学点儿音乐、美术等，启迪孩子的智慧，开发孩子的智力，这不仅可以促进孩子的成长，而且对孩子日后所从事的事业也有重要的影响。

2.小泽征尔投在了日本著名的指挥家斋藤秀雄的门下潜心学习，在名师的指点下经过种种专业训练，不仅打下了坚实的专业基础，而且还掌握了很多指挥技巧，使他在日后的音乐道路中受益匪浅。如果说父母的教育为小泽征尔打开了音乐的大门，那么斋藤秀雄让小泽征尔离音乐的殿堂更近了。所以，家长不仅要注重对孩子的启蒙教育，还要注重让孩子受到专业的教育，这对孩子日后在某一方面取得成功具有重要的导向作用。

◆ 天才经历启示/告诉孩子

小泽征尔16岁的时候以优秀的成绩考进了东京桐朋学院音乐系学习音乐，主修作曲。当时，正好赶上明希率领波士顿交响乐团到日本巡演，小泽征尔前去观看，内心受到了很大的触动，立志要做一个指挥家，便开始改学指挥。所以，我们在学习生活中，也要多参加一些活动，以增加自己的阅历，提高自己的见识，树立自己远大的志向，这才能让我们长大以后有所建树。

趣味链接：

一定是乐谱错了

一次，小泽征尔到欧洲参加指挥大赛，他凭着优异的表现顺利地进入了决赛，开始进行前三名的角逐。

按照要求，评委给他一张乐谱，让他按照乐谱指挥演奏。小泽征尔以精湛的技艺，聚精会神地指挥着乐队。突然，他敏锐地感觉到乐谱中有一些地方不和谐，他指挥乐队停下来重新演奏，但是仍觉得有问题。

这时候，在场的权威人士和评委等都说乐谱没有问题，是小泽征尔出现了错觉。虽然感到十分尴尬，但是小泽征尔最终相信自己的判断是正确的，他大声地说道："不！一定是乐谱错了！"

他的话音一落，评委们立刻站起来向他报以热烈的掌声，并祝贺他获得了冠军。原来，这是评委特意设计的圈套。

73. 14岁拍电影的导演——斯皮尔伯格

天才档案

全名： 斯蒂芬·斯皮尔伯格

民族/国籍： 犹太

出生地： 美国 俄亥俄州 辛辛那提

生卒年月： 1946年12月18日~

父母职业： 父亲（电子计算机专家）母亲（颇有造诣的古典音乐演奏家）

兴趣爱好： 喜欢冒险与想象，善于思考，爱看电影

毕业院校： 南加州大学、加州州立大学

成才之道： 对电影的执著追求

主要成就：

斯皮尔伯格是美国著名的导演、编剧和制作人，代表作主要有：《大白鲨》、《辛德勒的名单》、《侏罗纪公园》等。

天才的成长故事

称斯皮尔伯格为"电影奇才"，一点儿也不为过。

斯皮尔伯格小的时候非常喜欢幻想，他是一个喜欢冒险、勤于思考的孩子。当时，父母不让斯皮尔伯格看恐怖电视剧，可是一旦父母不在身边，小斯皮尔伯格就忍不住和妹妹偷偷地看，尤其是科幻类的电视剧、电影。看着那些奇形怪状的人或者动物做出很多莫名其妙的举动，妹妹经常被吓得惊声尖叫，可是小斯皮尔伯格却感到非常兴奋。

斯皮尔伯格6岁的时候，一天半夜，父亲把他喊醒，带着他和他的姐妹们来到室外的空地上看流星雨。他们抬起头，一起观看流星划破夜空。这一景象激发了斯皮尔伯格无限的想象力，多年后，在电影《第三类接触》中，他把这一情景再创到了电影中，并且做了改动，他们观看的不是流星，而是神秘的天外飞行器。

12岁生日那天，父亲送给斯皮尔伯格一件非常有意义的生日礼物——一架只有8毫米的袖珍摄影机。这件特殊的生日礼物激发了斯皮尔伯格对电影的兴趣，使他对电影更加着迷。这时候，他不仅仅想看电影，更想拍电影。于是，他开始用那架袖珍摄影机自己动手拍电影，此时，他的父母和姐妹都成了他小影片中的"明星"，他经常把自己拍好的影片送给朋友看。

后来，斯皮尔伯格进入中学学习，参加了童子军。看着同学们纷纷展示自己的爱好、特长，斯皮尔伯格也想露一手。于是，他告诉同学他想拍一部电影。出乎意料的是他的想法得到了同学的支持——同学们都抢着扮演角色。于是，斯皮尔伯格经过一番设计后，拍摄了一部表现地主和开发商决斗的西部电影《童子军》，这部影片时长只有3分钟，却得到了童子军的喜欢与认可。

从那之后，斯皮尔伯格对拍电影更加着迷了。他开始细心揣摩导演的拍摄意图，琢磨拍摄技巧，并反复进行实验。一次，斯皮尔伯格找来一个大纸箱子，并用彩笔在上面画上很多逼真的窗户和门，然后把纸箱子放到后院，并点燃。他用摄像机把纸箱子燃烧的过程拍摄下来，并拿给母亲看。母亲感到非常吃惊："这真像一座熊熊燃烧的大楼。"

后来，斯皮尔伯格拍摄了一部9分钟的短片《最后的枪战》，并获得了嘉奖。

14岁的时候，斯皮尔伯格从父亲的军用吉普车上获得了灵感，拍摄了一部长达40分钟的战争大片《无处藏身》，并动员自己的妹妹和朋友参与演出，这部影片后来也获了奖。

后来，在亚利桑那州菲尼克斯的阿卡迪亚高中的时候，16岁的斯皮尔伯格自编自导了他的第一部独立制作电影，一部长达140分钟的科幻电影《火光》。

就这样，斯皮尔伯格逐渐走上了电影之路，最终取得了很大的成功。

天才炼成的秘诀

◆ 天才经历启示/告诉爸爸妈妈

1.斯皮尔伯格小的时候，一天半夜，父亲把他喊醒带他去看流星雨。一家人一起抬头观看流星雨划破夜空。这种经历激发了斯皮尔伯格无限的想象力，以至于多年后他把这种情景再现到了电影中。因此，家长要多陪孩子，经常和孩子一起到户外去，让孩子感受大自然的奥妙。这种经历不仅会给孩子留下美好的回忆，对孩子的成长也是非常有好处的。

2.斯皮尔伯格12岁生日的时候，收到了一件非常有意义的生日礼物——袖珍摄影机。这件礼物激发了斯皮尔伯格对电影的兴趣，也使得他对电影更加着迷。更为重要的是，有了这个礼物，他就可以自己动手拍电影了。有了家人的支持与配合，斯皮尔伯格就朝着自己的理想又迈进了一步。由此我们知道，家长送给孩子生日礼物，一定要根据孩子的兴趣，给孩子一些有意义的礼物，这也是孩子成才过程中重要的一个环节。

◆ 天才经历启示/告诉孩子

从中学时代的《童子军》，到后来经过仔细琢磨拍下熊熊燃烧的大纸箱，再到后来获奖的《最后的枪战》，直到斯皮尔伯格最后获得的成功。从这一过程中我们知道他从小就对电影感兴趣，并且敢于大胆尝试，一直都在执著地追求着自己的理想，终于成为电影天才。因此，我们对于自己比较喜欢的事情，不能只有三分钟的热度，要敢于大胆尝试，并且要有执著追求的精神，这样我们才能成功。

趣味链接：

"潜伏" 电影制片厂

斯皮尔伯格在36岁就成了世界上最成功的制片人之一。在电影史上，十大卖座的影片中，斯皮尔伯格的电影就有4部，这和他17岁时"潜伏"电影制片厂有着很大的关系。

一次，斯皮尔伯格到一个电影制片厂参观，那时他就立下了目标：要拍最好的电影。第二天，他就穿上西装，提着爸爸的公文包，装成大人模样混进了制片厂。然后，他利用整个夏天去认识导演、编剧，在与别人交谈的过程中学习、观察、思考，并且像真正的导演那样来要求自己。

最终，斯皮尔伯格在20岁的时候成为了正式的电影导演，开始了自己的导演生涯。

第四章

哲学、
心理学泰斗

74. 古希腊 "最博学的人" ——亚里士多德

全名： 亚里士多德

民族/国籍： 古希腊斯吉塔拉和马其顿

出生地： 古希腊 富拉基亚 斯塔基尔

生卒年月： 公元前384~前322年

父母职业： 父亲（御医）母亲（不详）

兴趣爱好： 喜欢钻研，热爱自然科学知识，酷爱学习新知识

毕业院校： 柏拉图学院

成才之道： 对真理的执著追求

主要成就：

1.亚里士多德是世界古代史上最伟大的哲学家、科学家和教育家之一，他是希腊古典文化的集大成者，在诸多领域留下了广泛的著作，被认为是古代的百科全书，主要有：《工具论》、《形而上学》、《物理学》、《伦理学》、《政治学》、《诗学》等。

2.亚里士多德是一位当之无愧的生物学家，一生最有价值的科学贡献也是在生物学和解剖学领域取得的，他对500多种不同的动、植物进行了分类，并且正确地指出鲸鱼是胎生的等。

3.亚里士多德创造了 "物理" 这门学科的名称，最先把哲学从其他学科中独立出来，创立了逻辑学。

亚里士多德出生在富拉基亚的斯塔基尔希腊移民区。他的父亲是马其顿王室的御医，因为医术高明，而且学识比较渊博，深知天文地理、政治艺术等知识而深得国王的信任。

父亲经常教给亚里士多德一些解剖和医学的知识，有时候还会让他帮自己做一些简单的外科手术。受到父亲的影响，亚里士多德从小就对自然科学特别感兴

趣，他也很喜欢钻研。

在父母良好的教育下，亚里士多德在3岁的时候就认识了很多字。父母经常给他讲故事，从而激发了他的想象力，他很小的时候就能给父母讲一些自己编的故事了。

然而，亚里士多德4岁的时候，父亲去世了，一位贵族做了他的监护人。当然，因为他的母亲同样拥有非常丰富的知识，经常教给亚里士多德一些有关医学、诗歌和戏剧等方面的知识，小亚里士多德总能牢牢地记住这些知识。

亚里士多德七八岁的时候，监护人给他请了一位很有学问的老师。

亚里士多德非常好学，他学习的时候总是要追根究底，因此经常把老师问得面红耳赤，不知该如何回答。半年左右的时间，老师就辞职了，监护人只好又给亚里士多德请新的老师。

每当新老师给亚里士多德灌输新知识的时候，他总会全神贯注地听讲，经常和老师一起探讨、争论，当老师把新知识都传授给亚里士多德后，他的监护人又去给他找新的老师。

就这样，在不停地换老师、不停地学习新知识的过程中，亚里士多德不仅学完了政治学、历史学，而且还学习了医学、数学、物理学和天文学等方面的知识。在这个过程中，亚里士多德聪明的头脑和强烈的求知欲使他的知识也越来越渊博，他本身就像是一部知识丰富的百科全书。

后来，有段时间亚里士多德经常和王子以及贵族公子哥一起玩，受到他们的影响，亚里士多德对学习也放松了许多。这让他的母亲和他的监护人感到非常不安。不久，母亲就病倒了，于是亚里士多德整天守在母亲的床前，不再出去和别人游玩了。母亲的病越来越严重，她在临终前嘱托亚里士多德："你应该学会养活自己，不能荒废了学业。你应该像你父亲那样，靠自己的知识和本事赢得世人的尊敬……"

虽然母亲去世了，但母亲的话却一直深深地印在亚里士多德的心里，重新唤起了他对知识的渴望。为了学到更多的知识，亚里士多德来到雅典，成为了著名哲学家柏拉图的大弟子，他从此潜心学习和研究，长达20年之久。

亚里士多德选择了学校开设的全部课程，他研究问题时逻辑严密，回答问题时灵活机智，常常让老师刮目相看。亚里士多德非常喜欢研究哲学问题，经常和老师柏拉图辩论，这让他体验到了学习最大的快乐是追求真理。

从那时起，亚里士多德就确立了自己人生的目标：为知识、真理和正义而奋斗。亚里士多德为此奋斗了一生，最终成为了世界古代史上一位伟大的哲学家、科学家和教育家。

天才炼成的秘诀

◆ 天才经历启示/告诉爸爸妈妈

1.我们知道亚里士多德的父亲经常教给他一些解剖学和医学的知识，受到父亲的影响，亚里士多德从小就对自然科学非常感兴趣，他也非常喜欢钻研。而亚里士多德的母亲也拥有非常丰富的知识，经常教给他一些有关医学、诗歌和戏剧等方面的知识，小亚里士多德总能牢牢地记住这些知识。可见在家庭生活中，教育是无处不在的。家长一定要注重自身对孩子潜移默化的影响，善于抓住生活中的教育契机，把孩子培养成为像亚里士多德那样的博学天才。

2.亚里士多德非常好学，学习的时候喜欢追根究底，因此经常把老师问得面红耳赤，不知该如何回答。对此，亚里士多德的母亲和监护人都给予了充分的理解和支持，继续给他找新的老师。在不停地换老师中，亚里士多德也在不停地学到新知识。因此，家长也要因材施教，培养孩子乐于学习的精神，对于孩子的追根究底要理解与支持，并用适合孩子的方法来教育孩子，让孩子在不断学习各种知识中进步。

◆ 天才经历启示/告诉孩子

从故事中可以看出，亚里士多德曾经受到王公贵族公子哥儿的影响，对学习放松了许多。正是母亲对亚里士多德的谆谆教诲，他才能够幡然醒悟，最终成为人人敬仰的学者。由此可见，环境对一个人的成长有着重要的影响。我们一定要提高自己的"免疫力"，自觉抵触不良环境对自己的消极影响，要坚持自己的原则，这样才不会迷失自己。

趣味链接：

吃饭的区别

有人曾经问伟大的哲学家亚里士多德："你和平庸的人有什么不同呢？"

亚里士多德非常有智慧地回答："平庸的人活着是为了吃饭，而我吃饭却是为了活着，这就是两者的不同。"

75. 精神分析学派的创始人——弗洛伊德

天才档案

全名：西格蒙德·弗洛伊德

民族/国籍：犹太

出生地：奥地利 摩拉维亚（现属于捷克）

生卒年月：1856 年 5 月 6 日~1939 年 9 月 23 日

父母职业：父亲（商人）母亲（不详）

兴趣爱好：学习、阅读、徒步旅行

毕业院校：维也纳大学

成才之道：广泛阅读、勤于学习、善于钻研

主要成就：

1.弗洛伊德是奥地利精神病医生及精神分析家，精神分析学派的创始人，建立了精神分析法以及自我分析法，创立了精神分析理论。

2.弗洛伊德一生中对心理学最大的贡献是对人类无意识过程的揭示，提出了人格结构理论（本我、自我、超我），人类的性本能理论以及心理防御机制理论。

3.弗洛伊德有很多心理、精神方面的研究著作，如《梦的解析》、《性学三论》、《精神分析引论》、《日常生活精神病理学》等。

天才的成长故事

弗洛伊德出生在一个犹太商人家庭。弗洛伊德的父亲是一个心地善良、助人为乐的商人，虽然经商，但却非常诚实，总是用积极的心态去看待周围的事情。这些性格对弗洛伊德产生了很大的影响。弗洛伊德的母亲是一位很有智慧的家庭妇女，她对弗洛伊德的影响更为深远，不仅培养了弗洛伊德的自信心，而且也教给了弗洛伊德应该用乐观的心态去面对生活。

弗洛伊德小的时候，家里并不富裕，他没有上过小学。弗洛伊德最初的知识主要来源于《圣经》，加上平时父母对他的精心教育。父亲经常给弗洛伊德讲一些祖先的故事，而母亲则成了他的语文老师。

弗洛伊德从小就很有天赋，分析能力比较强，对父母讲的知识他几乎都能理解、吸收。虽然父母的知识有限，但是他们非常注重对弗洛伊德的教育，为了丰富弗洛伊德的精神世界，经常四处借书给他读。在这种家庭教育中，弗洛伊德读的书比上学的孩子读得还要多。值得一提的是，他小时候的大量阅读不仅帮助他获得了更多的知识，而且为他以后学习态度和学习方法的养成奠定了很好的基础。

从弗洛伊德会读书的时候开始，他就对历史和文学非常感兴趣，并且能够自然地把历史同现实生活联系起来，准确地表达自己对生活的态度。弗洛伊德善于从历史人物和事件中抓取自己需要的重点，然后很好地掌握。这使得弗洛伊德从小就能比同龄人拥有更加敏锐的洞察力和判断力。

在弗洛伊德4岁的时候，全家迁往维也纳，从此弗洛伊德几乎在那里度过了一生。

弗洛伊德9岁的时候，家里的条件有所改善，于是父亲就把他送到了维也纳一所有名的中学读书。在学校读书时，弗洛伊德一直都是一个超群绝伦的学生。入学后的第一次考试，弗洛伊德就显示出了超凡的学习能力，在连续6年的学习生活中，弗洛伊德在年终大考中总是名列第一。

入学3年后，他成了全校过得最得意的学生了：由于成绩一直都很优秀，弗洛伊德获准免考，每年只需参加一次年终考试。因此，当别人都在忙着辛苦地复习的时候，他却可以尽情阅读自己感兴趣的书。

弗洛伊德学习这么好，除了和他良好的学习方法和知识的积累有关，还和他的勤奋学习分不开。他除了必要的休息，几乎整天都在学习。弗洛伊德并不满足教科书中的知识，他阅读了大量的参考书，掌握了渊博的知识，精通英语、意大利语和法语等，这为他日后的成就打下了坚实的基础。

虽然非常好学，但弗洛伊德并不是一个书呆子，他有很多爱好，比如徒步旅行。十几岁的时候，弗洛伊德就经常跟着父亲去郊外漫游，假期里他也会和弟弟一起出去旅行。

中学毕业后，弗洛伊德以优异的成绩考入了维也纳大学，后来又创立了精神分析理论，在心理学、精神学方面作出了突出的贡献。

天才炼成的秘诀

◆　**天才经历启示/告诉爸爸妈妈**

1.弗洛伊德的父母非常注重对孩子的教育，为了丰富他的精神世界而经常四处借书给他读。在这种家庭教育中，弗洛伊德比一般的孩子读的书要多很多。家长对孩子的精神关怀是孩子成长过程中非常重要的一个因素，甚至可以关系到孩子的成功。因此，家长要像弗洛伊德的父母那样，多关心孩子的精神需求，鼓励孩子多阅读，丰富孩子的精神生活。

2.弗洛伊德9岁的时候，家里的生活条件有所改善，于是父亲就把他送到了维也纳一所著名的学校读书，这也是促进他成才的一个非常重要的因素。家长也要注重对孩子的教育投资，在条件允许的情况下，尽量为孩子提供一个更好的教育环境。

◆　**天才经历启示/告诉孩子**

我们知道，弗洛伊德小时候大量的阅读为他日后的学习方法及学习技巧的掌握奠定了基础，帮他获得了更多的知识。弗洛伊德的学习成绩一直都很好，这和他注重知识积累、勤奋学习有着很大的关系。因此，我们也要像弗洛伊德那样，从小要广泛涉猎，养成阅读的好习惯。这样，我们将来才有可能在某一方面有所成就。

趣味链接：

"您已经早结婚了"

弗洛伊德的大女儿有段时间经常为一件事发愁，她感到自己不够漂亮，总担心自己找不到丈夫。

一次，弗洛伊德安慰她："孩子，我知道近两年你一直都在担心自己不够漂亮，总怕自己找不到丈夫。可是我并不把这当回事，在爸爸眼里你一直都是一个漂亮的孩子。"他的大女儿笑了笑："可是爸爸，您并不能娶我，您已经早就结婚了。"

76. 存在主义哲学的代表——萨特

天才档案

全名： 让·保罗·萨特

民族/国籍： 法兰西

出生地： 法国 巴黎

生卒年月： 1905年6月21~1980年4月15日

父母职业： 父亲（海军军官）母亲（不详）

兴趣爱好： 独处、读书、写作

毕业院校： 巴黎师范学院

成才之道： 志向远大以及母亲和外祖父的精心教育

主要成就：

1.萨特是法国20世纪最重要的哲学家之一，法国无神论存在主义的主要代表人物。

2.萨特是存在主义文学的创始人，主要代表作有《论想象》、《自我的超越性》、《恶心》、《苍蝇》，其哲学巨著《存在与虚无》的出版，奠定了萨特无神论存在主义哲学体系的基础。

天才的成长故事

萨特出生在法国巴黎，自幼丧父，寄居在外祖父家里，生活非常艰难。他小的时候其貌不扬，身材矮小，因此被人称作"小个子"。但天生自命不凡的萨特丝毫没有自卑感，他年轻的时候给自己立下的人生目标是：同时成为斯宾诺莎和司汤达。结果，他实现了自己的目标，他不仅成为了一位著名哲学家，同时也成了有名的文学家。

萨特小的时候，母亲总是在给他洗澡的时候讲故事，这让小萨特在母亲温柔的故事声中进入了一个充满诗意的想象世界。这在给了他安全感的同时，也为他日后走上文学之路奠定了基础。

萨特的外祖父是大学的德文教授，家里藏书非常丰富。因此萨特很小的时候就开始大量地阅读文学作品。4岁的小萨特就经常把椅子摞起来，爬上高高的书架，挑选一些书，然后学着大人的样子，一本正经地看书。

一次，外祖父给他找了法国诗人莫里斯·布肖的《童话集》，小萨特拿到书之后发现自己根本就读不懂，于是便抱着书去找妈妈，让妈妈给自己朗读。不久，他开始不满足于妈妈的朗读，就自己抱着凡尔纳的小说，装模作样地自己给自己读。他的这一举动惊动了家里的人，于是，外祖父开始教给他认识字母和生字词。从此之后，小萨特经常拿着内容熟悉的书，一边拼读一边背诵，一页一页地读，往往看到最后时，就已经把这些生字词记下来了。

小萨特从小体质就很差，5岁的时候右眼因病失明了。从那之后他的性格变得孤僻起来，此时外祖父的藏书成了他最好的朋友。小萨特尽情阅读，广泛涉猎，不到7岁的时候就已经读过伏尔泰、雨果等文学家的作品了。后来读中学的时候他又接触了叔本华、尼采等人的著作。

萨特8岁的时候，外祖父送他去上学。刚开始校长听到外祖父夸萨特博览群书、聪明好学，便直接让他读小学三年级。可是第一次听写练习后，小萨特的作业写得乱七八糟，校长决定让他进入一年级预备班（即现在的学前班）。外祖父不同意，只好把他领回了家。

然而，这并不影响家人对小萨特的疼爱之心。家里人都称小萨特为"神童"，他8岁的时候就开始写小说，那时候一家人就经常围在一起读他的作品。后来，在家人的鼓励下，小萨特开始写一些武侠小说，有时也写一些连载故事。夏天，母亲带他去度假，在这期间外祖父每周都会给他们写信，并且还专门为小萨特写一些诗歌。在母亲的鼓励和帮助下，小萨特也用诗歌给外祖父回信。

在母亲与外祖父的精心培养下，小萨特终于没有辜负他们的期望，最终成为著名的哲学家和文学家，并且开创了存在主义文学的先河。

天才炼成的秘诀

◆ 天才经历启示/告诉爸爸妈妈

1.萨特小的时候，母亲总是给他讲故事。母亲温柔的声音让小萨特进入了一个充满诗意的想象世界，为他日后走上文学之路奠定了基础。经常给孩子讲故事是一种简单而有效的教育方法。孩子在听故事中会学会理解与表达，而且还有助于培养孩子的想象力，提高孩子的文学素养。因此，家长一定要经常给孩子讲故事。

2.小萨特从小体质就比较差，右眼失明后性格也变得孤僻起来。然而，这时候外祖父丰富的藏书就成了他的好朋友，因此他并不孤独。他尽情阅读、广泛涉猎，小小年纪就读了很多书，为走上文学之路铺平了道路。由此我们知道，对于性格孤僻等有问题的孩子，家长一定要用科学的方法进行教育，不妨让孩子多读书，以书为伴，这样不仅可以丰富孩子的精神世界，利于孩子的健康成长，而且还有助于孩子成才。

3.萨特8岁的时候去上学，结果因为把作业写得乱七八糟而被外祖父领回了家。然而这次的经历并没有带给萨特多大的打击，因为家人依然对这个"小神童"非常疼爱。在母亲和外祖父的精心教育下，萨特8岁开始写小说，最终成为了著名的文学家和哲学家。因此，家长一定要相信你的孩子，肯定你的孩子，并用鼓励的方式教育孩子，积极引导孩子，这样教育出来的孩子才更容易获得成功。

◆ **天才经历启示/告诉孩子**

从故事中我们知道萨特自幼丧父，长期寄居在外祖父的家里。他天生自命不凡，树立了远大的理想，结果在母亲和外祖父的精心教育下，经过不懈地努力，他终于实现了自己的理想。立大志方能成大器。因此，我们在小的时候也要树立远大的理想，并且要为实现理想而拼搏、奋斗。

趣味链接：

搞恶作剧的萨特

萨特在19岁的时候，考入了巴黎高等师范学院读哲学。他对有些人虚伪做作的做法感到难以接受。当时，学校里流行尼采的思想，因此有些学生便以尼采的信徒自居，经常外出的时候穿着晚礼服，还摆出一副高贵的样子来。

萨特非常不喜欢这些人的做法，他认为真正的尼采精神应该不拘于形式，因此他决定要好好地捉弄一下他们。他和一些朋友一起拿着水枪躲在楼梯旁边，然后等那些"尼采的信徒"回来的时候向他们喷水。萨特还高声喊着："查拉图斯特拉就是这样撒尿的。"那帮伪信徒们吓坏了，都抱头鼠窜。

第五章

政治伟人

77. 三国时期的政治家、军事家——诸葛亮

天才档案

全名：诸葛亮

民族/国籍：汉族

出生地：中国 琅琊 阳都（今山东省沂南县）

生卒年月：公元181年7月23日~公元234年8月28日

父母职业：父亲（泰山郡丞）母亲（不详）

兴趣爱好：音乐、书法、文学、绘画等

毕业院校：师从水镜先生，受到良好的教育

成才之道：天资聪慧、聪明好学、遇到明主

主要成就：

1.诸葛亮是三国时期蜀汉重要的大臣，也是中国传统文化中忠臣与智者的代表人物。

2.诸葛亮代表作主要有：《前出师表》、《后出师表》、《隆中对》、《诫子书》等。

3.诸葛亮还是古代的发明家，发明木牛流马、孔明灯等。

天才的成长故事

诸葛亮出生于琅邪郡阳都县的一个官吏之家，他的父亲诸葛圭在东汉末年做过泰山郡丞。

诸葛亮的艺术造诣非常高，精通音律，喜欢操琴吟唱，具有非凡的绘画才能，喜爱书法，篆书、八分、草书等都写得非常出色。诸葛亮不仅在音乐、绘画、书法方面非常出色，更有《出师表》、《诫子书》等文学作品传世。

当然，诸葛亮最出众的才华还是其政治才能，他辅佐刘备、刘禅两代君主，鞠躬尽瘁死而后已，被后人誉为"千古良相"的典范。不管他超凡的艺术才华还是出众的政治才能，和他小时候受到的教育是分不开的。

诸葛亮小的时候是一个"小神童"，他天资聪慧、聪明好学、语出惊人，小时候被送到当地有名的水镜先生那里接受教育。

读私塾的时候，先生在学校养了一只公鸡，用它来报时。先生讲课非常精彩，深入浅出，深得学生的喜欢，好学的小诸葛亮更是如此。他经常听课听得入迷，渴望先生能够多讲一会儿。可是每天一到中午下课的时间，大公鸡就会叫起来，并且非常准时。这时候先生就会宣布下课，可是每当这时，诸葛亮还都听得津津有味，因此他非常讨厌这只大公鸡。

回到家，正在做饭的母亲发现诸葛亮有些闷闷不乐，便问他怎么了。诸葛亮便把大公鸡的事情详细地告诉母亲，并且问道："娘，先生家的那只大公鸡真是讨厌，我真想多学一会儿，不要那么早就下课。它为什么一到时间就叫呢？"

听了他的话，母亲轻轻地笑着说："这好办，大公鸡报时都是人调教出来的结果，要是不想让他叫那么早，你可以调教它呀。""可是，应该怎么让它听我的话呢？"诸葛亮问道。母亲一边淘米一边引导他："这要看你怎么动脑子了。只要你肯动脑子想，什么事情都能找到解决的办法。你现在好好想想，也许就能找到调教大公鸡的办法。"

诸葛亮眨着眼睛，看到母亲手中的大米，眼前一亮，想到一个让大公鸡"听话"的好办法。第二天，他用小布袋装了一点儿米就出门了，并且从那以后天天都是如此。也正是从那一天开始，先生的公鸡报时不准时了，越叫越晚，有时甚至申时都过了，可是先生还在给学生们上课呢。

渐渐地，先生觉察出了公鸡报时不准的事情。为了弄个水落石出，先生开始留意大公鸡。经过观察，他发现一到以前报时的时间，当大公鸡做出报时的姿势时，有个学生就会向窗外撒一点儿米。结果公鸡一见到米，就会跑去吃米而忘记了报时。

先生看到那个学生是诸葛亮，不禁大怒："你这学生，小小年纪竟敢戏弄先生？"诸葛亮连忙向先生道歉，并说出了其中的缘由。先生得知诸葛亮这么做，只是想多学一会儿，因此便原谅了这个爱学习的学生，并且提出以后诸葛亮可以到自己家里去补习功课。

或许，正是由于小时候的聪明好学，诸葛亮才能成为一个学识渊博、机智过人的政治家、军事家、战略家和发明家。

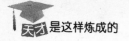

天才炼成的秘诀

◆ 天才经历启示/告诉爸爸妈妈

1.开始，诸葛亮为了多学一点知识而不想让大公鸡按时报时，他并不知道该怎样做。对此，母亲并没有直接告诉诸葛亮应该怎么做，而是启发他动脑子，让他自己去想办法。从故事中可以看出，诸葛亮母亲的这种教育方法对诸葛亮思考能力的形成以及智力的开发是非常有好处的。所以，对于正在成长的孩子来说，家长应尽量启发孩子自己动脑子，自己去想办法，这样才能达到事半功倍的教育效果。

2.水镜先生看到诸葛亮给大公鸡喂米，不让大公鸡报时，刚开始非常生气。但当他知道诸葛亮这么做是为了多学一点知识的时候，不仅被诸葛亮好学的精神打动，从此还给诸葛亮开了"小灶"。可以说，诸葛亮能够成为博学多才的良相，和水镜先生的教育有一定的关系。所以，家长在教育孩子的时候，要注意保护孩子的求知欲和好奇心，这样才更有利于引导孩子成才。

◆ 天才经历启示/告诉孩子

从故事中我们知道诸葛亮从小就是一个"小神童"，他天资聪慧、聪明好学、语出惊人，从小就被送到在当地有名的水镜先生那里接受教育。值得一提的是，诸葛亮能够成为著名的政治家和军事家，和他小时候的好学是分不开的。我们也许没有诸葛亮过人的天赋，但我们可以学习诸葛亮好学的精神，这也会帮助我们实现自己的抱负。

趣味链接：

吃瓜留子

襄阳一带有这样一个规矩：进了西瓜园，吃西瓜可以管饱，但是瓜子不能带走。据说这个规矩是诸葛亮当年留下来的。

诸葛亮是一个种地能手，他种出来的西瓜个大、沙甜，凡是到隆中做客或者过路的人都会到瓜园一饱口福。诸葛亮毫不保留地把自己种瓜的经验告诉周围的农民，为了给农民留下西瓜种子，他特地在瓜园地头上写了一个牌子："瓜管吃好，瓜子留下。"诸葛亮把西瓜子洗干净，晒干，然后分给附近的瓜农。现在，有些地方还遵守着"吃瓜留子"的习惯。

78. 北宋著名的政治家、文学家、教育家
——王安石

全名：王安石

民族/国籍：汉族

出生地：中国 北宋 临川人(今江西人)

生卒年月：1021年1月18日~1086年5月21日

父母职业：父亲（判官、县官）母亲（不详）

兴趣爱好：阅读、作诗、写文章

毕业院校：封建家庭教育

成才之道：较高的天赋使他成为了著名的文学家，关心民间疾苦的情怀使他成为了杰出的政治家

主要成就：

1.王安石最主要的成就在其文学方面，前期主要表达自己的理想抱负，而后期则主要追求诗歌的艺术美，对后世产生了重要的影响。王安石著作非常丰富，存世的有《临川集》、《临川集拾遗》、《唐宋百家诗选》、《诗义钩沉》等。

2.王安石在文化教育方面的改革主要是"熙宁兴学"，改革科举制度，培养人才，对后来的兴学运动产生了深远的影响。

3.王安石在政治方面进行了一系列的变法：在财政方面有均输法、青苗法、市易法、免役法、方田均税法、农田水利法，在军事方面有置将法、保甲法等，具备近代变革的特点，对北宋后期社会经济产生了深远的影响。

天才的成长故事

王安石是北宋杰出的文学家、思想家和政治家，是唐宋八大家之一。

王安石出生在一个仕宦之家，他的父亲是一个为人正直、执法严明、体恤百姓的官员，母亲敏而好学、博闻强记，是一个通情达理的人。

王安石自幼聪颖，读书过目不忘，从小就受到了良好的家庭教育。他小时候广泛涉猎，读了很多古籍文献，知识面非常开阔。所以，王安石8岁的时候就能诗能文，被人们称为"神童"。由于父亲的关系得以出入各种社交场合，这为他日后入仕打下了扎实的基础。

王安石出口成章、文不加点，被人们传为"落花流水笔如飞"，名声很快就传到了在当时文坛享有盛誉的欧阳修那里。刚开始的时候欧阳修并不相信王安石能有这么高的才学，因此找机会给他出了个题目打算考考他。王安石才思敏捷，在很短的时间内就写完了三篇锦绣文章，欧阳修这才心服口服。

王安石毕竟比较年轻，阅历有限，没有接触到外面更为真实的生活，因此他的诗文全都是一些美丽的辞藻堆砌而成的，内容比较浅显，金玉其表、华而不实。可是王安石却自以为是，加上别人不断夸奖奉承他，因此他逐渐变得有些骄傲自满起来。

父亲觉察到了王安石的情绪变化，便对他说："你写的文章大都寄情山水，并没有多么深刻的寓意，是难以流传后世的。"王安石听了不以为然，认为是父亲在故意挑错。

后来，王安石17岁的时候，父亲调任建康通判。想到王安石年轻气盛，阅历有限，作诗行文辞藻浮华，决定带着王安石一起去通判，以增加他的阅历。听到父亲的这个建议，王安石非常高兴，他正想借此机会好好地观赏沿途风景。

然而，王安石一路上看到的并不是只有山明水秀的自然风光，还有很多他以前没有接触到的社会现象：人民的艰难生活，社会的不公等，这些情况不时地从他眼前掠过，使他受到了很大的震撼。真实的社会生活使王安石心情变得沉重起来，他开始动脑思考问题。

一天，王安石走进父亲的书房，对父亲说："我现在感到以前所写的文章幼稚肤浅，没有深刻的意义。从今以后，我也写对社会有用的文章。"父亲听了王安石的话，发现王安石已经懂事了，感到非常地欣慰对王安石说："孩子，你终于明白了自己文章的缺陷，这表明你已经取得了很大的进步。你要记住我的话，只有对社会有用的文章才是最好的文章。"

王安石把父亲的话记在心里，以此激励自己。这次经历之后，王安石开始转变文风，也开始注重民生，思考社会的弊端，为日后的变法打下了良好的基础。

天才炼成的秘诀

◆ 天才经历启示/告诉爸爸妈妈

1.从故事中我们知道，王安石自幼比较聪明，读书能够过目不忘，从小就受到了良好的家庭教育。他小时候广泛涉猎，知识面非常广，由于父亲的关系得以出入各种社交场合，打下了良好的基础。由此可见，王安石能够成功，除了和他小时候天资聪明，广泛阅读，还和他从小出入各种社交场合有很大的关系。所以，孩子小的时候，家长应该多带孩子去一些社交场合，增加孩子的见识，这对孩子的成长也是有好处的。

2.当王安石沉浸在成功的喜悦中时，父亲保持清醒的头脑，向王安石指出他文章的不足之处，并且提供社会实践的机会，让王安石亲自感受到了真实的生活。虽然刚开始王安石并不能理解父亲的良苦用心，但建康之行让王安石目睹了民众的艰辛生活，使他内心受到了很大的震撼。事实证明，这次经历让王安石受益匪浅，不仅在做文章的时候受到启发，而且为日后的变法奠定了基础。所以，家长不仅要让孩子学好文化知识，还要像王安石的父亲那样，在孩子的人生路上多为其点拨指导，让孩子能够找到正确的方向。

◆ 天才经历启示/告诉孩子

王安石8岁的时候就能作诗，出口成章，文不加点，声名远扬。加上经常听到别人的夸奖和奉承，因此王安石逐渐变得有些骄傲自满起来。骄傲自满是我们通往成功路上的一个大敌，只有克服了这个敌人，我们才能脚踏实地地前进。所以，无论在生活中，还是在学习中，我们一定要克服骄傲自满的情绪，尤其是当我们取得一点成绩的时候，更应如此。

趣味链接：

王安石智胜厨师

王安石小时候到一家面馆吃面，由于面馆的老板、伙计和王安石都非常熟悉，因此想考考他。王安石等了好长时间，看到自己的面还不上来，便催促伙计快一点上面。不一会儿，伙计给他拿来一双筷子，告诉他面已经好了，但要

他自己去端。

王安石径直来到后厨，看到满满的一碗肉丝面。大师傅对他说："你的面已经做好了，只要你不洒一滴汤，把面端到前厅，这面就不要钱。"王安石想了想，便拿起筷子轻轻地把面挑了起来，这一挑，碗里就剩下半碗多汤了，汤自然就不容易洒了。

结果，王安石一手挑面一手端汤，顺利地把面条端到了前厅，然后津津有味地吃了起来。别人见了，都忍不住竖起大拇指称赞王安石是一个神童。

79. 外交天才——培根

天才档案

全名：弗兰西斯·培根

民族/国籍：英格兰

出生地：英国 伦敦

生卒年月：1561年1月22~1626年4月9日

父母职业：父亲（掌玺大臣）母亲（信徒）

兴趣爱好：喜欢社交，能言善辩

毕业院校：剑桥大学

成才之道："知识就是力量"

主要成就：

1.培根是近代哲学史上首先提出经验理论原则的哲学家，对近代科学的建立起了很大的推动作用，对人类哲学史、科学史作出了重大贡献。

2.培根提出了唯物主义，主张科学思想与科学实验相结合。

3.培根著有《学术的进展》、《新工具论》、《论说文集》等。

天才的成长故事

培根出生于伦敦的一个官宦世家，他的父亲是伊丽莎白女王的掌玺大臣，母亲是一位才女，热衷于文学研究，娴熟地掌握希腊文和拉丁文，博学多才。良好的家庭环境使得小培根比别的孩子早熟，他聪明伶俐，很多方面都表现出超凡的才智，深得父母的宠爱。

培根5岁的时候，为了让他见见世面，父亲便带着他进了王宫。"小朋友，你几岁了？"当女王问话的时候，只见小培根从容不迫地回答："我是在陛下幸福的时代出生的，比您的王朝还小2岁。"女王见他这么小就如此镇定自若，高兴地夸他是小掌玺大臣。因为这是小培根第一次见女王，父亲开始还担心他会露怯，可是看到他的表现，父亲长长地舒了一口气，满意地点点头。

在父母的严格教育下，小培根很小就养成了良好的学习习惯，自学能力比较强，很早就完成了中小学的课程。培根12岁的时候，父母把他送到了中学，可是只上了几节课，小培根就发现在学校上的课他以前都学过了。于是，父母又把他送到了剑桥大学继续深造。

很快，小培根就适应了学校的环境。他自小便很喜欢学习，在大学期间学习更是非常努力。学校非常注重培养学生的辩论才能，开设了辩论课，很多学生都没有胆量登台，可是小培根却非常喜欢这种富有挑战性的课程，他经常登台表现自己。小培根总是提前几天就着手准备，搜集相关资料，好好准备，上台后总是即兴发挥。虽然培根个子比较小，带着童稚的嗓音，但他的辩论理由充分，逻辑性较强，让同学们和老师对他另眼相看，只要他一上台，总会引来很多师生观看。久而久之，小培根的口才和胆量都得到了很好的锻炼。

大学毕业后，15岁的培根到了巴黎，成了英国驻法国大使馆年龄最小的外交官。在这一欧洲思想和文化交流中心，培根经常参加上流社会的沙龙活动，机智的谈吐以及渊博的知识使他得到各界人士的欢迎。在此期间，培根几乎走遍了整个法国，了解了很多的新鲜事物，吸取了很多先进的思想，对他世界观的形成起到了举足轻重的作用。

后来，由于父亲的病逝，培根辞职回国，他的地位因此江河日下。不过，他并没有消沉下去，而是在世态炎凉中变得更加坚强，决心通过自己的努力改变命运。

经过3年的刻苦学习，培根获得了律师资格，23岁的时候当选为国会议员，多年后做了掌玺大臣、英格兰大陆官，但后被指控贪污受贿，并被逐出宫廷。

短暂的政治生涯结束后，培根闭门研究，在学术上卓有成就，最终成为著名的思想家、教育家和哲学家。

天才炼成的秘诀

◆ **天才经历启示/告诉爸爸妈妈**

1.培根自小便在优越的家庭环境中成长，为了让他见见世面，父亲有意识地带他进王宫面见女王。这样的成长环境对孩子是十分有好处的，难怪培根15岁就成了外交官。成长环境对孩子的重要性无须多提，但是家长由此可以得到这样的教育经验，家长一定要多带孩子出去见世面，让孩子在大自然中陶冶情操，在各种社交场合中增长见识。

2.培根能够取得这么大的成就，和他较强的自学能力有着很大的关系。我们知道在父母的严格教育下，培根从小就养成了良好的学习习惯，这让他受益一生。因此，家长也要在孩子小的时候就注重培养孩子良好的学习习惯，提高孩子的自学能力，这对孩子的成功是非常重要的。

◆ **天才经历启示/告诉孩子**

培根深信"知识就是力量"，因此抓住了一切机会增长知识，提高自己。在剑桥大学读书的时候，他小小年纪就喜欢挑战自己，积极登台参加辩论，这种能力和胆识最终促使他成了外交天才。因此，我们也要像培根那样，不仅敢于积极表现自己，更要善于挑战自己，提高自己的竞争力。

趣味链接：

难成亲戚

一天，培根家里来了一位不速之客，这人是一名惯匪，名叫荷克。这时候培根担任着大检查官的职务，培根知道现在法院正在对这个惯匪进行侦讯起诉，很有可能给其判死刑。惯匪知道了这个消息，特来请求培根救他一命。他的理由是：荷克（hog，意为猪）和培根（bacon，意为熏肉）有亲属关系。

对此，培根笑着回答："朋友，你要是不被吊死，我们是成不了亲戚的。你知道，主要是死了之后才能变成亲戚呀。"

80. 著名的英国首相——丘吉尔

全名：温斯顿·丘吉尔

民族/国籍：英格兰

出生地：英国 牛津郡 布伦海姆宫

生卒年月：1874年11月30日~1965年1月24日

父母职业：父亲（财政大臣）母亲（不详）

兴趣爱好：兴趣广泛

毕业院校：桑赫斯特皇家军事学校

成才之道："Never，never，never，never give up。"（永远，永远，永远，永不放弃）

主要成就：

1.曾两度任英国的首相，第二次世界大战期间带领英国获得反法西斯的胜利，被认为是20世纪最重要的政治领袖之一。

2.据传是历史上掌握英语单词最丰富的人之一，1953年获得诺贝尔文学奖。

3.被美国杂志列为近百年来最具说服力的八大演讲家之一，曾被选为有史以来最伟大的英国人。

天才的成长故事

丘吉尔出生在一个声名显赫的贵族家庭。他的父亲曾担任过内阁中的财政大臣，母亲是百万富翁的女儿。良好的家庭背景对丘吉尔的成长产生了很大的影响，家族的荣耀和政治传统，成为他一生追求的目标，也是他建功立业的不竭动力。

为了让孩子受到更好的教育，父母专门为年幼的丘吉尔设立了宽敞的游艺室，里面摆满了各种各样的玩具、文具和连环画。但是，受家庭传统的影响，小丘吉尔最喜欢的还是枪炮、士兵的模型。丘吉尔有1500个锡制的小士兵，因此他经常摆弄这些小模型，对他而言，这是一支受他指挥的庞大军队：他经常把他们

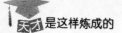

摆成各种各样的战斗阵形，想出别出心裁的作战方案，然后发号施令，俨然一个霸气十足的指挥官。

丘吉尔从小就崇拜拿破仑和自己的祖先，渴望长大后能像他们那样去干一番大事业。一次，丘吉尔在房间里和弟弟玩打仗的游戏，他们玩得兴致盎然，连父亲进屋都没有发现。父亲问他："你以后长大了想干什么？""这还用问，当然是当兵了。"丘吉尔脱口而出。

丘吉尔小的时候是一个非常顽皮的小男孩，但他顽皮有度，从不做坏事。虽然有时听到一些关于丘吉尔调皮的行为，但父母并不担心，因为小丘吉尔从不损坏自己和别人的东西。丘吉尔经常把小伙伴们组织起来，自己充当指挥官，向小伙伴们发号施令。很多见过丘吉尔的大人物都说他是一个很有个性的孩子，将来或许会有些作为。

虽然贪玩，丘吉尔有些功课却学得很好，并且表现出了不凡的能力，尤其是在历史和哲学方面，他更是学得饶有兴趣。他继承了父亲超凡的记忆力，经常背一些历史学家的作品。一次，他当众背诵麦考利的作品，背了1200行竟然毫无差错，这令老师和同学赞叹不已。丘吉尔还能成段成文地背诵莎士比亚作品中的台词，有时候老师讲课的时候引述其中的内容，丘吉尔总是喜欢纠正老师的错误。

丘吉尔生性好动，喜欢冒险，对体育和军事训练很感兴趣。在学校里他参加了步枪队，经常进行操练和射击训练。有时候，学校还让他们到别的学校进行战斗演习。这时候是丘吉尔最开心的日子。他很享受这种实战的感觉。此外，他的游泳和骑术也非常棒，击剑曾经在比赛中获得过银牌级的好成绩。

然而，丘吉尔也不是一个完美的人，他不喜欢数学和拉丁文，在班里这两科的学习成绩也往往最差。因此，丘吉尔曾引起老师的多次警告。甚至有一次，他在数学考试中竟然只在试卷上写了一个字。对此，丘吉尔的父母并没有否定丘吉尔的智力，他们反而认为丘吉尔的智力是良好的，并且他们看到丘吉尔的英语写作和演讲能力也不同寻常，因此对儿子仍然信心十足。

后来，丘吉尔的父母经过反复思考一致认为，孩子的学习成绩并不能代表什么，如果能够找到孩子的学习兴趣，或许丘吉尔的学习能好一点儿。父母知道丘吉尔十分喜欢当兵，对军事比较感兴趣，于是他们丢掉贵族家庭荣耀的包袱，把丘吉尔送到了桑赫斯特军校，让他当了一名骑兵士官生。在这里，丘吉尔如鱼得水，学习渐渐有所起色。他果然没有辜负父母的期望，军校毕业的时候，他的成绩在班里名列前茅。

长大后，丘吉尔怀着极大地热情投入到军事、记者、写作和政治生涯中，并且取得了不菲的成就，成为伫立于世界史册上的一代伟人。

天才炼成的秘诀

◆ **天才经历启示/告诉爸爸妈妈**

1.不可否认，良好的家庭背景对丘吉尔的成才起着十分重要的作用。对于家长而言，一定要充分利用所具备的家庭背景来影响孩子，引导孩子，教育孩子，无论这种背景是普通还是卓越，都将会对孩子的兴趣、职业和人生产生重大影响。

2.丘吉尔的数学非常差，对此，他的父母并没有对儿子失去信心，而是给予了他充分的支持与鼓励，坚信他的智力是良好的。而且，丘吉尔的父母根据他的兴趣，把他送到了军校学习，让他的潜力得到了发挥，最终促成了他在政治上的成功。家长应该从丘吉尔的成长中得到这样的经验：孩子的成绩差并不代表什么，家长一定不要以成绩论天才，而要充分挖掘孩子的兴趣，顺应天性培养孩子。因此，对于学习成绩好的孩子，家长要鼓励其继续努力，对于学习成绩差的孩子，家长也要相信自己的孩子，用科学的方法教育孩子，这样，孩子往往能够成才。

◆ **天才经历启示/告诉孩子**

丘吉尔能够获得成功，和父母的支持有关，更和自己从小就养成的顽强不屈的意志与宁折不弯的精神有关系。无论什么事情，只要坚持下去，就有希望获得成功。因此，我们也要学习丘吉尔坚持不懈的精神，要相信自己，学会坚持，永不放弃。

趣味链接：

和狗看电影

丘吉尔有一只非常喜欢的卷毛狗，叫鲁弗斯。一天晚上，丘吉尔正在乡间别墅里观看电影《雾都孤儿》。鲁弗斯像往常那样，在主人的膝盖上占据了一个最好的位置。当影片放到赛克斯为了摆脱警察的追踪，而要淹死他的狗这一情节的时候，丘吉尔连忙用手捂住了鲁弗斯的双眼。与此同时，丘吉尔还对鲁弗斯说："亲爱的，现在这一镜头不适合你看。等会儿我再告诉你发生了什么事情吧。"

第六章

商业奇才

81. 美国石油大王——洛克菲勒

天才档案

全名：约翰·戴维森·洛克菲勒

民族/国籍：美国

出生地：美国 纽约州 里奇福德

生卒年月：1839年7月8日~1937年5月23日

父母职业：父亲（木材商、马贩子、无牌游医）母亲（不详）

兴趣爱好：做生意、经商

毕业院校：社会大学（12岁辍学，自学成才）

成才之道：从小养成商业的眼光、善于分析的头脑、出奇制胜的经营策略和严密精细的管理方式

主要成就：

1.洛克菲勒是美孚石油公司（标准石油）的创办人，他创建了一个史无前例的联合事业——托拉斯。

2.洛克菲勒垄断了美国的石油工业，从而成功地造就了美国历史上一个独特的时代——垄断时代。

天才的成长故事

洛克菲勒是有史以来第一位亿万富翁，也是美国最著名的企业王朝的创建人。

洛克菲勒的母亲是一个比较勤快、节俭、朴实的基督教徒，而他父亲的个性则截然相反，自信，喜欢冒险，善于交际，比较自私。洛克菲勒作为家里的长子，从父亲那里继承了讲究实际的经商之道，又从母亲那里学到了仔细、节俭守信用的优点，这对他日后的成功产生了非常重要的影响。

洛克菲勒的父亲是一个商业头脑比较发达的人，这也使洛克菲勒从小受到了潜移默化的影响，洛克菲勒很小的时候就表现出了非凡的商业天赋。

洛克菲勒7岁那年，一次他出去玩耍，发现山坡上有一个火鸡窝。他灵机一

动，想出了一个非常好的赚钱主意。于是，他每天一大早就会跑到树林子里，悄悄地藏在火鸡窝附近，等母火鸡出去觅食的时候，他就会走上前去，把一只小火鸡抱回家，悉心照料、喂养。一次又一次，洛克菲勒抱了好几只小火鸡回家，然后放到自己的房间里喂养。等到感恩节的时候，洛克菲勒已经把火鸡喂养大了。他把火鸡卖给附近的农民，赚了一笔钱。他的做法受到了父亲的支持和赞扬。

父亲是一个很有商业眼光的生意人，他不甘心做一个本分的农民，就把农田分给了佃户耕种，然后自己外出经商。经商回来后，每天晚上，父亲都会和洛克菲勒一起边煮咖啡边聊天。父亲经常教给小洛克菲勒怎样做生意、赚钱，在父亲的教育下，洛克菲勒从小就满脑子的生意经。

为了培养洛克菲勒的经商能力，父亲还对他进行了严格的理财教育。父亲不会白白地给洛克菲勒零花钱，而是要他在家打工挣零花钱。于是，小洛克菲勒清晨的时候就会跑到农田里干活，有时候还会帮着挤牛奶。

亲父子，明算账，洛克菲勒有一个专门记账的小本子，他每天干完活都会把自己的工作量化，然后根据每小时0.37美元记入账本，最后再和父亲结算。虽然每天在农场里干活非常辛苦，但洛克菲勒从不感到委屈。

由于父亲做得比较大的生意是木材生意，因此当洛克菲勒稍微大一点儿之后，父亲又开始向他传授木材方面的生意经了。父亲让洛克菲勒翻山越岭地去买成捆的薪柴，以便家里烧火用，父亲告诉他只选择坚硬笔直的木材，这个过程对洛克菲勒而言是一个非常好的锻炼。

深受父亲影响的洛克菲勒12岁就辍学投身于商界了。经过在生活中的磨炼，洛克菲勒靠其从小养成的商业眼光、善于分析的头脑和出奇制胜的经营策略，最终成为了美国石油大王。

天才炼成的秘诀

◆ 天才经历启示/告诉爸爸妈妈

1.在父亲的影响下，洛克菲勒从小就表现出了非凡的商业天赋，他经常和父亲聊天，父亲也经常教给他怎样做生意，怎样赚钱。在父亲的教育下，洛克菲勒从小就满脑子的生意经。从洛克菲勒的经历中我们可以看出，孩子成才的一个关键在于抓好早期教育，而且要根据孩子的天赋、兴趣和爱好因材施教，这样教出

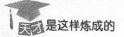
来的孩子才更容易成才。

2. 对孩子进行"理财"教育是洛克菲勒家族的传统。为了培养洛克菲勒的经商能力，父亲对他进行了严格的理财教育。比如，父亲不会白白地给洛克菲勒零花钱，而是要他在家打工挣零花钱。毫不夸张地说，洛克菲勒日后能够成为石油大王，和他小时候受到的理财教育是分不开的。

由此可见，孩子越早接触钱，越早受到恰当的理财教育，那么长大后也就越会赚钱。所以，家长要在孩子小的时候就有意识地培养孩子的理财能力，这将是孩子将来立足社会、走向成功的一个重要因素。

◆ 天才经历启示/告诉孩子

洛克菲勒7岁的时候，出去玩，发现了火鸡窝，因此想到趁着母火鸡出去觅食的时候把小火鸡偷回家，然后等感恩节的时候把火鸡卖了。由此可见，洛克菲勒从小就具有很高的商业天赋。所以，想要成为像洛克菲勒那样的商业天才，我们就要善于从生活中发现商机、利用商机。

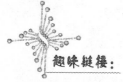

趣味链接：

我的父亲没有钱

一次，洛克菲勒去酒店住宿。他对前台服务生说要一间普通的标准间。这时候，酒店的老板刚好经过，并认出了洛克菲勒。老板听到洛克菲勒要住一间普通标准间，就走过来说："先生，我们这里的套房非常棒，您需要吗？"可是洛克菲勒却拒绝了："不，我只要一间普通标准间就可以了。"

酒店的老板非常疑惑地说："您的儿子经常在我们酒店住，每次他都住套房。"洛克菲勒却说："这也不奇怪，因为他有一个有钱的父亲，而我的父亲却没有钱。"

82. 汽车工业之父——福特

天才档案

全名：亨利·福特

民族/国籍：爱尔兰

出生地：美国 密歇根州 韦恩郡 史普林威尔镇

生卒年月：1863年7月30日~1947年4月7日

父母职业：父亲（农场主）母亲（家庭主妇）

兴趣爱好：机械，做实验

毕业院校：自学成才

成才之道：拥有舍弃家业的抉择力、永不停止创新的精神和迅速捕捉灵感的目光

主要成就：

1.福特创立了福特汽车公司，还创建了世界上第一条汽车流水装配线，不但革命了工业生产方式，而且对现代社会和文化产生了重大影响。

2.福特完成了《我的人生和工作》、《今天和明天》以及《前进》三本著作，描绘了福特公司的发展以及福特先生个人的企业和社会理念。

3.1936年，福特和儿子一起创立了美国福特基金会，到现在它已经成为一个国家性和国际性的组织。

天才的成长故事

福特出生在一个富裕的农民家庭。

福特从小就是一个精力旺盛的孩子，母亲很早就对他进行了启蒙教育。福特比较好动，虽然记忆力非常好，可就是缺乏耐性，母亲教他写字，可他写了不到20分钟就不愿意写了。对此，父亲总是用拳头和巴掌来教育小福特。

为了更好地教育福特，父亲在他7岁的时候就把他送到了学校学习。在学校里，福特对机械充满了强烈的兴趣，他的算术成绩一直名列前茅，但是其他科目的成绩非常一般。

由于福特对机械充满了兴趣，因此他闯过不少祸，不过幸运的是，对于他的"胡闹"，他的父母从没埋怨过。福特对钟表产生了浓厚的兴趣，他想着要把全天下的手表都打开看看。因此，小福特总喜欢把家里的钟表拆开，他把每个零件都仔细地研究一番，然后再装起来。几次之后，他就明白钟表的工作原理了，有时候还会帮别人修理钟表，俨然成了一个小技师。

对此，父亲开始并不理解，可是后来看到小福特有着强烈的求知欲和孜孜不倦的探索精神，父亲明白这是一般孩子难以具有的品质，因此特意把珍贵的"凯撒表"送给了福特，表示鼓励。

母亲看到福特对机械非常感兴趣，便在家里给他设了一个工人台。为了观察制表的工具，福特专门花了一天的时间走到五金店。邻居们都嘲笑福特是一个"怪人"，可是福特的母亲非常同情他、支持他。母亲曾对福特说："孩子，你是一个天生的机械师。不管别人怎样说，你只管做你自己的事情，你这种精神是非常可贵的。"母亲的话给了福特很大的鼓舞。

在母亲的教导下，福特逐渐养成了沉着、坚强的性格，也养成了不怕困难、勇于面对挫折的精神，这使他受益终生。

福特12岁那年的夏天，他随着父亲乘着马车去底特律。在路上，福特看到了一辆蒸汽车，他感到非常惊奇，便跳下马车，围着蒸汽车看了又看，并向驾驶员问了一连串的问题。好心的驾驶员不厌其烦地告诉他蒸汽车的一些工作原理。

聪明的福特明白了蒸汽机的工作原理，他想以后可以用蒸汽的动力代替人的劳动，那么也可以代替牛马了。那时候，小福特就想着长大后要造出靠机器推动的车来。

回到家后，小福特对此念念不忘，他想要试一下蒸汽的力量。于是，福特把一个茶壶放到炉子上，然后把茶壶的壶嘴堵上，把盖子封得严严实实。结果，水开后，水壶爆炸了，站在旁边的福特也被严重地烫伤了。不过，这次经历并没有扼杀他对机械的探索精神，他一如既往地探索着。

福特的父母尊重和培养了儿子喜欢机械的兴趣，最终使福特成为了汽车大王。

天才炼成的秘诀

◆ 天才经历启示/告诉爸爸妈妈

1.福特从小就聪明好学，虽然记忆力比较好，但是他缺乏耐性，母亲教他写字，他写了不到20分钟就不愿写了。对此，父亲总是用拳头和巴掌来教育小福特。虽然说小福特父亲用拳头和巴掌教育孩子的方法并不可取，但是他注重培养孩子耐心的教育思想还是值得家长借鉴的。耐心是孩子获得成功的法宝，有耐心的孩子更容易获得成功。所以，家长在生活中要有意识地培养孩子的耐心。

2.小福特对机械非常感兴趣，为了观察制表的工具，他花了一天的时间走到五金店。对此，邻居们都嘲笑他是一个"怪人"，可是福特的母亲非常同情他、支持他。而且，母亲还对福特说他天生就是一个机械师，鼓励他要坚持做自己的事情。母亲的话让小福特受到了很大的鼓舞，让他坚持做自己喜欢的事情，最终获得了成功。所以，家长也要像福特的母亲那样，相信你的孩子天生也是一个大家或者大师，那么，经过科学的教育，你的孩子也许真的能够成为像福特那样的汽车大王。

3.福特12岁的时候，曾看到了一辆蒸汽车，对此非常感兴趣，便跳下马车，围着蒸汽车看了又看，并向驾驶员问了一连串的问题。好心的驾驶员不厌其烦地告诉他蒸汽车的一些工作原理。由此可见，孩子由于好奇心比较强，没见到新的事物总要问一问、拆一拆、装一装。对此，有些家长总是没有耐心，经常因此斥责孩子，这会挫伤孩子思维的积极性，对孩子的智力发展和成长也是非常不利的。所以，家长要像蒸汽车驾驶员那样，耐心地教育孩子，因势利导，鼓励孩子的探索精神。

◆ 天才经历启示/告诉孩子

小福特想要试一下蒸汽的力量，便私自进行了茶壶实验。结果，水壶爆炸了，他也被严重地烫伤了。由此，我们可以得到这样的启示：做实验可以开阔我们的思路，有利于我们深入地学习，但是，做实验的时候一定要注意安全。

趣味链接：

最好的惩罚

亨利·福特平时在学校里上课时经常心不在焉，可是对于课外的事情他却非常感兴趣。

一天，福特和一个同学上课的时候把一块手表拆开了。老师看到后非常生气，为了惩罚他们俩，就让他们放学后留下来，把表修好才能回家。

其实那位老师并不了解小福特是一个机械的小天才，老师的惩罚正合小福特的"胃口"：只用了10分钟，小福特就把手表修好走在回家的路上了。

83. 世纪时尚女王——夏奈尔

天才档案

全名：加布里埃·夏奈尔

民族/国籍：法兰西

出生地：法国 沙穆尔镇

生卒年月：1883年8月19日~1971年1月10日

父母职业：父亲（小商贩）母亲（村妇）

兴趣爱好：裁剪布料，设计衣服

毕业院校：12岁进了孤儿院，后来又进了修道院（未受高等教育）

成才之道：坚韧的性格，捕捉时代变化的直觉；既追逐时尚，更创造时尚

主要成就：

1.夏奈尔是著名的时尚女王，也是20世纪最重要的服装设计师，她创作了女性时尚的新纪元。

2.开创了著名的"夏奈尔5号"香水，并研发了其他系列女性香水和男性香水，以及服装、配饰等，引领了世界时尚潮流。

天才的成长故事

在追求时尚的今天，相信大家对"夏奈尔"绝对不陌生。它不仅是时装、香水的品牌，也是一位伟大女性的名字。夏奈尔从一个一贫如洗的孤儿蜕变成为时装设计大师，她以自己的独立和智慧创造着奇迹，她不仅追求时尚，更懂得如何创作时尚。

夏奈尔出生在法国巴黎附近的一个小镇，她的父亲是一位推销员，经常因为四处推销货物而不在家。因此，夏奈尔的母亲要含辛茹苦地照顾夏奈尔等几个孩子，由于太劳累，她母亲的身体变得越来越差。

夏奈尔11岁的时候，母亲的病愈发严重，病得十分厉害。冬天到了，寒风呼啸，门窗"啪、啪"作响，夏奈尔的父亲依然外出推销去了。

一天，夏奈尔正在灯下认真地缝制她的布娃娃，她听到母亲有气无力地在召唤自己，便快步走到妈妈身边。

"孩子，冬天到了，可是你们的棉衣服都还没有做呢。你看妈妈这身体也没办法给你们做，你的手工比较好，你帮妈妈做棉衣好吗？"妈妈拉着夏奈尔的手说。

夏奈尔连连答应，并且因为自己可以裁剪布料而感到非常高兴。以前，每当妈妈给他们做衣服的时候，小夏奈尔总是围在妈妈身边，看到一大块的布料经过妈妈的加工，最后变成了一件件漂亮的衣服。她觉得太神奇了，因此缠着妈妈要学做衣服。

平时看到夏奈尔这么喜欢做衣服，妈妈也很高兴，并且非常愿意教她。因此，在妈妈的培养下，夏奈尔逐渐学会了做衣服上的领子、口袋等这样简单一点儿的活儿，并且还学会了缝制布娃娃。现在，她可以在妈妈的指导下裁剪衣服了，这样可以帮妈妈分担一些家务，她非常高兴。妈妈看到夏奈尔飞针走线，还真像那么回事，感到非常欣慰。

后来，妈妈去世了，夏奈尔便被送进了孤儿院。在孤儿院，夏奈尔度过了一段暗淡的时光。她和同学在家务课上要学习缝制婴儿服以及床单等简单的物品，只有在这时她才会觉得快乐。

一次，夏奈尔看到每天做的衣服都是一个样子，便打破千篇一律的做法，按照自己的想法把婴儿服的样式改了一下，结果缝制了一件漂亮的小衣服。院长看到这件衣服非常好看，便让裁缝师照着这个样子做出一批衣服来。裁缝师画了一夜的图纸，可是设计的效果仍然不理想，最后不得不请出夏奈尔帮忙。

夏奈尔在孤儿院度过了暗淡的少年时光，孤儿院的生活使她明白，对女孩子来说，熟练的针织手艺是非常重要的，她认为自己可以通过针线活来养活自己。因此，在18岁的时候，夏奈尔就去一家商店做助理缝纫师了。

后来，夏奈尔到了巴黎，并在朋友的帮助下开了一家女帽店。夏奈尔大胆改革，卖的帽子一改以前女帽仅作为装饰的功能，她设计出来的新帽子既宽大实用，又不失美观，受到了广大女性的欢迎，很快就打开了市场。

事业逐渐做大后，夏奈尔又对时装进行创新，顺应了社会发展的趋势，时装事业蓬勃发展起来，最终让她成为了举世闻名的时装界女王。

天才炼成的秘诀

◆ **天才经历启示/告诉爸爸妈妈**

1.平时看到妈妈把布料加工成为漂亮的衣服，夏奈尔觉得非常神奇，因此产生了要学做衣服的想法。看到她这么喜欢做衣服，妈妈也经常教给她相关的技能。后来，妈妈生病后，夏奈尔有机会自己做衣服，帮妈妈分担家务，她非常高兴。可以说，妈妈的做法是非常明智的，她能够发现夏奈尔对做衣服的兴趣及其天赋，并且加以合理地引导。这些经历对夏奈尔的成功有着重要的影响。因此，家长也要善于发现孩子的兴趣，培养孩子的兴趣，并给孩子的兴趣提供发展的空间。

2.在孤儿院中，做衣服是夏奈尔每天的功课。她打破千篇一律的做法，按照自己的想法把婴儿服的样式改了一下，结果缝制出来的衣服非常漂亮。由此可见，夏奈尔从小就具有很强的创造力，这种能力对她后来成为时装界女王有着重要的影响。当今社会是一个需要改革创新的社会，创新能力决定了孩子能否在同质化的竞争中异军突起。因此，家长要帮孩子打开创造力的大门，积极培养孩子的创造力。

◆ **天才经历启示/告诉孩子**

夏奈尔能够从贫穷的孤儿成为时装界的女王，靠的不仅仅是对时装的天赋，还有她自小形成的坚韧性格与独特的眼光。我们在惊叹夏奈尔取得成就的同时，也要感受到正是充满艰辛的奋斗历程，才使得她如此自立、自强。因此，我们不仅要学习夏奈尔善于捕捉时尚的眼光，还要学习她自强自立的顽强精神。

趣味链接：

夏奈尔的预言

夏奈尔对服装有自己独到的见解，她总能以超前的眼光捕捉到时尚的元素。

一次，夏奈尔在巴黎听音乐会，她看到剧院里的女人都是相差无几的装束，几乎都是花团锦簇，装饰比较繁琐的高领长裙子，然后配上大帽子。夏奈尔说："我要让这些女性都穿上黑色的衣服。"

在当时的社会，只有男人才会穿黑色的衣服，或者是孤儿院的小女孩，年轻的女性是没有人会穿黑色的。但是，夏奈尔并没有说大话——现在"小黑裙"几乎是每个女人的必备。这就是夏奈尔的力量。

84. 酒店业经营大王——希尔顿

全名：康拉德·希尔顿

民族/国籍：德国和爱尔兰

出生地：美国 新墨西哥州 圣·安东尼奥镇

生卒年月：1887年12月25日~1979年1月3日

父母职业：父亲（商人）母亲（主妇）

兴趣爱好：做生意

毕业院校：高斯军事学校

成才之道：自信和实干精神

主要成就：

1.希尔顿是美国旅馆业的巨头，是一个精力充沛的实业家，是曾经控制美国经济的十大财阀之一。

2.1919年创建了第一家"希尔顿酒店"，现在希尔顿的旅店已经延伸到世界各地，资产总额达数十亿美元，雄居全世界最大旅馆的榜首。

天才的成长故事

希尔顿在一个伟大梦想的激励下，白手起家，凭着坚定的信念与坚强的意志，克服了无数挫折，逐渐登上了事业的巅峰，创立了全球性的旅馆业王国。

希尔顿的父亲以前是一个小职员，但他不满足于现状，凭着巨大的勇气、热情的态度和创业的精神，在偏远的西部跑起了买卖。希尔顿的母亲是一位信仰比较坚定的人，她也随着希尔顿的父亲一起来到了西部边陲的小镇，做起了小买卖。

希尔顿出生的时候，他的父亲已经拥有一大片牧场了，并且还做着一些皮货、羊毛的生意。小时候的希尔顿身体非常结实，精力充沛，是一个调皮、贪玩的小男孩。即使上了小学后，小希尔顿仍然改不了贪玩的毛病。为了更好地帮助希尔顿养成良好的学习习惯，每当他写作业的时候，妈妈总是搬个小板凳坐到门口，防止他跑出去玩。可是，贪玩的希尔顿竟然从屋顶上的天窗里爬出来，然后从房顶上往下跳，结果不小心把胳膊摔伤了。

为了更好地教育希尔顿，父母就把他送到了军事学校去读书。虽然军事学校只是教给学生一些简单的读、写等基本知识，但严格的军校生活让希尔顿受到了约束，他渐渐地改掉了散漫、贪玩的坏习惯，学会了遵守纪律，真正长大了。

希尔顿虽然对学习并不感兴趣，但是他对做生意却有着与生俱来的兴趣。加上对工作特别虔诚的父亲总在不停地追逐着自己的梦想，这也潜移默化地影响了希尔顿。

父亲知道，教育孩子要因材施教，因此希尔顿小的时候父亲就经常给他讲做生意的心得，等希尔顿大一点儿后，父亲便给他划了一块地，让他自己种上蔬菜和青豆。这样每天放了学，希尔顿就会像大人那样去地里锄草、浇水、施肥。一天天过去，看着蔬菜和青豆逐渐成熟，希尔顿非常有成就感。到了收获的季节，他也会把自己亲手种的农产品拿到集市上去卖，对自己辛辛苦苦挣来的钱，希尔顿格外地珍惜。

到了假期，希尔顿就到父亲的商店里上班。他很喜欢这份工作，觉得和顾客讨价还价是一件有趣的事情。渐渐地，希尔顿摸准了顾客的心理，他也掌握了与顾客沟通的技巧，即使遇到非常难缠的顾客，他也能应付自如。

15岁的时候，希尔顿学会了进货，有时还会到周围很远的地方去收购货物。他的胆量得到了锻炼，做生意的经验也变得越来越丰富。

后来发生了经济危机，父亲的商店因经营不善而关门了。但是经验丰富的父亲另辟蹊径，办起了家庭旅馆，结果一段时间后还把商店积压的货物卖了出去，赚到了不少钱。这次经历给希尔顿留下了非常深刻的印象，他立志要像父亲那样，用信心、乐观、诚实和努力做出一番事业。事实证明，他成功了。

天才炼成的秘诀

◆ 天才经历启示/告诉爸爸妈妈

1.我们知道希尔顿的父亲以前只是一个小职员，但是他不满足于现状，凭着自己的勇气与热情自己创业。正是受到父亲的影响，希尔顿才形成了不满足于现状，积极进取的良好品质。这些品质对他日后成为酒店经营大王有着不可替代的重要作用。因此，想要培养孩子积极进取、勇于创新的品质，家长就要给孩子做一个好榜样。

2.为了更好地教育希尔顿，父母把他送到了军事学校去读书。严格的军校生活让希尔顿受到约束，他渐渐地改掉了散漫、贪玩的坏习惯，学会了遵守纪律，真正地长大了。对希尔顿而言，军校生活的经历是促使他成功的另一个重要因素。因此，对于比较散漫、贪玩的孩子，家长也可以适当地让孩子受点儿约束，让孩子明白想要获得成功就要守规矩。

3.父亲知道，教育孩子要因材施教，因此父亲经常给小希尔顿讲做生意的心得，等希尔顿大一点儿后，父亲便给他划了一块地，让他自己种上蔬菜和青豆。经过自己的辛勤劳作，希尔顿终于丰收了。对自己辛辛苦苦挣来的钱，他也非常珍惜。毫无疑问，这些经历对希尔顿的成长也有很大的激励作用。因此，家长也要像希尔顿的父亲那样，教育孩子要懂得因材施教，适合孩子的教育方法才是最好的教育方法，也有助于让孩子早日成才。

◆ 天才经历启示/告诉孩子

希尔顿在晚年的自传中，提到了自己成功的奥秘：具有伟大的梦想。他的梦想和空想不同，是以热忱和旺盛的精力为后盾，并且还不乏充满想象的思考。正是凭着对梦想的坚定信念，克服了无数的挫折和危机，希尔顿最终才创下了宏伟的事业。由此我们知道，想要获得像希尔顿那样的成功，我们也要拥有远大的梦想，然后为之而奋斗，遇到挫折也不能轻言放弃。

趣味链接：

被拍马屁的希尔顿

希尔顿创办了"希尔顿国际公司"，成为世界上著名的酒店老板。

希尔顿刚在华盛顿开第一家饭店的时候，想要试一试饭店的名气。于是，他自己开着车到火车站，装作刚到华盛顿的外地人叫了一辆出租车，然后他对司机说："带我到华盛顿最大、最豪华的酒店去。"

司机对他说："在这里，最大、最豪华的酒店就是希尔顿饭店了……"听了司机的话，希尔顿非常高兴，到达目的地后他拿出一张一百美元的钞票，并对司机说不用找了。司机高兴地说："谢谢您，希尔顿先生。"原来，司机早就认出了希尔顿，刚才是故意给他拍马屁的。

85. 小学就懂生意经的商业天才——哈默

全名： 阿曼德·哈默

民族/国籍： 犹太

出生地： 美国 纽约 曼哈顿区（祖籍俄国）

生卒年月： 1898年5月21日~1990年12月10日

父母职业： 父亲（工人、店员、医生、企业家）母亲（不详）

兴趣爱好： 喜欢做生意，熟谙生意经

毕业院校： 哥伦比亚大学

成才之道： 拥有一颗"点石成金"的聪慧头脑

主要成就：

1.哈默是一个从小就懂生意经的商业天才，他的一生对苏联、利比亚等国家和美国的加利福尼亚、佛罗里达等州的经济有着巨大的影响。

2.哈默在政治上也有重要作为，与美国的几届总统、外国首脑、王公贵族、将军等都有过交往。他曾多次访问中国，并为中国少年儿童基金会捐款。

3.哈默还是一个艺术收藏家，耗费巨资收藏了大量的艺术珍品，并把它们作为人类共同的财富送到世界各地展出。

天才的成长故事

哈默是美国著名的实业家、社会活动家、收藏家，也是亿万富翁。1956年他买下了美国西方石油公司，经过整顿，用了不到一年的时间，这个公司就变成了一家大型的石油企业，并逐渐变成了一家跨国公司，业务遍及北美、西欧、亚非等地区。

哈默的祖父是一位俄国犹太百万富翁，移居美国后经过几次投资失败，资产逐渐减少。哈默的父亲当时做过铸造工人，做过药店店员，后来攻读医学学位，成为一名医生，凭着聪明才智与勤奋努力，从药店店员成了药店的老板，规模逐渐扩大办了制药厂。哈默为父亲不竭奋斗的精神所感动，决心向父亲学习，因此从小便具有敏锐的洞察力和创新精神。

小时候，哈默到父母朋友的农场里度假。一次，农场的主人要去卖水果，小哈默一定要跟着去。到了市场，他先学着别人的样子，帮着农场的主人摆放货物，把最大最好看的水果放到上面，把小的颜色不好看的放到下面。随后，小哈默就去别的摊位打探水果的价钱，在市场上转了一圈，对同类水果的价钱就了如指掌了。

小哈默建议农场的主人把高的价格降低一点儿，低的价格提高一点儿，然后再把售价定得比中间价格稍微低一点。农场的主人按照他的建议卖水果，结果他们的水果果然卖得很快。农场的主人非常惊讶：才读小学二年级的小哈默竟然懂得生意经，并且运用得这么好。

回到家后，农场的主人一直向哈默的父母称赞哈默是一个聪明的孩子。父母听到后也很高兴，并且表扬了哈默一番。哈默第一次参与经商活动，就体验到了成功的喜悦，他从这次的经历中得到了做生意的乐趣和灵感。

哈默16岁的时候，曾经看到过一辆最新款的敞篷小汽车，特别喜欢。可是一打听价格，他惊呆了，这种车非常昂贵，即使是二手车也要卖185美元，这相当于一个工人半年的工资。于是，哈默狠狠心向哥哥借钱买下了车。

为了尽快还钱，哈默开始找工作，并决定利用他新买的这辆二手车来赚钱。圣诞节快到了，有家糖果厂需要汽车送糖果，报酬是一天20美元。于是哈默放学后就开着车去了，可是负责人看到他是一位中学生，车也有些小，便摇摇头不同意。哈默却不放过这个机会，表示可以把座位拆掉以扩大里面的空间，并表示自己一定不会比别人拉得少。在哈默的坚持下，负责人勉强同意让他试一试。

于是，哈默请了一位同学帮忙，每天一早就来到工厂，把车子装得满满的，专门跑大车无法开进去的小路，这节省了很多路途。哈默再把车子开得快一点儿，这样一来他每天比大车拉的货物并不少，因此得到了和大车司机一样的报酬。

经过两周的辛勤工作，哈默不仅还清了哥哥的钱，还剩下100美元的零花钱，这可以说是他人生中的第一笔"巨额收入"。

天才炼成的秘诀

◆ 天才经历启示/告诉爸爸妈妈

1.我们知道，哈默从小就懂得生意经，这和他父亲对他潜移默化的影响是分不开的。生意经是一门致富的学问，我们每个人活在世界上都离不开财富。因此，家长一定要尽早对孩子进行财富教育，在孩子小的时候就培养孩子正确的财

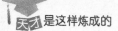

富观念，加强孩子财商的教育，从小教育孩子应该怎样理财，让孩子像哈默那样成为商业小天才。

2.小哈默运用独特的生意经，帮助农场的主人把水果很好地卖了出去。主人非常惊讶小学二年级的哈默如此善于经商，因此称赞他是一个聪明的孩子。哈默的父母听说后，也表扬了哈默一番。这次成功的经商活动使得哈默得到了做生意的乐趣和灵感。由此我们知道，家长应该多给孩子创造一些尝试的机会，这样有助于发现孩子的潜能，也有助于让孩子在成功中提高自己的自信心，对孩子的成长是非常有好处的。

◆ 天才经历启示/告诉孩子

哈默16岁的时候，为了得到自己喜欢的敞篷小汽车而向哥哥借钱，后来为了尽快还钱而利用自己的二手车送糖果，结果由此获得了人生中的第一笔"巨额收入"。现实生活中，当我们想要一件玩具或者别的东西的时候，总会向家长要钱买，很少会想到要通过自己的努力得到自己想要的东西。在这里，我们不妨学习一下哈默，学会为自己的需求"买单"。

趣味链接：

小哈默的君子风度

据说哈默小的时候就是一个非常有君子风度的人。

一天，老师问哈默："哈默，你说说地球是什么形状的？"小哈默认真地回答："老师，我认为地球是圆的。"

老师接着问："那么，你怎么知道地球是圆的呢？"哈默非常有风度地回答："老师，你若认为地球是方的就算它是方的吧。反正你是老师，我也不想为了这个问题引起一场不必要的争论。"

86. 卡通巨星——迪斯尼

全名： 华特·迪斯尼

民族/国籍： 美国

出生地： 美国 芝加哥

生卒年月： 1901年12月5日~1966年12月15日

父母职业： 父亲（农场主）母亲（家庭主妇）

兴趣爱好： 画画，亲近大自然，和小动物玩

毕业院校： 芝加哥麦金莱中学（艺术函授班）

成才之道： It all started with a mouse（一切都始于一只老鼠）！

主要成就：

1.迪斯尼是美国著名的导演、编剧和卡通大师，他和其兄一起创办了享誉世界的迪斯尼公司。

2.迪斯尼创作了《白雪公主》、《木偶奇遇记》等很多知名的电影，创造了"米老鼠"、"唐老鸭"等经典动画角色，开创了主题乐园这种娱乐形式。

天才的成长故事

迪斯尼是著名的卡通艺术大师，他创作的一系列卡通艺术形象，最典型的就是米老鼠和唐老鸭，这两个动画形象带给全世界的孩子无穷的快乐，而迪斯尼的名字也随着米老鼠与唐老鸭的问世而享誉世界。

迪斯尼小时候，父亲在乡下买了一个农场，迪斯尼在这里度过了美好的童年。他非常喜欢这美丽的田园风光，经常无拘无束地在田野里玩，寻找新鲜好玩的事情。在这里，他最喜欢的小伙伴就是农场里的一些小动物，他有时候会兴奋地追逐树丛里的兔子、松鼠，有时候会静静地坐着仰起头看天上的老鹰和燕子。

此外，迪斯尼还养了鸡、鸭、猪等自己比较喜欢的小动物，经常与它们在一起，给它们取名字，同它们讲话。其中有一只最大的猪是他的好朋友，他为它取

名字叫"波克"。后来这只猪就成了《三只小猪》里的一只小猪的原型。童年美好的回忆给迪斯尼后来制作卡通形象提供了丰富的素材，为他成为一名卡通大师奠定了基础。

一次，父亲去镇子上办事，父亲一走，迪斯尼和妹妹就欢呼起来——他们终于可以尽情地玩耍了。他们用刷子蘸上煤焦油，尽情地在墙上画了起来，小猫、小狗、小老鼠等，不一会儿就把墙壁画满了。后来他们打扫"战场"时才发现黑色的印记擦不掉，不禁感到非常害怕。幸运的是，父亲回来后看到这一切，虽然非常生气，但最终并没有过分地批评他们。这使得小迪斯尼的绘画兴趣得以保留。

后来，他们又搬回城里，这时候，小迪斯尼已经上学了，他也开始了长达6年的报童生涯。繁重的工作之余，迪斯尼最喜欢的就是画画了。他画画总有自己的创意。一次，老师把一盆花放到讲桌上，让学生临摹。别的同学都按照实物老老实实地画，可是迪斯尼却把花朵化成了一个娃娃脸，把叶子画成了一双摇摆的手。

这么富有创意的画，却遭到了老师的嘲笑。但是，迪斯尼对绘画的热情并没有减弱，他创作的积极性也没有泯灭。后来，妹妹露丝出麻疹，迪斯尼便陪着妹妹，并画画给她看。一次，当他快速翻动画册时，他发现画中的人物仿佛会动，这就是卡通的雏形。当时迪斯尼只有9岁。

迪斯尼16岁的时候参军去了法国。很快，战争结束了，迪斯尼的一位同伴看到很多士兵都会带点儿战争的纪念品回国，而最受欢迎的纪念品就是战败国士兵的钢盔，他想，这是难得的商机。于是，他让迪斯尼在钢盔上画漫画，并许诺画一个钢盔给他5法郎的报酬。

迪斯尼高兴地答应了，他苦思冥想，设计出一个狙击手瞄准射击的姿势，画在钢盔上效果非常好，结果钢盔很快就卖光了。这次经历不仅满足了迪斯尼的绘画兴趣，而且还让他赚了一笔钱。因此，复员后迪斯尼就决定以自己的画技谋生。经过不懈地追求，迪斯尼最终获得了成功，成为享誉世界的卡通艺术家。

天才炼成的秘诀

◆ 天才经历启示/告诉爸爸妈妈

1.迪斯尼从小在父亲的农场里度过了美好的童年。他经常无拘无束地在田野里玩，农场里的小动物是他最好的小伙伴。后来，童年的这些美好回忆给他进行卡通创作提供了丰富的素材，为他成为一名卡通大师奠定了良好的基础。现在的孩子从小学开始学习压力就非常大，父母总是把眼光盯在孩子的成绩单上，其实，得到100分远不如得到一个快乐的童年更有意义，或许这个快乐的童年正是孩子日后成功的一个捷径。因此，家长的眼光一定要有前瞻性，要给孩子一个美好的童年，让孩子快乐地成长。

2.一次，迪斯尼趁着父亲到镇上去办事，于是便和妹妹一起在墙上画画。结果，满墙的画作根本就擦不掉，父亲回来后发现了迪斯尼兄妹俩的"战绩"，有些生气，但并没有大发雷霆。父亲的做法对保留迪斯尼绘画这一兴趣是非产关键的。因此，想要培养孩子的艺术修养，家长一定要保护孩子在这方面的兴趣，即便是孩子为此闯了一些"祸"，家长也不要厉声斥责。

◆ **天才经历启示/告诉孩子**

迪斯尼总有自己的创意，不按老师的要求画画，而是在画画的过程中充分展现了自己的想象力与创造力。虽然迪斯尼富有创意的画遭到了老师的嘲笑，但他并没有因此减弱自己对绘画的热情，更没有轻易地否定自己的创意。由此我们知道，当我们在学习、生活中，自己的独特想法得不到别人认可的时候，我们也不能轻易放弃，我们要相信自己。

趣味链接：

米老鼠的诞生

据说少年迪斯尼的愿望是当一名画家。为了实现自己的理想，他只好在一间破烂不堪的车库里辛勤地工作，描绘自己的梦想。

一天，他正在埋头作画，突然看到一只小老鼠爬到桌子上偷吃东西。正处于人生低谷的迪斯尼与小老鼠产生了共鸣，因此并没有把小老鼠赶走，而是拿东西喂它，和它逗乐。久而久之，迪斯尼和这只小老鼠建立了深厚的友谊，淘气的小老鼠经常做出各种各样有趣的动作。无聊的时候，迪斯尼就认真地研究小老鼠的动作。

多年后，有一次迪斯尼需要创作一个卡通角色，这时候那只可爱的小老鼠的形象在迪斯尼的脑海里浮现出来。因此，他和他的团队共同创作出了世界上最著名的老鼠——米老鼠。现在，这只可爱的小老鼠早已闻名全球，成为了迪斯尼卡通王国的重要标志。

87. 经营之圣——盛田昭夫

全名： 盛田昭夫

民族/国籍： 大和

出生地： 日本 名古屋市 爱知县 常滑市

生卒年月： 1921年1月26日~1999年10月3日

父母职业： 父亲（企业家）母亲（不详）

兴趣爱好： 企业经营，经商

毕业院校： 大阪帝国大学

成才之道： 无穷的好奇心，永远创造"第一个"的创新力

主要成就：

1.盛田昭夫创立了日本索尼公司，是日本公司国际化的先驱。他是日本战后协助国家从废墟中重新站起来的企业家之一。

2.手提式半导体收音机、家庭录放机以及随身听等都是在盛田昭夫的手中诞生的。

3.代表作品：《学历无用论》、《日本制造》、《日本人可以说"不"》等。

天才的成长故事

盛田昭夫出生在一个世代经商的家庭里，他的父亲是一个非常精明能干的企业家，经营酿酒业。父亲希望能把盛田昭夫培养成为一个实业家，因此很早就开始对儿子进行这方面的教育。

父亲是一个非常保守、谨慎、安分守己的人，而盛田昭夫却是一个思维活跃的人，因此父子二人难免会发生摩擦。平时，父亲做一个决定总是要花费很长时间，并且瞻前顾后，这时候盛田昭夫就会主动讲出自己的主张，两人经常会因此发生争执。虽然说晚辈和长辈吵架不符合家族的传统，但是父亲认为这样可以帮助孩子掌握成人应有的思维模式，让孩子学会合理地表达自己的看法。因此，对盛田昭夫的这一举动，父亲不仅不介意，而且还鼓励他。

盛田昭夫10岁的时候，父亲带着他到公司的办公室以及酒厂，让他看看自己是如何经营企业的。此外，父亲还让盛田昭夫坐在自己旁边，让他参加董事会，见识一下自己是怎样主持会议的。有时候，公司的干部到家里汇报工作，父亲也会有意识地让盛田昭夫坐在旁边聆听。

在父亲的精心培养下，盛田昭夫小小的年纪就对企业产生了浓厚的兴趣，并且在小学三年级的时候就显露出不凡的经商才能来。他为同学设计出别致的小纸贴，结果很快就流行起来，成了同学们的抢手货。

除了身教，父亲还注重言传的教育作用。一有机会父亲就会给盛田昭夫灌输这样一种观念：你是盛田家族的长子，必将成为家族产业的继承人，因此必须要学会经营企业。父亲经常对盛田昭夫强调："你天生就是经理，这一点你一定要记住！你应该要知道，自己做的事情以及要求别人做的事情都是要负责任的。"

盛田昭夫上中学后，他的假期被父亲安排得满满的，仿佛他就是公司的一员。每当公司开会的时候，父亲就会带着盛田昭夫出席会议，并且要求他坚持到最后。有时候，父亲还会带着盛田昭夫到厂子里巡视参观，冬天的时候还会带着他一起"品酒"，检查酿酒的质量。由于品酒的时候只是把酒含在嘴里品尝，然后把酒吐掉，这一习惯让盛田昭夫一生都不喜欢带有酒精的饮料。

盛田昭夫中学毕业后，想要按照自己的意愿报考理科。父亲虽然希望儿子学习经济学，但最终并没有反对他的选择。父亲觉得不管盛田昭夫学什么，将来都会回到家里继承家业，既然他喜欢理科，就当是培养他的一种兴趣罢了。

然而，盛田昭夫最终放弃了祖传的酿酒业，并且按照自己的爱好发展，创办了索尼公司，并且把公司经营成了一个驰名国际的大企业。不可否认的是，当时父亲教给他的经营理念以及实践经验，对他还是很有帮助的。

天才炼成的秘诀

◆ 天才经历启示/告诉爸爸妈妈

1.由于性格截然相反，因此思维活跃的盛田昭夫经常和谨慎、保守的父亲争吵。虽然说晚辈和长辈吵架并不符合家族的传统，但是父亲认为这样对孩子的成长有好处，因此并不介意盛田昭夫的这一举动，而且还鼓励他。所以，当孩子做出一些不符合家庭传统的事情的时候，只要对孩子的成长有利，家长不妨打破传

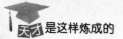
统，支持、鼓励孩子的行为，这样更利于孩子的发展。

2.盛田昭夫中学毕业后，想要按照自己的志愿报考理科，而父亲却希望他能学习经济学，以便将来继承家业。虽然如此，父亲并没有过于干涉盛田昭夫的爱好，并且让盛田昭夫学习理科，就当是培养他的一种兴趣。所以，家长教育孩子，应该让孩子自己把握自己的兴趣，而不是让兴趣控制他们。另外，想要培养孩子的兴趣，家长也要注重自身言传身教的作用。

◆ 天才经历启示/告诉孩子

盛田昭夫中学毕业后，想要报考理科，虽然和父亲的希望不太一致，但他最终还是坚持了自己的兴趣与理想，学习了理科。从故事中可以看出，虽然盛田昭夫一直受到父亲潜移默化的影响，但他并没有因此而失去自己的方向。这一点也是值得我们每个人学习的。

趣味链接：

盛田昭夫的"无价之宝"

盛田昭夫在书房里有一台电脑，别人谁也不能碰，这是他的，也是索尼的"无价之宝"。

原来盛田昭夫专门利用这台电脑来进行客户关系管理，这台电脑里面保存着一千多个重要客户的相关信息。每当盛田昭夫要和客户见面的时候，一定会打开电脑浏览一些相关的资料，然后才会胸有成竹地出门。

一次，盛田昭夫请一个大客户吃饭，席间他突然对这位客户说："恭喜您啊，您母亲明天70大寿，我特意准备了一份礼物作为寿礼，不成敬意。"这让客户感到十分惊讶，对盛田昭夫也充满了感激之情，因此他们的合作也非常愉快、圆满地取得了成功。

88. 美国著名的商业偶像——艾柯卡

天才档案

全名：李·艾柯卡

民族/国籍：意大利

出生地：美国 宾夕法尼亚州

生卒年月：1924年10月15日~

父母职业：父亲（企业家）母亲（不详）

兴趣爱好：汽车，广交朋友

毕业院校：美国利哈伊大学、普林斯顿大学

成才之道：勇于接受生活的挑战，在困难之中咬牙坚持，终于重振雄风

主要成就：艾柯卡曾担任过福特汽车公司的总裁，推出了"野马"车型，为公司作出了卓越的贡献。后来担任克莱斯勒汽车公司的总裁，使这家濒临倒闭的公司奇迹般地东山再起，成为了全美第三大汽车公司。

天才的成长故事

艾柯卡生活在一个温馨安逸的家庭中，他的父亲是一位企业家，家境还算富裕。然而，天有不测风云，经济危机之后，艾柯卡的父亲破产了，家里的财产全都丧失了。面对如此悲惨的局面，艾柯卡的父亲和母亲并没有流露出太多的悲观失望，也没有把失败的阴影带给艾柯卡。

因此，童年的艾柯卡不仅从父母那里得到了疼爱和温暖，而且也得到了战胜困难积极乐观的态度和积极迎接挑战的精神。

值得一提的是，艾柯卡的父亲虽然只上过4年的学，却拥有非常强的适应能力，他能够把理想和现实结合起来，虽然在经商的过程中经常遇到挫折，但每一次都凭着自己的智慧和经验渡过危机。在这方面，父亲给艾柯卡做了一个良好的榜样。

父亲善于总结人生经验，并且毫无保留地把这些经验都传授给了艾柯卡。在

艾柯卡成长的过程中，每当他遇到困难的时候，父亲也总是用适当的方式给予点拨指导，如怎样应付困难，怎样交朋友，怎样提高做事的效率等。

每当艾柯卡受到委屈或者遇到困惑而闷闷不乐的时候，父亲也总会乐观地开导他："孩子，发生了什么事情？……这没有什么，困难和挫折都是暂时的，忘掉他，准备迎接美好的明天吧。一切都会好起来的。"从那以后，"忘掉困难，迎接美好的明天。"便成了艾柯卡的座右铭，一直激励着他乐观地面对人生。

艾柯卡非常相信自己的父亲，一遇到不如意的事情，他总会向父亲倾诉。一次，艾柯卡参加班里的班干部竞选活动，因为竞争对手从中做了手脚，艾柯卡落选了，更可气的是老师并没有主持公道。艾柯卡一气之下跑回了家，把心中的委屈通通告诉了父亲，希望父亲能帮自己找回公道。

出乎意料的是，父亲并没有那样做，而是耐心地告诉他："孩子，虽然我们都追求合理，希望得到公道，但是这个世界上不合理的事情还是每天都会发生。我们应该把委屈放在心里，不要去计较它，尤其是那些不值得计较的事情。遇到事情不要钻牛角尖，应该朝前看，不要半途而废。"听了父亲的话，艾柯卡心里的结化解了，也从中明白了很多道理。

还有一次，艾柯卡得了严重的风湿热，病倒了。由于这种病在当时非常可怕，有很多人就是死在这种病上的，因此艾柯卡心里非常担忧，总怕自己也会因此而失去生命。在痛苦和绝望中，是父亲用积极乐观的态度鼓励他。父亲对他说："人在生命中总会遇到不同的挫折和不幸，当然也包括这些疾病。孩子，当你遇到不幸的时候，不应该让自己的精神垮掉，而应该振作起来，勇敢地同病魔作斗争，这样你就会获得无穷的力量。"最终，经过了6个月的煎熬，艾柯卡在父亲的鼓励和母亲的悉心照料下终于恢复了健康。

父亲对艾柯卡的激励和指导是非常全面的，不仅关心艾柯卡的生活，还非常关注他的学习。每当艾柯卡在学习中有所松懈的时候，父亲总会告诉他快乐生活是人生的目的，想要学会享受生活，就要懂得劳逸结合，科学地掌握工作和休息的关系……

父亲非常喜欢汽车，并且很早就拥有了一辆福特公司最早的产品——福特T型车。只要一有空，父亲就会摆弄那辆汽车。这一爱好也"传染"给了艾柯卡，并对他产生了深远的影响，而他日后也与汽车结下了不解之缘。

天才炼成的秘诀

◆ 天才经历启示/告诉爸爸妈妈

1.经济危机之后，艾柯卡的父亲破产了，财产蒙受了很大的损失。面对这么悲惨的局面，艾柯卡的父母并没有流露出太多的悲观与失望，也没有把失败的阴影带给艾柯卡。从故事中可以看出，父母把积极乐观的态度和迎接挑战的精神传给了艾柯卡，这对他日后的成功影响深远。所以，家长不妨从这个故事中汲取一些家教经验，从小就要培养孩子乐观的心态和勇于接受挑战的精神，这对孩子的成长具有非常重要的作用。

2.在艾柯卡成长的过程中，每当他遇到困难的时候，父亲也总是用适当的方式给予点拨指导，如怎样应付困难，怎样结交朋友，怎样提高做事的效率等。每当艾柯卡受到委屈的时候，也总是向父亲倾诉，并从父亲那里得到帮助。由此我们知道，孩子在成长的过程中，总会遇到困惑、困难，因为经历少、经验不足，难免会不知所措。所以，家长要时刻关心孩子，在关键时刻点拨孩子，帮孩子树立信心，引导孩子走出迷茫，找到人生的方向。

◆ 天才经历启示/告诉孩子

艾柯卡因为得了严重的风湿热而非常担忧，总怕自己也会因此而失去生命。但是经过父亲的劝解，艾柯卡最终战胜了病魔，恢复了健康。事实上，当人们遭遇疾病的时候，的确很容易产生消极悲观的想法，这对一个人的身心健康非常不利。所以，当我们生病或者遭遇挫折的时候，可以听听轻松的音乐，看一些能使精神放松的书籍，调整自己的心情，积极地面对生活的挑战。

趣味链接：

搬起石头砸自己的脚

艾柯卡大学毕业后，到福特公司做销售员。他设计出一个"56美元可买新车"的分期付款策略，吸引了很多人的眼球，结果他推销的这款车销售额由倒数第一跃为正数第一，他也因此一夜成名，被提拔为销售部的经理。

为了引起轰动效应，艾柯卡还打出广告称福特车是最安全的，甚至说把鸡蛋从两层楼上扔到汽车坐垫上，鸡蛋也能弹起来而不至于摔碎。结果在现场表演的时候，艾柯卡做这个实验，扔下的鸡蛋都打碎了。一时之间，艾柯卡也成了大家的笑柄。

但这并没有影响艾柯卡的自信心，他重整旗鼓，在销售"野马"汽车的时候大出风头，成为了很多知名媒体的封面人物，为日后登上福特总裁宝座奠定了基础。

89. 世界著名的经济学家——艾伦·格林斯潘

天才档案

全名：艾伦·格林斯潘

民族/国籍：犹太

出生地：美国 纽约

生卒年月：1926年3月6日~

父母职业：父亲（股票经纪人）母亲（零售店员）

兴趣爱好：喜爱音乐，擅长数字游戏

毕业院校：哥伦比亚大学

成才之道：成功="捷径"+"苦干"

主要成就：

1.艾伦·格林斯潘是美国经济学家，连任17界美联储主席，对美国的经济起着举足轻重的作用，在克林顿时代创造出了"零通货膨胀"的奇迹。

2.格林斯潘对全球经济作出了杰出的贡献。1998年全球金融危机时，他三次削减利率，从而使美国经济免受金融危机的冲击，并且最终遏制住了金融危机在美国蔓延的势头。

天才的成长故事

艾伦·格林斯潘的父亲是华尔街的股票经纪人，母亲性格开朗，在一家零售店工作。后来，父母离异，艾伦·格林斯潘一直跟随母亲生活，和母亲的感情特别深。

格林斯潘从父亲和母亲那里各继承了一份天赋：数字和音乐，这是促使他成才的至关重要的两个天赋。格林斯潘从小就特别擅长数字游戏，在同伴眼里无聊的数字游戏，格林斯潘却如痴如醉，沉迷其中。更令人惊奇的是，他的心算能力特别强，几乎不需要纸和笔就能算出比较复杂的数学题目。

大约5岁的时候，母亲让格林斯潘计算三位数的减法，他照样不用纸和笔，居然能够一口说出正确的答案来。因此，当商店里的顾客比较多的时候，他就成了母亲的好帮手，经常帮母亲算账、拿东西。后来，格林斯潘又找到了一项赚钱的工作，他很喜欢棒球，数学又比较好，因此经常在棒球场充当场外记录员，有时还会为那些赌输球的人出谋划策。

格林斯潘的母亲有着甜美的嗓音，擅长钢琴演奏，能歌善舞。在母亲的熏陶下，格林斯潘也迷上了音乐，他经常模仿妈妈，惟妙惟肖地演唱流行歌曲。

后来，上了小学，格林斯潘在数学方面的天赋显露无遗，同学眼中比较复杂的数学题和公式，对他来说却很简单。因此，他的数学成绩一直名列前茅，初中毕业的时候他以优秀的成绩进入了华盛顿高中。高中的时候，格林斯潘担任班长，并且参加了很多社会实践，娴熟地掌握了处理人际关系的技巧。

在此期间，格林斯潘对音乐非常痴迷，他总是幻想着自己将来会成为一名专业的音乐歌手，并且学习了萨克斯管和单簧管的演奏，经常随着乐队演出。格林斯潘最初的梦想是做一名职业的音乐人，因此在高中毕业的时候，他毫不犹豫地考入了著名的纽约朱利亚音乐学院，选择了音乐专业。在那里，格林斯潘曾经和同窗斯坦·盖茨一起吹奏萨克斯管，后者今天已经是著名的萨克斯管演奏大师了。

然而，格林斯潘放眼未来，逐渐意识到自己的天赋并不在音乐上，他在音乐方面不会有太大的成就。因此，他当机立断决定改行，毅然进入纽约大学学习经济学，开发自己的另一份天赋。

格林斯潘的数学天赋让他在经济学中崭露头角，他先后于1948年和1950年以最优秀的成绩获得了学士和硕士学位，后来又到哥伦比亚大学继续深造。1987年，格林斯潘开始担任美联储主席，对美国的经济产生了重要作用，成为金融奇才。

天才炼成的秘诀

◆ 天才经历启示/告诉爸爸妈妈

1.我们知道格林斯潘从父亲和母亲那里各继承了一份天赋：数字和音乐，这是促使他成才的至关重要的两个天赋。正是由于这两个天赋，格林斯潘从小才会特别擅长数字游戏，并且具有超强的心算能力。研究表明，如果家长在孩子小的时候，尤其是在孩子婴幼儿时期对孩子进行适当的天赋教育，可以让孩子的智商提高30分。也就是说，家长对孩子进行恰当的天赋教育，即使孩子成不了像格林斯潘那样的天才，也会成为非常优秀的人。因此，家长一定要在孩子小的时候就对孩子进行适当的天赋教育，培养孩子的天赋，挖掘孩子的潜力，助孩子早日成才。

2.格林斯潘5岁的时候，就能心算出三位数的加减法。后来上了学，他的数学天赋显露无遗，数学成绩一直名列前茅。由此我们知道，人的智力各不相同，每个人从事的事业也不同，但关键的一点就是要充分了解自己的潜能，并且要善于运用自己的天赋。家长也要培养孩子这方面的能力，让孩子学会挖掘自己的聪明才智。

◆ 天才经历启示/告诉孩子

格林斯潘刚开始的志趣在于音乐，但他放眼未来，逐渐意识到自己的天赋并不在音乐，而是在数学方面。于是，他当机立断，毅然进入纽约大学学习经济学，开发自己的另一份天赋。因此，我们也要像格林斯潘那样，做人要有远见，努力寻找适合自己发展的路，并坚持不懈。这样我们才能找到自己的特长，才能充分地发挥自己的优势，从而更容易获得成功。

趣味链接：

"你一定误解了我的话"

格林斯潘有句名言：如果你以为对我个人已经研究得非常透了，那你一定误解了我的话。

美国金融界评论："格林斯潘一开口，全球投资人都要竖起耳朵。"他的一言一行都非常引人注目。因此，华尔街的投资者花了大量精力研究他的讲话，希望能从中捕捉到蛛丝马迹，但是正如格林斯潘的那句名言，他讲话总是模棱两可，别人根本就无法从中得到肯定的信息。

有趣的是，精明的投资者想到了另外一个途径——格林斯潘的公文包。如果公文包是瘪的，就表示相安无事，反之则意味着大有文章。因此，每当美联储开会时，CNBC电视台就会派两个摄制组守在门外，一台摄像机用来拍摄格林斯潘，另一台则专门拍摄他的公文包。

90. 美国"股神"——巴菲特

全名：沃伦·巴菲特

民族/国籍：美国

出生地：美国 内布拉斯加州 奥马哈市

生卒年月：1930年8月30日~

父母职业：父亲（股票经纪人）母亲（不详）

兴趣爱好：爱好音乐，痴迷乒乓球，陶醉于数字

毕业院校：哥伦比亚大学（金融系）

成才之道：10岁起，便拥有百万富翁梦想，并一直为之努力

主要成就：

1.巴菲特是美国投资家，著名的企业家及慈善家，多年来在《福布斯》富豪榜上一直稳居前三名，2010年以净资产470亿美元位列福布斯榜第三名。

2.2006年巴菲特在纽约公共图书馆签署捐款意向书，向5个慈善基金会捐出其财富的85%，约合375亿美元，这是美国乃至世界历史上最大一笔慈善捐款。

天才的成长故事

巴菲特是世界上最富有的人之一，也是美国最成功的战略投资家，从小就具有很强的经济头脑，被誉为"股神"。

巴菲特对数字有着与生俱来的迷恋，他小的时候经常俯瞰繁忙的路口，看大街上过往车辆的车牌号，或者看报纸上每个单词出现的次数，甚至有些社会名流的出生日期都能激起他的兴趣。或许，正是这种天赋使他日后更能敏锐而精确地计算出投资的回报与风险。

巴菲特出生的时候，美国正处于经济大萧条时期。在巴菲特刚满1周岁的时候，父亲所在的银行倒闭了，父亲也破产了。此后的几年时间里，巴菲特一家的

生活遇到了困难。在这段艰难的岁月里，小巴菲特萌发了强烈的愿望，那就是长大后一定要拥有大量的财富，他下定决心一定要让自己的名字出现在传媒上。

此外，巴菲特似乎从小就继承了父亲的经营头脑，小小年纪便满肚子都是生意经了。在他5岁的时候，他从祖父的杂货店里以批发价买来一些口香糖和柠檬汁，然后在自己家门口向过路的人销售。还有一次，6岁的巴菲特和家人去郊外度假，他用15美分买了6听可乐，然后跑到湖边，以30美分的价格卖给游人，自己感到很有成就感。

后来上中学的时候，巴菲特经常利用课余的时间勤工俭学，如做报童送报挣钱等。后来，他发现有不少大人去理发店理发的时候都带着孩子，而这些孩子在大人理发的时候无事可做，于是满街乱跑，很不安全。巴菲特便向理发店的老板建议在店里安装几台弹子游戏机，专供孩子玩耍，同时可以收取一些费用。

开始，没有人同意采纳巴菲特的建议，但是他并没有灰心，而是自己借钱买了一台游戏机，放在理发店，然后所获得的收益和老板分成。结果，正如巴菲特所预料的那样，不仅弹子游戏机的生意非常好，而且理发店的生意也变得特别好。于是，其他理发店的老板纷纷跑来，要求与巴菲特合作，渐渐地，他的生意兴旺起来，当然也赚了不少钱。

巴菲特7岁的时候，一次发高烧住进了医院，他的病情十分严重，好几天都不吃不喝。可是躺在病床上的巴菲特并没有感到恐惧，反而平静地和护士聊天。他在纸上写下了一串数字，然后自己一本正经地告诉护士，说那些数字就是他将来所要赚到的钱。对此，护士小姐以为他发高烧有些烧糊涂了，并没有在意。

后来，年仅10岁的巴菲特随着父亲来到世界金融中心——纽约。一年后，11岁的巴菲特第一次对股票进行投资，结果每股股票赚取了2美元。巴菲特的经济头脑在这次尝试中初露锋芒，虽然并没有赚多少钱，但多少给他打开了一个投资的新天地。

天才炼成的秘诀

◆ 天才经历启示/告诉爸爸妈妈

1.巴菲特刚出生的时候，正处于美国的经济萧条时期。他1岁的时候父亲破产了，在随后的几年中，家里的生活并不好。但是，小巴菲特并没有因此而产生自卑的心理或者自暴自弃，这些经历和挫折反而让他萌发了强烈的愿望，那就是长大了要拥有大量的财富。可见适当的挫折教育对孩子的成长而言是有必要的，不仅可以适度地激发孩子的潜能，而且还有助于让孩子更好地适应社会。因此，家长可以适当地对孩子进行一些必要的挫折教育。

2.从故事中可以看出，巴菲特从小对数字就比较感兴趣。车牌号、报纸上单词的出现次数、名流的出生日期等，都能激起巴菲特的兴趣。也许，正是这样的天赋使他日后能以敏锐的头脑精确地计算出投资的风险与回报，让他成为了美国"股神"。由此可以看出，孩子小的时候对一件事情特别感兴趣，注意力就会持久地集中在某件事上，这是孩子将来成功的一个关键因素。因此，家长一定要善于发现孩子的兴趣点，善于保护孩子的兴趣，并积极引导，给予必要的培养与教育，帮助孩子早日成才。

◆ **天才经历启示/告诉孩子**

我们知道巴菲特从小就继承了父亲的精明，他很小的时候就满肚子的生意经了。5岁的时候巴菲特就懂得通过卖口香糖和柠檬汁赚钱，6岁的时候他去度假就知道卖可乐赚取差价，上中学后他又瞄准了理发店，结果又赚了一笔。由此可以看出，巴菲特从小就具有做生意的头脑和善于发现商机的眼睛。对我们而言，新世纪创富能力和理财能力是生存的基本能力之一，我们除了读书学习之外，也要注重培养创富能力和理财能力。

趣味链接：

从小调皮捣蛋的巴菲特

"股神"巴菲特从小就是一个调皮捣蛋的孩子。

一次上课的时候，老师在讲台上认真讲课，巴菲特却拉着同桌陪他一起下象棋。渐渐地，两人投入到下棋中，忘记了当时正在上课。巴菲特一边下棋一边小声嚷嚷："不行，该我下了，你不能悔棋。"这事把老师气得不轻。

还有一次，老师讲课的时候，巴菲特偷偷地用小刀切开一个高尔夫球，结果球里面的液体喷溅到天花板上，引起课堂上一片恐慌，这又把老师气得不轻。

于是，老师干脆把巴菲特关在一个小房子里，然后把课本和作业本从门缝里塞进去。这样一来，巴菲特也没有办法做"坏事"了，他只好乖乖地待着或写作业。

91. 计算机奇才——比尔·盖茨

天才档案

全名：比尔·盖茨

民族/国籍：英格兰

出生地：美国 华盛顿州 西雅图

生卒年月：1955年10月28日~

父母职业：父亲（律师）母亲（教师、华盛顿大学董事及国联劝募协会主席）

兴趣爱好：乒乓球、围棋、阅读、计算机软件

毕业院校：哈佛大学

成才之道：IT天才+商业奇才

主要成就：

1.比尔·盖茨与保罗·艾伦一起创建了微软公司。

2.1995~2007年的《福布斯》全球亿万富翁排行榜中，比尔·盖茨连续13年蝉联世界首富，并于2009年以400亿美元资产重登榜首。

天才的成长故事

比尔·盖茨从小就与众不同。他从小精力过人，极爱思考，遇到感兴趣的事情总会全身心地投入。实事求是地说，比尔·盖茨的成功与外祖母循循善诱的启蒙教育以及父母的精心培养有着很大的关系。他们为比尔天赋的发展提供了肥沃的土壤和清新的空气。

平时，外祖母经常和小比尔一起做游戏，尤其是一些智力游戏。她教比尔学会了下跳棋、打桥牌、玩筹码等，并且在游戏中，外祖母总是鼓励小比尔"使劲儿想"，引导小比尔积极地思考。每当小比尔有所成功的时候，外祖母总是为他拍手叫好。

此外，外祖母还经常给比尔讲故事，引导他读书。这使得比尔受益匪浅，比尔从小对读书就十分感兴趣，甚至达到了废寝忘食的境界。外祖母意识到小比尔

在思维和记忆方面具有不凡的潜力，因此总是抓住机会，激活比尔在这一方面的潜能。例如，祖孙二人在公园散步的时候，外祖母就经常和比尔讨论一些佳作，比尔经常表达出精辟的见解。

当然，比尔的父母也非常关注比尔的成长，尤其是他的教育问题。比尔的父母都是知识分子，因此比尔从小就在文化气息浓郁的环境中成长。开明的父母经常鼓励比尔发表不同的意见，培养了他执著的个性。在忙碌的工作之余，父母总是尽量抽时间和比尔待在一起，和他一起做一些益智游戏。为了培养比尔的思维能力，父母有时候还会故意输给他。在外祖母和父母的教育下，比尔不凡的天赋得到了培养。

小比尔喜欢思考，更酷爱读书。他从小就很喜欢读书，经常涉猎成人读的书。在这方面，父母给了他充分的自由，小比尔在家可以随意地翻阅书架上的书。不过，比尔可不是一个书呆子，他的爱好非常广泛，比如看电影、玩游戏、郊游等，对孩子来说，一切好玩的事情比尔都非常感兴趣。

阅读和游戏锻炼了比尔的思维能力，使他从小就具有超群的记忆力。他在11岁的时候就能把《圣经》中的"登山宝训"一字不漏地背诵下来。

小学毕业后，比尔进了鼓励学生自由发展的湖滨中学读书。在这里，他与计算机结下了不解之缘，痴迷上了令他日后倾注毕生精力的计算机。

比尔对计算机情有独钟，为此发奋学习，认真研究，因此颇有成绩。15岁的时候比尔就为信息公司编写了一些较为复杂的程序，16岁的时候，他和好朋友艾伦一起成立"交通数据公司"，专门承揽政府交通流量数据业务，结果一年多的时间就赚了两万多美元。这次的成功使得比尔更加坚定地明确了人生发展的方向。

进入哈佛后，比尔更是一发不可收，经常在机房里通宵达旦地工作。后来，在父母的理解与支持下，比尔毅然离开了哈佛，开始在软件领域大显身手。经过不断的努力，比尔最终建立起了庞大的软件帝国，创造了13年蝉联世界首富的神话。

天才炼成的秘诀

◆ 天才经历启示/告诉爸爸妈妈

1.从故事中可以看出，比尔·盖茨的成功与外祖母循循善诱的启蒙教育以及父母的精心培养有着很大的关系。平常，外祖母和父母经常和比尔·盖茨一起做游戏，而且在这个过程中外祖母总是引导比尔思考，而父母则会故意输给他以培养他的思维能力。正是在外祖母和父母的精心教育下，比尔的天赋才得到了良好的发掘。因此，家长在平时一定要多抽一些时间陪陪孩子，经常和孩子一起做一些开发智力的游戏，这对孩子的成长有着举足轻重的作用。

2.平时，外祖母经常给小比尔讲故事，还引导他读书，这让比尔受益匪浅。外祖母意识到比尔在思维和记忆方面有着不凡的潜力，因此总是抓住机会激活他这方面的潜能。在比尔读书方面，父母也给了他充分的自由——他可以随意翻阅书架上的书。由此我们知道，家长教育孩子，既要善于发现孩子的潜能，也要给孩子一个自由的成长空间。这样，孩子的潜能才会被充分地挖掘出来，这对孩子的成才无疑是非常重要的。

◆ 天才经历启示/告诉孩子

比尔从小就与众不同，他精力过人，极爱思考，遇到感兴趣的事情也总会全身心地投入其中。由于他从小就对计算机感兴趣，并且一直都在坚持刻苦钻研，不管遇到什么困难他都能够克服，最终成为计算机天才。因此，当我们遇到自己比较感兴趣的事时，我们也要像比尔那样，全力以赴。这样我们才有可能获得成功。

趣味链接：

经常让老师"为难"的比尔·盖茨

比尔·盖茨是一个计算机奇才，同时也是一个喜欢让老师"为难"的学生，在中学的时候是这样，在精英荟萃的哈佛大学，比尔·盖茨亦是如此。

比尔·盖茨似乎把课堂当成了战场，他上课的时候安静地坐在教室里，课桌上很少会有记录课堂内容的笔记本。他总是用两手抱着脑袋，面带厌倦地盯着老师在黑板上的解题。比尔·盖茨经常在老师把某一个知识点讲过之后，突然站起来对老师说："老师，您刚才那个问题讲得不对，让我来给你说说。"由于大多情况下比尔·盖茨的不同意见都是正确的，因此让老师感到十分窘迫，但又拿这个聪明绝顶的学生没办法。

第七章
军事天才

92. 亚历山大帝国创始人——亚历山大

天才档案

全名：亚历山大

民族/国籍：马其顿混血

出生地：古希腊 马其顿国

生卒年月：公元前356年7月22日~公元前323年6月10日

父母职业：父亲（马其顿国王）母亲（王后）

兴趣爱好：兴趣广泛，文武双全

毕业院校：师从亚里士多德

成才之道：良好的教育，加上马其顿人固有的霸气与野心，父亲带给他的意志与野心

主要成就：

1.亚历山大确立了在全希腊的统治地位，灭亡了波斯帝国。

2.亚历山大建立了亚历山大帝国，创下了辉煌的业绩，促进了东西方文化的交流和经济的发展，对人类社会的发展产生了重要的影响。

天才的成长故事

亚历山大是古代史上著名的军事家和政治家，他足智多谋，在担任马其顿国王的短短13年中，以其经天纬地的才略，建立了一个横跨欧、亚、非三个大洲的亚历山大帝国。亚历山大不仅促进了东西文化的交流和经济的发展，而且对西方文明以及人类社会的发展都产生了重要的影响。

亚历山大出生在马其顿，希腊北部一个贫瘠、落后的城邦，到亚历山大的父亲当政时期，这个城邦才开始逐渐走向繁荣。公元前338年，亚历山大的父亲击败了反对他的希腊联邦，从此确立了他在全希腊的霸主地位。

亚历山大从小兴趣就非常广泛，并且是一个聪明勇敢的孩子。他12岁的时候就曾经驯服过有些骑手不能驯服的烈马。

亚历山大的老师是当时"最博学"的希腊学者亚里士多德。因此，亚历山大站到了历史舞台的最前端，得以接触当时最先进的文化。在老师的启发下，亚历山大对医学、物理学、地理学、动物学和自然科学等都非常感兴趣。他认为老师满足了自己的求知欲，并且教自己做一个高尚的人，因此对老师非常崇敬。

亚历山大最喜欢读的书是荷马史诗《伊利亚特》，并且具有很高的政治抱负，一心想向阿喀琉斯学习，建立丰功伟绩。

一次，亚历山大在老师的引导下阅读《荷马史诗》，他非常崇拜书中的英雄人物，为里面描写壮烈的征战场面和令人敬佩的英勇人物而激动不已。亚里士多德看到后，有意地问他："亚历山大，你最大的愿望是什么？"亚历山大脱口而出："我要征服天下！我要像祖先那样，率领大军，走到世界的尽头，取得丰功伟绩。"

亚历山大从小就表现出了帝王固有的霸气，他从小就对世界版图非常感兴趣。一次，亚历山大接待波斯国的使者，波斯是亚历山大一心想要征服的国家，因此他详细地向使者询问了波斯国的地域疆土和国情。波斯使者看到小小年纪的亚历山大对巴比伦的空中花园并不感兴趣，对他们的国土却非常感兴趣，因此感到亚历山大将来一定会是一个伟大的君主。

还有一次，亚历山大问他的廷臣们："马其顿的背后是什么？"廷臣们回答："是群山。"亚历山大又问道："那么，群山的背后又是什么？"廷臣们说是海洋。亚历山大并不满足，接着询问海洋的背后是什么。这时候，廷臣们无法回答这个问题了，他们认为亚历山大问的问题实在是太奇怪了。

亚历山大的父亲也非常注重对他的教育，不仅给他请了博学的亚里士多德为老师，而且在生活中也非常注重对他的教育。父亲曾经对亚历山大说过这样一句话："人王非天生，后天造就之。"教育亚历山大要学会坚强，更要勇于面对生活中的各种磨难和挫折。

良好的教育，加上马其顿人固有的霸气与父亲带给他的意志与野心，是亚历山大日后成功建立亚历山大帝国的重要因素。

亚历山大16岁就跟着父亲外出征战，20岁的时候由于父亲意外遇刺而继承了王位，从此他的政治才能与军事才华得以尽情展现，最终为人类文明的发展作出了卓越的贡献。

天才炼成的秘诀

◆ **天才经历启示/告诉爸爸妈妈**

1.亚历山大的父亲非常注重对他的教育,曾经对亚历山大说过:"人王非天生,后天造就之。"教育亚历山大要学会坚强,更要勇于面对生活中的各种磨难和挫折。事实上,父亲的教诲对亚历山大确实起到了非常重要的指导作用,亚历山大20岁在失去父亲的同时,也继承了王位,如果没有做到父亲说的那样,他是不可能取得这么大成就的。所以家长要让孩子从小学会坚强,像亚历山大那样勇于面对生活中的磨难和挫折,然后战胜它。

2.亚历山大的老师是学识非常渊博的亚里士多德。因此,亚历山大得以接触到当时最先进的文化,站到历史的最前端。亚历山大是一个智勇双全的人,他在亚里士多德的教育下学到了很多知识,这些知识的积累对他的成功也是很有好处的。因此,家长要给孩子最好的教育,让孩子多接触一些比较先进的东西,这不仅有利于孩子的学习,而且对孩子智力的开发和成才也有很大的帮助。

◆ **天才经历启示/告诉孩子**

亚历山大从小就是一个非常有霸气和政治抱负的人,他从小就想像英雄人物那样建立丰功伟绩,想要征服天下。亚历山大之所以能够建立亚历山大帝国,为人类文明的发展作出贡献,和他小时候就有远大的抱负是分不开的。这一点,也是值得我们学习的。

趣味链接:

亚历山大的遗嘱

亚历山大在征服很多国家胜利返回的途中,病倒了。在奄奄一息之际,亚历山大对部下说了三个遗嘱:"我死了之后,你们要让我的医师把我的棺材运回去;把我的双手放在棺材的外面;通往坟墓的道路上要洒满金子、银子和宝石。"

部下都感到非常不解,最后,亚历山大使出最后一口气说出了其中的缘由:"我要世人明白我刚明白的三个道理:医生不可能真正地治疗人的所有疾病,人要懂得珍惜生命;人的一生不能把时间浪费在追求金钱上;我是空着手来到世界上的,也将空着手离开。"

93. 法国军事艺术巨匠——拿破仑

天才档案

全名：拿破仑·波拿巴

民族/国籍：科西嘉

出生地：法国 科西嘉岛 阿雅克肖城

生卒年月：1769年8月15日~1821年5月5日

父母职业：父亲（律师）母亲（不详）

兴趣爱好：读书、沉思、好斗

毕业院校：巴黎军官学校

成才之道：不想当元帅的士兵不是好士兵/人多不足以依赖，要生存只有靠自己/成功的秘诀是，时而胆大果敢，时而小心谨慎。

主要成就：

1.法国近代资产阶级政治家，著名的军事指挥家，指挥过六十多场战役，有些战役在军事史上仍有重要意义，被誉为"真正的军事艺术巨匠"。

2.使法国资产阶级革命的思想得到了更为广泛的传播，直至今天，一直受到法国人民的尊敬与热爱。

3.下令编撰了《拿破仑法典》，是很多现代民主国家法律体系的原型。

天才的成长故事

拿破仑出生在法国科西嘉岛的一个没落贵族家庭里。恰好是这一年，本来不属于法国的科西嘉岛被划归为法国的管辖。或许，这对拿破仑来说是一种预兆。

拿破仑的名字充满着王者的霸气——荒野雄狮，这是为了纪念在反入侵斗争中牺牲的叔叔而取的相同的名字。拿破仑在八个兄弟姐妹中排行老二，他从小就与众不同。拿破仑生来头颅就比较硕大，从小性格比较孤僻，沉默寡言。当其他的兄弟姐妹都在花园里玩，兴高采烈地做着游戏时，拿破仑总是一个人静静地待在岩石洞口。他最喜欢做的事情，就是靠在岩石上，静静地读书，并不时地凝望

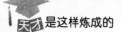

着远处辽阔的海洋和湛蓝的天空。

那时候，谁也不知道小小的拿破仑心里、脑子里究竟在想些什么。拿破仑生性好斗，脾气比较暴躁，平时与兄弟姐妹或者小伙伴在一起的时候，他总是与他们争吵、打架。

拿破仑10岁的时候，父母为了让他多了解法国的历史、文化与社会，以便拿破仑长大后能够适应法国的环境，便把他送到了法国东部的一所贵族军事学校去学习。本来拿破仑满怀欣喜与信心去学校读书学习，可是，在那里，拿破仑过得并不快乐。穿着破旧、身材矮小的拿破仑经常受到法国贵族子弟的讥讽与嘲弄，这深深地刺伤了小拿破仑的自尊心，引起了他强烈的愤怒，当然也激起了他的斗志。

开始，拿破仑曾向父亲写信，想要离开学校。可是，父亲却告诉他真正的英雄人物不是出生高贵的人，而是积极进取的人。从那以后，同学的每一种嘲弄、每一点轻视都使拿破仑增加了一些信心，那就是一定要好好学习，将来出人头地，以实际行动向那些愚蠢的富家子弟证明自己的确比他们强。

后来，拿破仑怒不可遏，便和同学打了几次架，这时候那些贵族子弟才发现这个来自于科西嘉的小个子并不是那么好惹的。

虽然年龄较小，但此时的拿破仑已经具有敏锐的思考能力、果断的判断能力以及较高的指挥才能了。他的领导能力在后来和同学们玩掷雪球的游戏中初露锋芒。那是一个大雪纷飞的冬天，大家都感到有些百无聊赖，无所事事。拿破仑想出了一个办法，他指挥同学们在大院子里扫出一个通道，接着又建立雪堡，挖掘壕沟，垒筑1米多高的城墙。

随后，拿破仑又把同学分成两拨，进行一场军事演习。由于这种玩法是拿破仑发明的，因此就由他当总指挥。结果，大家在拿破仑的指挥下，用雪球做武器，不时地进攻、防御，战斗打得非常激烈，大家玩得也非常尽兴。结果，这场"战争"持续了15天之久，从那以后，拿破仑也成了学校的英雄人物，得到了同学们的认可。

在此期间，拿破仑并没有忘记自己的理想，也没有忘记为了理想而努力。他决心要向全世界证明自己的才能，因此拿破仑发奋读书，认真学习，从没停止过努力。

经过5年的勤奋学习，拿破仑没有辜负父母的期望——他在这里取得了优异的成绩，他的数学学得非常好，历史课学得也非常出色，他对法国的历史人物、历史事件了如指掌，这是拿破仑引以为豪的重要资本。15岁的时候，拿破仑以优异的成绩从军事学校毕业，后来被举荐进入巴黎陆军学校学习。

在巴黎陆军学校学习这一时期，是拿破仑思想发展、形成的一个关键时期。他认真阅读了伏尔泰、孟德斯鸠、卢梭的作品，思想境界达到了一个更高的层次。16岁的时候，拿破仑顺利地从军官学校毕业，并被授予少尉军衔，从此开始了他辉煌的军事、政治生涯。

天才炼成的秘诀

◆ 天才经历启示/告诉爸爸妈妈

1.拿破仑10岁的时候，父母为了让他了解法国，以便他将来更好地适应社会，把他送到了贵族军事学校学习。可以看出，拿破仑的父母是很明智的家长。在军事学校的学习生活，对拿破仑的人产生了重要的影响，对他日后所取得的成就是很有帮助的。因此，教育孩子，家长不能只为孩子的今天考虑，思想一定要有前瞻性，目光要放长远，这样才能更好地促进孩子成才。

2.在军事学校学习期间，拿破仑刚开始并不能适应那里的生活，他给父亲写信想要退学。这时候父亲并没有答应他，而是告诉他真正的英雄人物并不一定是出身高贵的人，但一定是积极进取的人。这种教育方法也值得家长学习。当孩子在生活中、学习中遇到困难的时候，家长一定要鼓励孩子、引导孩子，让孩子学会坚持。这对孩子的成才是非常重要的。

◆ 天才经历启示/告诉孩子

如果当初遭受同学嘲笑时，拿破仑没有立下大志，如果拿破仑不经父亲允许就退学，那么有一点是肯定的，那就是拿破仑就不会成为后来妇孺皆知的军事艺术巨匠了。正是在遭受同学嘲笑与轻视的情况下立下大志，拿破仑才有了奋斗不息的动力，才终于成为不可一世的军事天才。可以说，拿破仑的成功与他能够在困境中崛起的优异品质不无关系。

另外，拿破仑酷爱读书的好习惯，也对他的成才起到了巨大的推动作用，这一点同样值得我们学习。

拿破仑急中生智，"开枪"救人

在一次打猎的时候，拿破仑看到一个小男孩落水了。小男孩一边拼命挣扎，一边高喊"救命"。拿破仑仔细观察，发现河面并不宽，河水并不深。于是，拿破仑不但没有下水救人，反而端起枪，指着落水者大声对他说："听着，你要是不自己爬上岸来，我就一枪把你打死。"

落水的小男孩见向人求救不但没有用，反而还招来另一个危险，便拼命自救，最后终于自己游上了岸。

94. 第二次世界大战中的铁将军——巴顿

天才档案

全名：乔治·巴顿

民族/国籍：苏格兰

出生地：美国 加利福尼亚州 圣加夫列尔

生卒年月：1885年11月11日～1945年12月30日

父母职业：父亲（市长、检察官、律师）母亲（不详）

兴趣爱好：玩刀枪游戏，锻炼身体

毕业院校：西点军校、陆军参谋学院

成才之道：坚韧不拔地追求勇士精神，顽强不屈地追求胜利

主要成就：

1.第一次世界大战期间，巴顿组建了美国第一支坦克部队，并指挥一支坦克旅作战，获得了"优异服务十字勋章"。

2.第二次世界大战期间，巴顿指挥了西西里岛战役，参加了诺曼底登陆，为打击法西斯势力、维护世界和平作出了贡献。

天才的成长故事

巴顿是美国历史上的民族英雄，他在第二次世界大战中的出色表现赢得了美国政府和世界人民的高度称赞。

巴顿出生在一个军人世家，他的祖父和父亲都曾在军中任职。这让小巴顿产生了一种强烈的自豪感：既然家人都这么优秀，那我将来一定也会有所成就。

从懂事的时候起，巴顿就经常听到战争、打仗的话题，对此他非常感兴趣，经常缠着别人给自己讲述战争的故事。受到家庭环境的影响，巴顿从小就养成了爱打斗的性格。

巴顿在几个月大的时候发了一次高烧，这影响了他的语言表达能力，都三四岁了，还吐字不清。父母在伤心之余，对小巴顿倾注了很多的心血。

每到节假日的时候，父母就会专门陪着巴顿兄妹两人玩。他们经常玩军官和士兵的游戏，父亲当士兵，巴顿兄妹俩当军官。结果小兄妹俩一会儿让父亲冲锋陷阵，一会儿又让父亲保护军官撤退，把父亲指挥得团团转。花园里总是充满了他们的笑声。

由于担心小巴顿到学校会因为表达能力太差而受到同学的嘲笑，因此父亲就请了家庭教师到家里教育巴顿。渐渐地，巴顿的阅读能力有所提高，这让他的自信心提高了很多，甚至都有些自负了。

12岁的时候，巴顿开始进学校学习。刚进学校的时候，巴顿吐字不清的缺点受到了同学的嘲笑，同学不仅模仿巴顿的发音，而且还跑到黑板上写下巴顿拼写的错误。巴顿以前在家从没受过委屈，同学的举动把他气得大喊大叫。

于是，巴顿的父母及时和老师沟通。老师知道了巴顿有心理障碍之后，对他也非常照顾，一发现巴顿有了进步就会鼓励他。渐渐地，巴顿也学会了忍让和克制，不再像以前那样大喊大叫了。他还把对先人的崇拜转化成学习的动力，激励自己努力学习，一个学期后，他的学习成绩也告别了倒数第一。

巴顿家里拥有一个非常大的农场，他很喜欢这片农场，每天放学之后都会拿着玩具刀枪到农场里冲冲杀杀，玩一些刀枪游戏。

后来，巴顿从中学毕业了，他志在考入美国西点陆军军官学校。当巴顿把这一想法告诉父亲的时候，父亲非常高兴：这正是他所希望的。父亲语重心长地对巴顿说："孩子，想要当一个好军人，需要有个好身体。只有现在打好基础，将来才能实现自己的理想。"于是，巴顿开始住在农场，每天都进行打仗练习，不仅锻炼了身体，而且无形之中也增长了不少军事才能。

一天，巴顿到裁缝店做衣服。老板好奇地对他说："真是太巧了，我的记录册上有一些人的名字和你相同，甚至连衣服的尺寸也相同。"巴顿说那是自己的祖父和父亲。老板感慨地说："你们家真是了不起，将来还会出大人物的。"老板的话让巴顿感到非常自豪，他决心像长辈那样，将来也做一名杰出的军人。

经过一番努力，巴顿终于如愿以偿，进入了西点学校。他的传奇人生，也从此拉开了帷幕。

天才炼成的秘诀

◆ 天才经历启示/告诉爸爸妈妈

1.父亲对小巴顿倾注了很多心血，每逢节假日的时候就会专门陪着小巴顿玩，并且经常和巴顿兄妹玩军官和士兵的游戏。在父亲的配合下，小巴顿总是玩得不亦乐乎。从故事中可以看出，父亲和小巴顿玩的游戏，对他日后走上军事道路有着很大的关系。所以，家长在孩子小的时候要多陪伴孩子，善于从中发现孩子的兴趣点和特长，这可以帮孩子找到成才的捷径。

2.巴顿中学毕业后，志向是考入美国西点陆军军官学校，当他把这一想法告诉父亲的时候，得到了父亲的支持。父亲还鼓励他要锻炼好身体，为实现理想打好基础。于是，巴顿住进了农场，每天都进行打仗练习，最终实现了自己的理想。所以，想让孩子成功，家长也要让孩子树立远大的理想，然后还要给孩子提供物质上的支持和精神上的鼓励，为孩子实现理想提供一个良好的平台。

◆ 天才经历启示/告诉孩子

巴顿由于小的时候发高烧，影响了其表达能力，结果12岁进入学校的时候受到了同学的嘲笑。刚开始他被同学气得大喊大叫，但是渐渐地，他学会了忍让和克制，并且还把对先人的崇拜转化成学习的动力，激励自己努力学习。所以，当我们在生活中面对别人的讥笑与嘲讽的时候，我们也应像巴顿那样，学会隐忍和克制，以此激励自己努力学习，当我们因此取得好成绩的时候，就是我们最大的收获。

趣味链接：

"已经尝出来了"

　　巴顿当上将军后，有一次，为了显示对士兵生活的关心，巴顿特意搞了一次参观士兵食堂的突然袭击。走进食堂，巴顿看到两个士兵正站在一个大汤锅前，于是就命令道："让我尝尝这汤！"

　　士兵惊奇之余，有些犹豫："可是，将军……""没关系，给我勺子让我尝一下！"巴顿不等士兵说完就拿过勺子喝了一大口，"这真是太不像话了，怎么能给战士们喝这种东西？这简直就是刷锅水！"巴顿生气地说。

　　"将军，我正想告诉您，这就是刷锅水，没想到您已经尝出来了。"士兵小声地说。

95. 美国唯一当上总统的五星上将——艾森豪威尔

天才档案

　　全名：德怀特·戴维·艾森豪威尔

　　民族/国籍：德意志

　　出生地：美国 得克萨斯州 丹尼森市

　　生卒年月：1890年10月14日~1969年3月28日

　　父母职业：父亲（制乳厂工人）母亲（家庭主妇、家庭教师）

　　兴趣爱好：做家务，劳动

　　毕业院校：西点军校、指挥参谋学院、陆军学院

　　成才之道：良好的家庭教育，较强的责任感，自强自立的品质和自信心

　　主要成就：

　　1.第二次世界大战期间，艾森豪威尔领导欧洲战场作战，实现了诺曼底登陆和北非登陆，赢得了西西里战役的胜利，攻占了德国。1953年，他作为共和党候选人当选为总统。

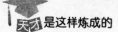

2.曾写有作品：《远征欧洲》、《受命变革》、《缔造和平》、《悠闲的话》、《白宫岁月》。

天才的成长故事

艾森豪威尔出生在美国得克萨斯州丹尼森县一个不富裕的家庭。他的父亲在高级法院供职，母亲既做家务，又充当家庭教师。

艾森豪威尔的父母一向教子有方，对6个儿子管教非常严格。平时，艾森豪威尔的父母也从没吵过架，家庭中时刻洋溢着真诚的信任和愉悦的气氛。这对几个孩子的成长产生了深远的影响，他们后来个个都成了才。

艾森豪威尔的父母从不会溺爱孩子，他们非常注重从小就培养孩子做家务的好习惯，即使小男孩也不例外。因此，在学习之余，艾森豪威尔兄弟几个还要轮流值日、做饭、打扫卫生等，做一些力所能及的家务活。

有时候，父母还创造一些条件让他们劳动，例如，他们家旁边有一块空地，春天的时候父母就会带着他们几个在空地上种下很多蔬菜。等到秋天的时候，这几个孩子就负责把菜运到城里去卖，然后用卖菜的钱买一些自己需要的衣服或者是学习用品。

在父母的精心教育下，艾森豪威尔兄弟几个学会了很多家务活，小到帮厨、洗碗，大到修剪果枝、挤牛奶等。一家8口过着充实而又快乐的生活。

此外，艾森豪威尔的父母还定下了非常严格的家规，以此来培养孩子良好的生活习惯。

艾森豪威尔的母亲深信儿子能够体会到修养的作用，因此在生活中很少用棍棒的方法教育孩子。即使有时候动了肝火，也只是用尺子打一下孩子的手掌心。可是艾森豪威尔的父亲却是一个火爆脾气，他从不吝啬挥舞棍棒，一旦发现艾森豪威尔故意不听话，就会拿出棍棒来教育他。

艾森豪威尔的父母一方面用严格的家规来约束孩子，及时纠正孩子的错误，以便让孩子健康成长；另一方面也会以身作则，注重为孩子树立一个好榜样。父亲从不对孩子进行空洞的说教，总是以自己的行动来鼓励艾森豪威尔勤奋上进，在困难面前不能屈服。而性格沉着、生性善良的母亲则会根据每个孩子的不同个性因材施教。正是得益于母亲的教子有方，艾森豪威尔从小就养成了良好的立身处世习惯。

父母的言行给艾森豪威尔留下了深刻的印象，使他明白了只有依靠自己辛勤的劳动才能改变生活。

虽然家境并不好，但是对于孩子读书上学的问题，艾森豪威尔的父母总是给予最大的支持与鼓励。艾森豪威尔的父亲是一个非常有学问的人，精通英语和德语，他并不觉得自己的孩子和美国西部的孩子有什么不同。从艾森豪威尔上学的那天起，父亲就鼓励他要多读书，要考上大学。

在父母的精心教育下，艾森豪威尔从小就形成了百折不挠、积极进取的良好品质，最终为维护世界和平作出了重要的贡献，并且在1953年当选为美国总统。

天才炼成的秘诀

◆ 天才经历启示/告诉爸爸妈妈

1.艾森豪威尔的父亲从不溺爱孩子，注重让孩子从小养成做家务的好习惯。在父母的精心教育下，艾森豪威尔学会了很多家务活。可见，让孩子适当地分担一些家务对孩子的成长是非常有好处的。让孩子学会做家务，有助于培养孩子的自理能力与自立意识。所以，家长一定要给孩子提供一些机会，让孩子学会做家务，为孩子将来的成功打下良好的基础。

2.艾森豪威尔的父亲一方面注重用严格家规来约束孩子，另一方面也会以身作则，给孩子做一个好榜样，他们总是以自己的行动鼓舞着艾森豪威尔勤奋上进。由此我们知道，家长是孩子的第一任老师，家长的一言一行都会给孩子留下深刻的印象。因此，家长在教育孩子的同时，也要像艾森豪威尔的父母那样，注重为孩子做一个好榜样。

◆ 天才经历启示/告诉孩子

艾森豪威尔的父母懂得因材施教，让他们的孩子自己种菜、卖菜，然后用自己的劳动所得买自己需要的东西。其实在这一过程中，很好地培养了艾森豪威尔的责任心。责任心是成就一个人一生的品牌，是可以通过做事培养出来的。所以，我们要对自己的行为负责，从小就要做一个有责任心的人。

趣味链接：

"我也能。"

艾森豪威尔是一个非常严谨的人，对于需要保密的信息从来都会守口如瓶。

有一个执行战略的计划，艾森豪威尔知道具体工作部署。一次，他的一个比较要好的朋友拜访他的时候，向他询问这个机密。

艾森豪威尔问他的朋友："如果我告诉你，你能做到守口如瓶吗？"朋友毫不犹豫地回答："当然，我能保守秘密。"这时候，艾森豪威尔坚决地说："我也能。"朋友自讨没趣，只好灰溜溜地离开了。

第八章

体育巨星

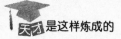

96. 17岁夺冠的球王——贝利

天才档案

全名： 艾迪逊·阿兰蒂斯·德·纳西曼托（原名）

民族/国籍： 巴西

出生地： 巴西 特雷斯科拉索内斯镇

生卒年月： 1940年10月23日~

父母职业： 父亲（球员）母亲（不详）

兴趣爱好： 运动，踢足球

毕业院校： 小学毕业

成才之道： 良好的球风与卓越的球技

主要成就：

1.贝利是现代足球运动中最出类拔萃的人物，他功勋卓著，成就非凡，在其长达22年的职业足球生涯中，共参赛1364场，射入1282球。

2.贝利四次代表国家出战世界杯，三次捧得世界杯冠军。此外还赢得洲际俱乐部杯赛冠军、南美解放者标赛冠军等，几乎赢得了国际足坛上一切成就。

天才的成长故事

1958年，在瑞典举行第六届足球世界杯，这次世界杯第一次通过电视向全世界直播。其中，巴西与瑞典的决赛中，一位巴西少年在关键时刻独进两球，为巴西第一次捧得世界杯冠军立下了赫赫战功。他的杰出表现吸引了无数球迷的眼球，他就是仅有17岁的天才球王贝利。

贝利出生在巴西海岸线附近的一个贫困家庭，他的父亲是一个收入低廉的职业球员，靠微薄的收入养活一家四口人。因此，贝利的母亲并不希望贝利走父亲的老路，但她发现无法阻止儿子天性中对足球的渴望。

贝利从小就不太喜欢读书，他上课的时候喜欢做小动作，经常趁着老师不注意的时候交头接耳。让他老老实实地待在教室里听课，几乎是不可能的事情。因此，贝利的学习成绩并不好，小学的课程他比别人多用了两年的时间才完成。小学毕业的时候，贝利如释重负，他终于可以尽情地和小伙伴一起踢球了。

贝利从小就对足球具有浓厚的兴趣。由于家里日子过得非常紧，家里没有钱给他买球鞋，他就光着脚踢足球。家里没有钱给他买足球，他就自力更生，找来爸爸的破袜子，往里面塞上破布条和旧报纸，然后用力捏成球形，外面再用绳子扎结实，这就是贝利最初的"足球"。

他经常光着黑瘦的脊梁，在家门前凹凸不平的小道上，赤着脚练球。虽然经常摔倒，但他从没放弃过练球，仍然坚持不停地向想象中的球门冲刺。

理所当然，贝利的"足球"总是踢不了几天就会破，他只好又瞄上爸爸的袜子……因此，他早上经常听到爸爸喊着找袜子的声音。

爸爸见贝利学习并不怎么样，可是非常喜欢踢球，于是觉得贝利踢球有一定的天分，因此决定支持他踢足球。于是，爸爸就成了贝利的场外指导，经常教给贝利怎么带球、传球、截球等，一招一式都亲自示范，非常认真。有了父亲的帮助，贝利练球就更加刻苦了，他对自己要求非常严格，一丝不苟，常常累得满头大汗。

贝利小的时候，看到小伙伴吸烟非常神气。后来，有一次贝利和小伙伴偷偷地吸烟，恰好被贝利的爸爸看到了。他以为父亲会责骂他，可是父亲却像老朋友似的对他说："孩子，你踢球有些天分，如果勤奋练习，以后可能会有所作为。可是你要是吸烟，踢球的事只能到此为止。吸烟会损害身体健康，到时候你不可能有足够的体力和精力在比赛上踢出理想的水平。这事情你自己决定吧。"

贝利想："足球是我的生命，我一定要努力练球，进国家队为国争光，为家庭争光。我应该对自己负责。"从此，贝利再也没有吸过烟，他在绿茵茵的球场上驰骋了几十年。

正如"贝利"在希伯来语中的含义那样，贝利用他的努力创造了足球史上的一个"奇迹"——他是迄今为止唯一三次捧得世界杯冠军的球员。

天才炼成的秘诀

◆ 天才经历启示/告诉爸爸妈妈

1.贝利从小就非常喜欢踢球，经过勤奋地练球，终于小有成就。一次，他和小伙伴偷偷地吸烟，结果让父亲发现了。当时父亲并没有责骂他，而是像朋友似的和贝利进行了一场谈话。结果贝利从那以后再也没有碰过烟。我们知道贝利当时正处于叛逆期，如果当时父亲狠狠地批评他，以他的个性很可能会产生强烈的叛逆心理，说不定后来真的会成为一个烟鬼。由此可见，家长教育孩子，尤其是性格有些叛逆的孩子，一定要注意教育的方法，批评孩子要对事不对人，要多理解孩子的感受，这样才能达到教育孩子的目的。

2.发现贝利吸烟后，父亲和他进行了一场谈话。然后，贝利想到足球是自己的生命，他想要进入国家队为国家争光，要为自己负责。正是在这种信念的激励下，贝利才能在球场上驰骋几十年。如果没有责任心与远大的抱负，贝利可能就不会有这么大的成就。因此，家长要注意培养孩子的责任心，让孩子做一个对自己负责，对别人负责的人，这是孩子获得成功的一个重要因素。

◆ **天才经历启示/告诉孩子**

贝利能够成为世界级的球王，和他平时爱好锻炼身体和勤奋练球是分不开的。由此我们知道，虽然我们不能像贝利那样成为足球天才，但是我们也要热爱运动，经常锻炼身体。经常锻炼身体是保证身心健康的前提条件之一，也是我们将来获得成功的一个重要条件，我们对此要给予足够的重视。

趣味链接：

当劫匪遇见了球王

一天，球王贝利和妻子开着崭新的奔驰车行驶在圣保罗大街上，遇到红灯的时候，车子停了下来。这时候，一名持枪的劫匪冲上来，要车里的人交出所有的钱和珠宝。可是，当劫匪认出车里坐的正是球王贝利时，他只说了一句"对不起"便立刻消失了。而贝利也非常大度，并没有向警局报案。

这种情况不会发生第二次，因为并不是每个人都是球王。

97. 最伟大的拳王之一——阿里

天才档案

全名：穆罕默德·阿里（原名卡修斯·马塞勒斯·克莱）

民族/国籍：爱尔兰和黑人

出生地：美国 肯塔基州 路易斯维尔

生卒年月：1942年1月7日~

父母职业：父亲（画师）母亲（佣人）

兴趣爱好：好动 从小喜欢打斗

毕业院校：12岁开始在体育馆练习拳击

成才之道：坚持！坚持！坚持！

主要成就：

1.阿里18岁被选为美国代表队的成员，出征罗马奥运会并获得了一枚奥运金牌。

2.1964年，阿里成为新一代拳王，从此进入了职业拳击时代。在20多年的拳击生涯中，阿里曾22次摘取拳王的桂冠。

3.20世纪60年代中期越南战争爆发，阿里发表了反战宣言，对维护世界和平作出巨大贡献。

天才的成长故事

"世界上最伟大的拳王"阿里出生在美国肯塔基州，当时种族歧视非常严重，阿里从小就希望能够用自己的力量来改变这种现状。

阿里的父亲是一位画师，靠给别人画广告和壁画来养家糊口，而阿里的母亲就给别人做佣人来补贴家用。那时候，阿里的家庭条件非常穷困，他身上穿的衣服几乎是慈善机构的捐赠品。

但是，这并没阻挡阿里成为拳王。阿里小的时候是一个性格开朗、非常快乐的小男孩。他一刻也闲不住，总喜欢跑来跑去做点事情，并且心情总是非常愉快。阿里小的时候非常喜欢打斗，也经常和别人打斗。

阿里是一个志向非常远大的孩子，他在4岁的时候就曾对母亲说，总有一天他要成为世界冠军，把奥运会的金牌拿回家。事实证明，他做到了。

刚开始，望子成龙的父亲希望阿里长大后能够成为一名律师。但是后来一个偶然的机会改变了阿里的命运，让他走上了拳击手的道路。

一年圣诞节，父亲送给阿里一辆自行车作为圣诞礼物。阿里非常喜欢这件礼物，一天，他骑着崭新的自行车出去兜风，并参观了一个展览会。结果从展览会出来，阿里发现自行车不见了。有人对他说附近的体育馆里有警察，于是他就去找警察报案。

一走进体育馆，阿里就看到里面有十几个拳击手正在热火朝天地训练，有的在击沙袋，有的在跳绳子，有的在做俯卧撑。他深深地被这种激烈的场面吸引了，聚精会神地看着拳击手训练，把丢自行车的事情忘得干干净净。

教练看他看得这么专注，有种预感，那就是眼前的这个小男孩也许是一颗拳击的好苗子。教练就问他是否愿意学拳击，没想到阿里坚定地说自己愿意。于是，教练就对他说要是有兴趣就可以来学习。从那之后，他每天放学后都会到体育馆参加拳击训练，并且经常比教练去得早、走得晚，非常认真地练习。

经过一段时间，阿里很快就掌握了拳击动作的要领，进步非常快。14岁的时候，阿里第一次参加业余拳击比赛，以点数的优势获得了胜利。对此，阿里的父亲感到非常自豪，他对别人说："我的儿子将来一定会成为世界级拳王。"

其实，在阿里早期的拳击生涯中，他获胜不仅仅凭着高超的技艺，还有顽强的拼搏和伸张正义的精神。当时，有一个叫科基的拳击手，经常仗着自己魁梧的身材和大拳头欺负别人。16岁的阿里看不惯，决心要灭灭这个家伙的威风，因此主动下"战书"，约定在体育馆进行比赛。科基根本不把阿里放在眼里，他恨不得一拳就把阿里打倒在地。可是阿里总是灵活地改变位置，让自己和科基保持一定的距离，然后找准机会突然进攻，打得科基节节败退，赢得了前两个回合。从那以后，科基不像以前那样嚣张了。

几年以后，父亲的预言成了事实，阿里步入职业拳坛之后，不断突破自我，三次获得世界重量级拳王冠军。阿里提倡人权平等，反对种族歧视和战争，对维护世界和平作出了巨大的贡献。当然，他对世界的影响是拳击史上任何一位拳王都无法比拟的。

天才炼成的秘诀

◆ **天才经历启示/告诉爸爸妈妈**

1.阿里是一个志向远大的孩子，他4岁的时候就曾立下誓言要把奥运会的金牌带回家，成为世界冠军。事实证明，他做到了。由此我们知道，一个人的想法一定要远大。想要取得多大的成就，就要树立多大的志向。因此，家长应该把这一点运用到家庭教育中去，教育孩子从小要树立远大的理想，这会促进孩子成功。

2.阿里因为丢车要去报案而来到了体育馆。看到拳击手热火朝天训练的情景，阿里被这种情景深深地吸引了，他把丢自行车的事情忘得干干净净，专心致志地看训练。由此，教练发现了这颗拳击的好苗子，开始让他练拳。可见，对于阿里的成功，更重要的是教练的慧眼识英才。这就要求家长，教育孩子一定要善于发现孩子的闪光点，并加以引导与积极地培养。

◆ **天才经历启示/告诉孩子**

从故事中可以知道，阿里之所以能够成为伟大的拳王，除了他有一双坚硬的拳头之外，还和他顽强拼搏、不屈不挠、伸张正义的精神有关。阿里看不惯科基凭着自己的大拳头欺负人，于是向其下"战书"，并且狠狠地教训了他一顿。结果从那以后科基不像以前那样嚣张了。从后来阿里发表反战宣言，我们可以看出他是一个热爱和平，维护正义的人。我们也要像阿里那样，做有正义感的人。

趣味链接：

意志的较量

一次，拳王阿里和拳坛猛将菲雷泽正在激烈对决。十几个回合之后，阿里体力渐渐不支，濒临崩溃，用解说员的话说，"这个时候一片羽毛落在他身上也能让他轰然倒地。"然而，阿里依然保持着坚毅的表情和血战到底的气势。此时的菲雷泽也已经筋疲力尽了，他看到阿里依然气势如虹，心理防线崩溃了，菲雷泽宣布放弃。

裁判当即高举阿里的手臂，高声宣布阿里获胜。这时，阿里还未走到台中央，便两眼一黑，瘫倒在台上。菲雷泽见此情景追悔莫及。

98. 美国篮球史上最伟大的球员之一——乔丹

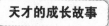

天才档案

　　全名：迈克尔·乔丹

　　民族/国籍：美国

　　出生地：美国 纽约市 布鲁克林区

　　生卒年月：1963年2月17日~

　　父母职业：父亲（机械师）母亲（银行职员）

　　兴趣爱好：热衷于棒球、篮球等运动

　　毕业院校：北卡罗来纳大学

　　成才之道：顽强的意志、坚定的信念以及不懈的努力

　　主要成就：

　　1.迈克尔·乔丹是近几十年来全球最伟大的运动员。他2次获得奥运会冠军，6次获得NBA总冠军。

　　2.2009年9月12日，乔丹入选篮球名人纪念堂。

天才的成长故事

　　迈克尔·乔丹出生在纽约一个家境殷实的黑人家庭。

　　父母很快发现，在所有孩子中，小乔丹是最让人操心的一个，他刚出生的时候是一个羸弱的孩子，又瘦又小。出生后不久乔丹就不停地流鼻血，后来直到他5岁的时候这种症状才消失。长到几个月大的时候，乔丹从床上摔下来，差点儿夭折。

　　乔丹2岁的时候，一次，父亲修理汽车，小乔丹好奇地捡起电线，小手触及了电线的接头，强大的电流把他弹出了两米多远。5岁的时候，他又对斧头发生了兴趣，父母怕危险不让他玩，可是他根本不听，自己偷偷地拿着斧头去砍柴，结果一不留神砍到了自己的脚趾头上。

　　虽然乔丹比起社区里的其他孩子要优秀很多，但社区的居民素质普遍不高，父母担心乔丹学坏了，便在1970年举家搬迁到海边的一个小城威名顿。

乔丹从小性格就比较叛逆，从小学到初中一直是班里的"捣蛋鬼"。他对运动非常感兴趣，而且生性好斗，不把别人打败不罢休。后来，他迷上了棒球，因此总有邻居上门投诉，说小乔丹又砸坏了他们家的窗户。乔丹12岁的时候，还曾作为少年棒球新星登上当地的《明星》杂志。

父亲本来希望乔丹将来能够子承父业，做一名机械师。但是后来父亲看到他不愿动脑筋，热衷于各种运动竞赛，决定因势利导，指导他学习打篮球。乔丹的父母专门在院子后面买了一块地作为体育场，让乔丹和他的小伙伴在那里打球、骑自行车。

没想到，乔丹对篮球还真是动了心，他很快就迷上了打篮球，并且经常和父亲、哥哥一起探讨如何打篮球，一家人一玩就是小半天。

最初，乔丹在篮球场上总觉得自己就像一只"丑小鸭"，他总感到自己长得太矮了。为此，乔丹的母亲经常哄骗他，教他晚上在鞋里放上盐，说是这样就可以长高。当时，这给了小乔丹无穷的憧憬与自信。后来，乔丹才逐渐明白这是父母在培养自己的自信心，不想打击自己想要打好篮球的梦想。

在乔丹成长的过程中，他的父母经常告诫他："不管今后是否打篮球，都应该明白，在通往成功的道路上，只有先天条件是不够的，还需要有顽强的意志、坚定的信念以及不懈的努力，才能获得成功。"乔丹把父母的教诲深深地记在心中，并以此来激励自己。

上高中后，乔丹自认为自己的球技已经不错了，就和好朋友一起报名参加学校的一队打主力。没想到乔丹因为个子矮和反应迟钝而名落孙山。

乔丹谨记父母的教诲，并没因此而放弃自己的梦想。从此之后他开始苦练球技，每天都要训练三个小时以上。那时候，篮球成了乔丹的随身物品，只要有篮球架，他就会投篮。在刻苦训练之下，乔丹的球技突飞猛进，他的个子也长高了，终于进了一队的大门。

从此，乔丹被篮球收住了心，并且一发不可收，最终走上了NBA巨星之路。

天才炼成的秘诀

◆ 天才经历启示/告诉爸爸妈妈

1.父亲本来希望小乔丹将来能够子承父业，但看到他不喜欢动脑筋，决定因势利导，让他学习打篮球。为此，父母专门买了一块地作为体育场，让乔丹在那里练球、锻炼身体。如果当初父亲强迫乔丹继承自己的事业，或许今天乔丹只是一名普通的机械师，不会取得今天的成就。因此，家长要像乔丹的父亲那样，要尊重孩子的兴趣，积极引导孩子朝着自己感兴趣的方向发展，这样更容易让孩子找到成功的捷径。

2.刚开始，乔丹在篮球场上总因为自己长得太矮而感到自卑。为此，他的父母想办法培养乔丹的自信心，这对他后来成为篮球巨星起了很大的激励作用。自信心是孩子积极进取的内在动力，也是孩子赢得成功的催化剂，对孩子的成长非常重要。所以，家长一定要重视培养孩子的自信心，着手提高孩子的自信心，这样，孩子才能更容易成功。

◆ 天才经历启示/告诉孩子

当乔丹终于成功站到NBA领奖台上的时候，他知道自己应该感谢父亲的精心培养。他曾说，对自己而言，是父母指引了他生活的道路，让他受到了很好的教育，最终获得了成功。由此可见，乔丹是一个懂得感恩的人。懂得感恩是一个人一生的财富，我们也要像乔丹那样，学会感恩，这样我们不仅会获得更多的快乐和满足，而且这也会成为我们继续前进的动力，激励我们获得更大的成功。

趣味链接：

胸襟宽广的乔丹

当年乔丹在公牛队的时候，皮蓬是队里面最有希望超越乔丹的新秀，因此他对乔丹总是流露出不屑一顾的神情，还经常对别人说乔丹在某些方面不如自己等类似的话。对此，胸襟比较宽广的乔丹并没有把皮蓬当做自己潜在的威胁而排挤他，反而对他处处照顾。

一次，乔丹对皮蓬说："咱们俩三分球谁投得比较好？"皮蓬漫不经心地说："当然是你了。"当时乔丹三分球投球率是28.6%，而皮蓬是26.4%。可是乔丹却微笑着说："不，其实你投球的动作比较规范，并且很有天赋，以后一定会投得更好。况且你投球左右手都可以，而我扣篮多用右手，受到很多限制。"

这些细节皮蓬自己都不知道，听了乔丹一番话话，他不禁为乔丹的无私而感动。从那以后，两个人成了好朋友。

参考文献

[1] 曲胜辉，李凡. 200个名人的童年故事（外国卷）[M]. 上海：上海人民美术出版社，2004.

[2] 普伊，布洛什.天才的童年——讲述名人成才的故事[M].胡小跃，译. 北京：作家出版社，2010.